사회 국가,
한국 사회 재설계도

사회 국가, 한국 사회 재설계도

1판1쇄 펴냄 2007년 12월 10일
1판2쇄 펴냄 2008년 2월 20일

지은이 | 진보정치연구소

펴낸이 | 정민용
주간 | 박상훈
편집장 | 안중철
책임편집 | 박미경, 최미정
편집 | 박후란, 성지희
디자인 | 서진, 송재회
경영지원 | 김용운
제작·영업 | 김재선, 박경춘

펴낸곳 | 도서출판 후마니타스
등록 | 2002년 2월 19일 제6-0449호
주소 | 서울 종로구 홍파동 42-1 신한빌딩 2층(110-092)
전화 | 02-722-9960 편집 | 02-739-9929, 9930 팩스 | 02-733-9910

값 15,000원

ⓒ 진보정치연구소, 2007
ISBN 978-89-90106-53-7 03300

이 도서의 국립중앙도서관 출판시도서목록(CIP)은 e-CIP홈페이지(http://www.nl.go.kr/cip.php)에서
이용하실 수 있습니다(CIP 제어번호: CIP2007003818).

사회 국가,
한국 사회 재설계도

진보정치연구소 지음

후마니타스

차례

서문 8

1장

우리는 지금 어디에 있는가? 어디로 가야 하는가? 12

1. 민주화 20년, 세계화 10년, 무엇이 잘못 되었는가? 13
2. '약한' 민주화의 결과는 자본 국가·시장 국가 19
3. '강한' 민주 국가, 사회 국가를 향하여 29
4. 21세기의 사회 국가는 평화와 녹색을 지향한다 42

2장

출발은 4대 기본권의 보장으로부터 48

1. 어디에서 시작할까? 49
2. 주거 공개념이 필요하다 53
3. 주거 혁명, 어떻게 가능한가? 58
4. 의료 공개념이 필요하다 63
5. 의료 혁명, 어떻게 가능한가? 69
6. 교육 공개념이 필요하다 74
7. 교육 혁명, 어떻게 가능한가? 79
8. 일자리에도 공개념이 필요하다 85
9. 일자리 혁명, 어떻게 가능한가? 94

3장

연대적 복지국가를 향하여 98

1. 한국은 복지국가인가? 99
2. 10년 후 한국의 모습 103

3. 믿고 의지할 수 있고 지속 가능한 복지 : 연대적 복지국가 106
4. 연대적 복지국가의 주요 정책들은 무엇인가? 111
5. 연대적 복지국가, 어디서 어떻게 시작할 것인가? 117

4장

사회 국가를 뒷받침할 경제 체제 : 사회연대 혁신경제 122

1. 왜 사회연대 혁신경제인가? 123
2. 사회적 조절 : 시장지상주의에서 '민주적+관리된' 시장으로 128
3. 사회적 조절을 위한 또 다른 과제 : 그럼 재벌은 어떻게 할 것인가? 133
4. 진보적 혁신경제의 요체, 노동의 지식화 141
5. 전략적 개방 경제와 통상민주주의 147
6. 모두를 위한 성장은 가능하다 : 사회연대 성장 전략 152

5장

사회 국가를 뒷받침할 산업 전략 : 노동친화적 산업발전 전략 166

1. 정부의 산업정책, 무엇이 문제인가? 167
2. 노동친화적 산업 전략의 5대 원칙 171
3. 새로운 산업발전의 원동력은 곧 경제의 민주화 173
4. 지금, 어디에서 시작할 것인가? :
   ① 대기업·중소기업 관계의 개혁 182
5. 지금, 어디에서 시작할 것인가? :
   ② 대형 유통업 규제와 지역 중소 상인 살리기 185
6. 지금, 어디에서 시작할 것인가? :
   ③ 지역 산업을 살리기 위한 노·사·정의 노력 189

6장

사회 국가의 대외 전략 : 안보 국가를 넘어 평화 공동체로 194

1. 왜 '안보'가 아니라 '평화'인가? 195
2. 평화 공동체란 무엇인가? 199
3. 평화 공동체를 위해 지역은 무엇을 할 것인가? 204
4. 군비 축소는 사회 국가 건설의 또 다른 출발점 209
5. 남한과 북한, 특별한 친구 사이 213
6. 한미동맹, 그대로 놔둘 것인가? 219
7. 동아시아 평화, 어떻게 이룰 것인가? 221
8. 지구 공동체를 위해 무엇을 할 것인가? 230

7장

사회 국가로 나아가는 정치 : 사회를 다시 세우고 국가를 뜯어고치자 234

1. 진보정치는 민주주의를 현실로 만들자는 것 235
2. 사회 국가를 위한 헌법 재읽기와 재설계 238
3. 국가기구의 얼개를 뜯어고치자 : ① 정부 구조 242
4. 국가기구의 얼개를 뜯어고치자 : ② 권력 구조 247
5. 사회 국가의 정치, 그 출발점 : ① 독일식 정당명부 비례대표제 249
6. 사회 국가의 정치, 그 출발점 : ② 실질적인 주권자 참여 정치 253
7. 사회 국가의 정치, 그 출발점 : ③ 사회운동과 진보정당의 결합 257

8장

사회 국가 운동, 이렇게 시작하자 260

1. 독립, 민주화 이후의 과제는 사회 국가 만들기 261
2. 사회 국가 건설의 길 : 유럽이냐 라틴아메리카냐 265
3. 지금 사회 국가를 건설한다면 274

4. 운동의 핵심은 사회 연대의 구축 281
5. 그러나 연대의 성숙을 가로막는 우리 안의 장애물들 285
6. 사회 국가 건설을 위해 노동운동·시민사회운동, 이렇게 하자 291
7. 사회 국가 건설을 위해 진보정당, 이렇게 하자 302

보론
한국에서 적녹 연대는 가능한가? : 진보정당의 과제를 중심으로 314

더 읽어볼 만한 문헌 323

서문

"대한민국은 과연 살 만한 나라입니까? 그렇지 않다면 어떤 사회로 나아가야 합니까?"

이 책의 화두는 바로 이것이다. 대다수 사회구성원이 만족하는 사회를 모두가 참여하여 결정하고 이를 위해 각자가 맡은 일에 최선을 다하는 것, 이것이 우리가 지향하는 참된 민주주의 사회다. 그러나 우리의 현실은 어떠한가? 과연 현재의 삶을 스스로 결정하고 이에 만족하고 있는가?

'88만원 세대'라 불리는 젊은이들은 비정규직으로 내몰리거나, 수만 대 일의 구직 경쟁에서 자신의 청춘을 소진하고 있다. 젊은 부모들은 안심하고 아이를 맡길 곳을 찾지 못해 아침저녁으로 전쟁 치르듯 바삐 움직인다. 직장인들은 아파트 당첨과 주식투자에 인생의 희망을 내건다. 노인들은 몸이 아파도 자식에게 손 벌리기가 어려워 병원에 가기를 꺼린다.

사회 속의 개인들은 파편화되고 모두 자신의 문제를 혼자 떠안고 살아갈 뿐이다. 여기에 사회도 없고 국가도 없다. 이것이 주어진 운명일까? 과연 신자유주의로 일컬어지는 시장만능과 무한경쟁의 사회는 모든 인간이 받아들여야 하는 숙명과 같은 사회체제일까?

사회를 통해 진보를 구현하는 인류의 경험은 분명 존재하고 있다. 사회연대라는 공동체의 가치 속에서 개인의 고통과 아픔을 공유하고 치유하는 것, 그것이 바로 진보적인 삶의 방식이었다. 그러나 아직 우리에게 연대라는 단어는 저 먼 곳의 동화 같은 이야기에 불과할 뿐 상상 밖의 현실로 나오지 못하고 있다. 이것이 현재 우리 사회를 지배하는 사회상이다.

그렇지만 대한민국은 산업화와 민주화를 단기간에 달성한 저력 있는 나라다. 세계가 부러워하는 와이브로^{WiBro} 같은 첨단기술도 보유하고 있고, 삼성과 현대는 전 세계가 인정하는 글로벌 기업이다. 나라의 경제력은 세계에서 11위다. 분명 우리에게는 사회연대를 구현할 물질적 토대가 분명히 존재하고 있다. 그렇다. 문제는 경제가 아니다. 그것을 지혜롭게 사용하지 못한 정치의 문제이고 민주주의의 한계다.

그래서 우리는 희망과 절망의 교차점을 가로지르며 살고 있다. 그러나 진정 우리에게 필요한 것은 양극화로 주조된 소수의 번쩍이는 금화가 아니다. 일하는 사람에게 필요한 것은 조화로운 사회로 녹여 낸 새로운 희망의 동전이다. 이 희망을 통해 악화惡貨를 녹여 내고 양화良貨를 만들어 내야 한다. 그 희망은 첨단산업 사회를 사회적으로 조절할 수 있는 새로운 공동체의 가치관이며 형식적 민주화를 뛰어넘는 사회경제적 민주주의로의 전환이다.

현 시기 우리에게 필요한 것은 단편적인 정책이 아니라 새롭고 총체적인 사회체제의 디자인이다. 민주노동당 정책연구소인 진보정치연구소는 지난 3년여의 연구 성과를 결산하면서 하나의 대안 국가를 디자인했고 이 책은 그 결과물이다. 이 책을 통해 우리는 자본 국가·시장 국가에 대응할 수 있는 '사회 국가로의 재설계'만이 사람들에게 새로운 삶의 희망을 부여할 수 있다는 사실을 강조하고자 한다. 그 핵심을 우리는 일자리, 주거, 교육, 의료 등 대중 생활의 네 가지 기본적 권리를 중심으로 하여 사회 연대적 복지동맹에서 찾는다. 나아가 거시·미시적 차원의 대안적 경제와 산업의 방향, 생태, 평화, 정치 제도와 국가기구 개편의 비전을 제시하면서 진보 세력의 당면 과제를 마지막 장에 서술했다.

1장부터 8장까지 모든 내용은 연구소 전체 성원의 지속적인 토론의 결과이고, 따라서 모두가 공동의 책임을 진다. 하지만 최종 집필 작업은 상임연구위원들이 장마다 나눠 떠맡지 않을 수 없었다. 각 장의 책임 집필자를 밝히면, 1장과 8장은 장석준 연구기획실장, 3장은 성은미 연구위원, 4장은 조진한 선임연구위원, 5장은 이상호 연구위원, 6장은 정택상 연구위원, 7장은 강병익 연구위원이다. 그리고 2장은 장석준과 성은미가 공동으로 집필했다.

　연구 방향의 차이와 각 장 집필자의 특성으로 인해 일관된 수준과 관점을 유지하는 것이 쉽지 않았다. 금융, 시장 개방, 노동, 문화 등의 경우에는 그 중요성에도 불구하고 내용을 제대로 채우지 못한 부분도 있다. 특히 생태 국가의 비전에 대해서는 따로 장을 할애하지 못했다. 대신 진보정치연구소의 한 토론회에서 한재각 민주노동당 정책연구원이 발표한 글을 「보론」으로 싣는 것으로 만족해야 했다. 아쉬움이 크다. 이 모든 것이 현재 연구소와 민주노동당의 한계임을 인정하며 차후의 시급한 과제로 삼고자 한다.

　왜 사회 국가인가, 특히 굳이 국가 체제를 대안 모델로 제시하는 이유는 무엇인가라는 물음이 있을 수 있다. 국가기구는 억압적 요소를 그 속성으로 하고 있기에 국가를 부정하는 것 자체가 진보라고 할 수도 있다. 우리도 이에 동의한다. 나아가 진보는 특정 시기 특정 내용에 스스로를 속박하지 않고 끊임없이 변화를 수용하며 새로운 가치를 자신의 의제로 삼아야 한다는 것 또한 부정하지 않는다. 그러나 아직까지는 진보의 가치를 실현하는 일이 국가를 단위로 이루어지고 있는 것 또한 현실이다. 따라서 진보의 궁극적 가치를 추구하되 현 단계 한국 사회의 비전을 제시할 때는 국가를 단위로 하는 사회 운영 원리와 구체적 대안을 제출해야 한다고 판단했다. 가령 민주노동당이 2007년 대선에서 집권한다면 과연 어떠한 정책을 펼쳐 나갈지를 염두에 두고 그간 당의 주요 정책 부서들과 연구소의 성과들을 하나의 종합적인 정책 보고서로 집약한 것이라고 이해하면 적절하겠다.

이 작업이 끝날 무렵 8장 결론 부분의 토론을 위해 연구소 식구들과 남도의 지리산으로 워크숍을 다녀왔다. 끝이 보일 것 같지 않던 주능선은 우리가 마음먹은 각오와 체력을 다 소진하고 나서야 우리 앞에 모습을 드러냈다. 한국 사회의 재설계라는 과제도 이런 과정 속에서 비로소 도달할 수 있는 주능선이 아닌가 한다. 그러나 다른 한편, 정상에 오를 수 있다는 신념은 바로 그 정상이 다가오고 있다는 희망이 있어야 가능하다는 것을 독자들과 공유하고자 한다.

2007년 11월 27일
진보정치연구소 소장 조승수

1장

우리는 지금 어디에 있는가? 어디로 가야 하는가?

1. 민주화 20년, 세계화 10년, 무엇이 잘못 되었는가?

2007년은 1987년 6월 항쟁으로 시작된 '민주화'가 20년째를 맞는 해였다. 그런가 하면 1997년의 외환위기와 함께 '세계화'Globalization, '구조조정' 그리고 '신자유주의' 같은 말들이 한국 사회의 최대 유행어가 된 지 10년째 되는 해이기도 했다. 도식적으로 말하면 민주화 20년과 세계화 10년이 서로 교차하는 해인 셈이었다. 그래서인지 민주화 20년의 의미를 묻거나 외환위기 후 10년의 현실을 짚는 논문이나 토론회, 언론 기획 등이 쏟아졌다.

한데 이들 토론회나 연재물들의 분위기는 그다지 밝거나 낙관적이지 못했다. 하나같이 좀 어둡고 답답한 느낌을 주었다. 성과보다는 한계를 강조했고, 희망을 제시하기보다는 조심스러운 회의적 전망을 내놓거나 아니면 미래를 전망하는 것 자체를 꺼려 했다. 그만큼 지금 한국 사회의 문제가 심각한 것이다.

그 간단명료한 표현이 '사회 양극화'다. 원래 '빈부격차'라는 고전적 용어가 있고 한때는 '20 대 80 사회'라는 말이 회자되기도 했지만, 요즘 주로 쓰이는 말은 바로 이 '양극화'다. 사회가 잘 사는 소수와 그렇지 못한 다수의 양 극단으로 쪼개지고 있다는 것이다. 부유한 소수는 더욱더 부를 늘려 가는데, 그렇지 못한 다수는 오히려 소득도 자산도 줄어들고 있다.

'민주화'를 제압한 '세계화', 그리고 그 결과인 '양극화'

지난 20년간 서민의 삶이 계속 나아지기는커녕 되레 추락하고 있다는 사실은 〈그림 1〉에 잘 드러난다. 이 그래프에서 '노동소득분배율'은 전체 국민소득 중 일하는 사람들이 임금으로 가져간 몫을 나타낸다. 이 수치가 높을수록 나라의 부 중에서 일하는 사람들에게 돌아가는 몫이 많다고 할 수 있다.

그림 1 | 국민소득 중 임금 소득자에게 돌아간 몫은 얼마나 되는가?

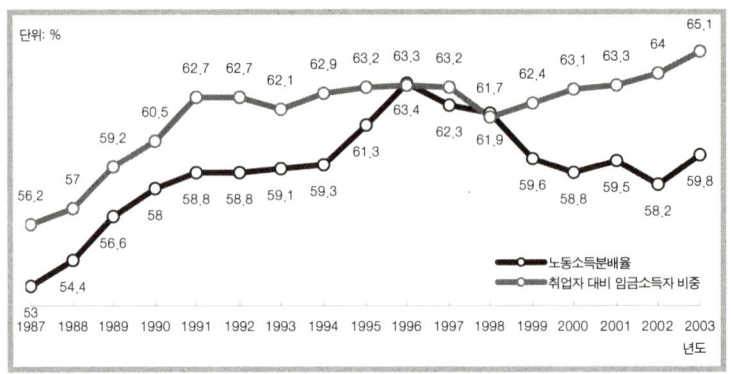

자료: 한국은행, 통계청.

　　1987년 민주화 직후 몇 년간을 보면, 노동소득분배율이 지속적으로 상승하고 있다. 1997년 전까지는 계속 조금씩 올라가고 있다. 적어도 민주화 직후 10년간은 상황이 그렇게 나쁘지 않았던 것이다.
　　그런데 외환위기가 닥친 1997년에 민주화 이후 처음으로 노동소득분배율이 떨어진다. 급기야 1999년에는 전년도에 비해 2.3포인트나 급감한다. 그러고 나서 2000년대 초반 내내 1990년대 중반 수준(60퍼센트 이상)으로 회복하지 못하고 있다.
　　노동소득분배율을 임금 소득자의 증감 추이와 비교해 보면, 외환위기 이후 분배 상황이 얼마나 나빠졌는지 좀 더 정확하게 파악할 수 있다. 2003년 현재 노동소득분배율은 59.8퍼센트인데, 전체 취업자 중에서 임금 소득자의 비중은 65.1퍼센트다. 그런데 노동소득분배율이 비슷한 수준에 있었던 1994년의 경우를 보자. 노동소득분배율은 59.3퍼센트인데, 임금 소득자의 비중은 2003년보다 훨씬 적은 62.9퍼센트다. 그렇다면 개별 노동자의 소득은 1994년에 비해 지금이 더 못하다는 이야기가 된다. 민주화 이후 한동안

그림 2 | 민주화와 세계화, 양극화의 관계

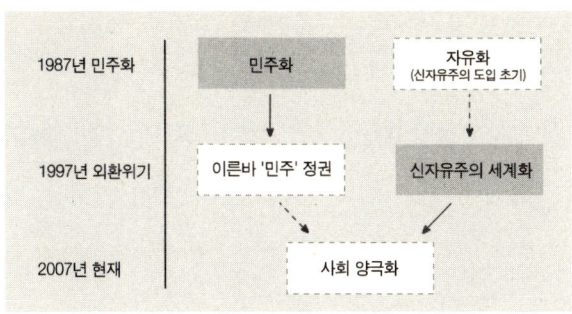

조금씩이나마 늘어나던 서민들의 분배 몫이 외환위기 이후 급격히 줄어들고 있다는 것이다.

　상황이 잘못된 것은 확실히 1997년부터다. 자본에게 최대한 자유를 보장해 주면 만사형통이라는 신자유주의 교리가 한국 사회를 평정한 게 바로 이 해였다. 사실 그 전에도 신자유주의가 그렇게 낯선 것만은 아니었다. 대자본가들과 그 대변자들은 민주화가 시작되던 그 무렵부터 '자유화'라는 구호 아래 신자유주의 이념을 수입하기 시작했고, 당시 김영삼 정부는 이것을 '국제화' 그리고 '세계화'라는 또 다른 구호로 포장해서 적극 추진했다. 그 첫 결과는 얼마 안 있어 곧 드러났으니, 1997년 외환위기가 그것이다.

　그런데도 외환위기의 '구원 투수'로 나선 IMF는 오히려 '더 많은' 자유화를 처방으로 내놓았다. 이때 드디어 신자유주의는 일부 광신적 시장지상주의 전도사의 포교 내용이나 특수 집단의 신앙을 넘어서 국가 공인의 유일신앙, 즉 국교國敎가 되었다. 그리고 이후 등장한 이른바 '민주' 정권들, 즉 김대중 정권과 노무현 정권은 이 교리의 충실한 집행자 노릇을 했다.

따라서 신자유주의 세계화의 물결이 대한민국을 온통 지배하기 시작한 기점을 1997년으로 잡는다 해도 크게 무리는 없겠다. 그리고 〈그림 2〉에서도 드러난 것처럼, 이때부터 세계화 흐름이 그 전까지의 민주화 흐름을 제압했고 더 나아가 이를 뒤로 돌리기 시작했다. 그것의, 눈에 보이는 결과가 곧 양극화다.

세계화와 그 산물인 양극화, 과연 숙명인가?

신자유주의의 나팔수 역할을 하는 일부 극우파를 제외하면 중도우파부터 좌파까지 대부분의 사회과학자들이 이러한 진단에 동의한다. 김호기(연세대 교수, 사회학)는 1987년 이후 등장한 한국의 민주주의가 봉착한 위기 요인의 첫 번째로 '세계화'를 들고 있다.

> 문제는 87년 체제가 새로운 전환의 시험대에 놓여 있다는 점이다. 전환을 요구하는 첫 번째 동인은 세계화의 충격이다. 세계화는 무한경쟁을 강제함으로써 경쟁에 합류한 집단과 탈락한 집단 간의 양극화를 가속화한다.
> 두 번째 동인은 사회 불평등의 심화다. 지난 18년의 민주화 과정에서 작지 않은 성취가 있었음에도 소득분배는 오히려 악화돼 왔다. 민주주의의 목표 중 하나가 평등에 있다면 이는 87년 체제의 아이러니라 하지 않을 수 없다.
> 전환을 요구하는 또 하나의 동인은 동북아 질서의 변동이다. 87년 체제를 둘러싸고 있던 동북아의 냉전적 질서는 이미 균열을 보여 왔으며, 우리 사회에 새로운 선택을 요구하고 있다. 지난 몇 년간 남북한 평화공존이 꾸준히 모색돼 왔음에도 탈냉전적 동북아 질서는 여전히 불투명하다.[1]

---

1 「기로에 놓인 '87년 체제'」, 『조선일보』, 2005년 4월 7일.

좌파의 대표적 논객인 손호철(서강대 교수, 정치학)도 한국 민주주의의 위기 요인들을 제시하면서 세계화와 신자유주의라는 구조적 요인을 강조한다. 그러면서 세계화의 도전에 맞서 적절한 대안을 추구하지 못하면 민주화의 성과가 오히려 파시즘으로 후퇴할 수도 있다고까지 경고한다.

> 진짜 문제는 세계화와 신자유주의라는 유기적 요인, 구조적 요인이다. 세계화라는 지구적 추세 속에서 신자유주의에 대한 대안을 조직하고 추구하는 것은 쉬운 일이 아니다. 그러나 확실한 것은 신자유주의에 의한 사회적 양극화가 해결되지 않는 한 박정희 향수는 계속될 것이며 서민들이 극우 정권을 지지하는, 한국 민주주의에 대한 파시즘의 위협은 가속화될 수밖에 없다. 다시 말해, 한국 민주주의의 문제는 단순히 오는 대선[2007년 대선-인용자]에서 한나라당으로 대변되는 냉전적 보수세력의 집권을 저지하는 것이 결코 아니다. 설사 범여권의 자유주의 세력이 오는 대선에서 승리하다고 하더라도 이들이 신자유주의를 계속하는 한 사회적 양극화는 계속 악화될 수밖에 없고 그럴 경우 한국 민주주의는 위기로 치달아갈 수밖에 없다.[2]

하지만 그렇다고 신자유주의 세계화로 인한 사회 양극화가 무슨 불가항력의 숙명이라고 여겨선 안 된다. 세계화의 덫에 걸려든 모든 나라에서 어느 정도든 양극화 양상이 나타나는 것은 사실이다. 신자유주의의 영향으로 자본의 재량이 확대되면 어디서나 예외 없이 각종 자산 수익은 늘어나지만 임금 소득은 줄어드는 경향이 있다. 빈익빈 부익부가 나타나는 것이다. 하지만 여기에는 확실히 정도 차가 있다. 유럽의 복지국가들도 세계화의 그물망 안에 있지만, 그렇다고 양극화의 정도가 우리 같지는 않다.

특히 유럽에서도 가장 높은 복지 수준을 자랑하는 북유럽 여러 나라들과

---

2 6월 민주항쟁 20년 기념 학술대토론회, 「한국 민주주의 20년 : 성과와 한계 그리고 위기」, 『한국 민주주의의 현실과 도전』(2007년 6월 5일) 발표 논문.

표 1 | 지니계수 및 유엔 인간개발지수 순위 비교

국가	지니계수 (유엔 발표 년도)	유엔 인간개발지수 국가별 순위
스웨덴	25 (2000)	5
노르웨이	25.8 (2000)	1
핀란드	26.9 (2000)	11
덴마크	24.7 (1997)	15
독일	28.3 (2000)	21
오스트리아	29.1 (2000)	14
한국	31.6 (1998)	26

* 2004년 자료에 의거, 2006년 발표.

독일, 오스트리아 등은 삶의 질도 전반적으로 높으면서 동시에 소득 격차도 낮다. 〈표 1〉에 나와 있듯이, 이들 나라의 지니계수는 한국보다 낮다(지니계수는 낮으면 낮을수록 빈부격차가 적다는 것을 뜻한다). 한편 이들 나라는 유엔 인간개발지수 측정에서 높은 순위를 자랑한다. 이것은 삶의 질이 높다는 것을 의미한다.

전통적 복지국가들이 세계화에도 불구하고 불평등의 정도가 우리보다 낮은 이유는 무엇일까? 이들 나라가 유독 신자유주의 세계화 물결로부터 벗어난 외딴 섬이라도 된다는 말인가? 그렇지 않다.

〈표 2〉는 그 이유가 강력한 재분배 정책이 여전히 작동하기 때문임을 말해 준다. 세금을 내고 사회복지수당을 받기 전의 시장소득을 기준으로 한 지니계수(0에 가까울수록 평등, 1에 가까울수록 불평등)는 스웨덴이나 한국이나 비슷하다. 오히려 스웨덴 쪽이 더 불평등한 양상을 보인다. 하지만 일단 조세-복지 체계, 즉 재분배 정책이 작동한 뒤에는 한국이 0.385, 스웨덴이 0.230으로 우열이 뒤바뀐다. 스웨덴 쪽이 훨씬 더 평등한 것이다. 결국 동일한 세계화라는 조건 속에서도 국가정책의 차이에 따라 양극화의 정도가 전혀 다르게 나타남을 알 수 있다.

표 2 | 조세-복지 체계 작동 이전과 이후의 지니계수에 대한 국가별 비교

국가(년도)	시장소득 지니계수(A)	가처분소득 지니계수(B)	재분배 효과(A-B)
스웨덴(1994)	0.439	0.230	0.209
핀란드(1995)	0.379	0.228	0.151
프랑스(1994)	0.417	0.278	0.139
아일랜드(1994)	0.461	0.324	0.137
영국(1995)	0.428	0.312	0.116
독일(1994)	0.395	0.282	0.113
네덜란드(1995)	0.348	0.255	0.093
노르웨이(1995)	0.335	0.256	0.079
한국(2000)	0.403	0.385	0.017

다시 말하면, 지난 20년간 한국 사회는 현실의 변화에 뭔가 심각하게 잘못 대응해 왔다는 이야기다. 1987년 이후 민주 국가가 제자리를 잡기 시작했는데도 왜 이러한 결과가 나타나는 것일까? 우리의 '민주' 국가에는 도대체 어떤 문제가 있었던 것일까?

2. '약한' 민주화의 결과는 자본 국가·시장 국가

겉으로만 보면 한국의 민주화는 성공적이었던 것 같다. 중남미나 동남아시아와는 달리 군부 세력은 이제 더 이상 한국 정치의 주요 변수가 아니다. 전두환·노태우를 어떻게든 재판에 회부한 것도 예를 들어 칠레 같은 나라와는 확연히 구별되는 대목이다. 칠레의 독재자 피노체트는 죽을 때까지 어떠한 단죄도 받지 않았다. 한국 사회는 또한 정권 교체를 경험하기도 했다. 군부 독재 정권 시절 가장 집중적인 탄압을 받았던 야당 정치인이 대통령에 당선되는 일이 벌어졌다. 어떻게 보면 한국은 아시아에서 혁명 비슷한 사건

을 통해 민주주의가 정착한 거의 유일한 나라라고 할 수 있을지도 모른다.

그러나 그 속내를 들여다보면 중대한 문제점과 한계가 존재했다. 무슨 문제들이었는가? 우선 그 주인공에게 문제가 있었다. 그리고 그 과정에 문제가 있었다. 마지막으로 그 의제에 문제가 있었다. 이제부터 그 문제점들을 하나하나 살펴보자.

민주화의 주역들이 분열되다

첫째, 민주화의 '주인공'의 문제를 살펴보자. 한국에서는 민주화를 위해 싸운 대중들이 곧바로 분열되었다. 그리고 이 분열은 좀처럼 극복되지 못하고 점점 더 곪아들어 갔다.

한국에서는 오랫동안 노동자·농민이 독자적 정치 세력을 형성하지 못했다. 1980년대 민주화 투쟁 당시에도 노동자·민중은 하나의 정치 세력으로 성장해 있지 못했다. 민주화 운동의 주도권은 보수 야당이 쥐고 있었다. 치열한 학생운동이 있었고 1985년 무렵부터는 민주노조운동도 불붙기 시작했지만, 그래도 민주화 운동의 정치적 상징은 김영삼·김대중이었다.

그런데 1987년 12월 대선을 앞두고 이들 양 김씨가 대통령이 될 욕심에 보수 야당을 둘로 가르고 말았다. 그러자 '민주 대 반민주' 구도에 더해 '지역'이라는 새로운 대립 구도가 등장했다. 그 전까지만 해도 '민주주의'라는 공통의 대의 아래 호남 민중이 따로 없었고 영남 민중이 따로 없었다. 하지만 1987년 대선 뒤부터는 (그리고 사실 지금까지도) 어떠한 다른 대의도 '지역'이라는 분열선을 쉽게 넘어서지 못했다.

소위 '운동권'도 예외는 아니었다. 1990년대 내내 선거만 다가올라 치면 이른바 '새로운 피의 수혈'이 있었다. 선거 때마다 재야 명망가들이나 학생운동 경력자들(세칭 '386' 정치인들) 혹은 노동운동 상층 간부들이 김영삼, 김대중 중 어느 한쪽에 줄을 대서 지역주의 보수정당의 공직자 배지를 단 것이다. 일단 이런 식으로 흡수되고 나면 모두들 지역주의의 들러리가 되거나 보수정치의 새로운 주역으로 거듭났다.

이러한 주체의 분열은 1987년 노동자 대투쟁으로 등장한 민주노조운동에서도 나타났다. 새롭게 등장한 민주노조들은 하나같이 '기업별' 노동조합이었다. 물론 당시에는 법적으로 그것 외에 다른 선택이 있을 수 없었다. 하지만 '노동조합'이라는 이름을 단 조직들이 기업 단위로 쪼개져 존재한다는 것은, 일본 정도를 제외하면, 전 세계적으로 유례가 없는 일이었다. 노동자들은 새롭게 민주노조를 건설했음에도 불구하고 처음부터 기업 단위로 분열된 상태에서 시작한 것이다.

민주노조운동의 초기에는 이러한 문제가 그렇게 도드라져 보이지 않았다. 대기업 노조든 중소기업 노동자든 모두 자본가와 국가의 극성스러운 탄압에 시달렸기 때문에 서로 활발한 연대 투쟁을 벌였고 동지라는 의식도 강했다. 그러나 1990년대 이후 여러 가지 조건들이 바뀌면서 상황이 달라졌다. 어느 한쪽은 임금이 오르는데 다른 쪽은 그렇지 못하거나 심지어는 어느 한쪽이 임금이 오른 것 때문에 다른 쪽 노동자들이 고달파지는 현실이 눈에 들어오기 시작했다. 일단 이런 현실이 부각되자 노동자들 내부의 분열 양상이 걷잡을 수 없이 강화되었다. 그래서 지금 한국 사회에서는 사회·경제적 민주주의를 요구할 주역인 노동계급이 스스로 분열의 덫에 빠져 제 역할을 못하는 형편이다.

엘리트들 사이의 타협이 민주화 과정을 지배하다

둘째, 민주화의 '과정'에서 드러난 문제를 보자. 한국의 민주화 과정을 지배한 것은 상층 엘리트 간의 타협이었다. 비록 엄청난 대중 동원이 반복적으로 나타났지만, 그 정치적 과정은 항상 기득권 세력 간의 타협으로 끝났다.

1987년 6월 전국의 거리는 역사책에 나오는 혁명의 순간을 방불케 했다. 어떤 때는 한 장소에 무려 100만 명 가까이 모이는 일도 있었다. 이런 기억 때문에 한국의 민주화는 '아래로부터의' 투쟁의 산물이라는 평가를 받기도 한다. 그러나 대중의 힘이 직접 영향을 미친 것은 딱 여기까지만이었다. 군중 동원 그 이상의 역할을 하지 못한 것이다.

대신 정치적 방향을 결정한 것은 군부 정권과 보수 야당의 상층 엘리트들이었다. 그 예고편은 1986년 4월 30일의 3당 합의였다. 이때 군부 정권과 보수 야당은 국회 합의를 통해 개헌을 추진한다는 데 합의했다. 여기서 우리는 '국회 합의'라는 데 주목해야 한다. 당시 '국회'란 군부 독재 세력과 보수 야당 양자를 의미하는 것이었다. 즉, 헌법 개정이라는 전 국민적 사안을 정권과 보수 야당만의 협상과 합의로 처리하겠다는 것. 여기서 빠져 있는 것은 결국 누구인가? 바로 정작 민주화 운동의 주역인 거리의 대중이다.

이러한 타협의 연장선 위에 6·29 선언이 있다. 6·29 선언은 거리의 대중에 대한 군부 정권의 '항복' 선언이기도 했지만, 다른 한편으로는 일단 위기부터 넘기고 보려는 생각에서 보수 야당에게 타협을 제안한 것이기도 했다. 6·29 선언 어디에도 민주화의 실질적 조치는 담겨 있지 않았다. 분명한 것은 다만, 양 김씨에게 대통령 직선의 기회를 보장해 주겠다는 약속이었다.

제6공화국의 헌법은 4·30 합의 그대로 기존 국회 원내 정당들 사이의 협상만으로 만들어졌다. 오로지 그해 12월의 대통령 직선 일정에 맞추기 위해 가을에 밀실에서 전격적으로 새 헌법을 만든 것이다. 이 과정을, 우리와 비슷한 시기에 민주화 이행을 한 브라질과 비교해 보자.

브라질에서는 민주 체제의 새 헌법을 만들기 위해 의회를 새로 소집했다. 이 의회는 '제헌의회'라 불렸다. 그리고 약 2년에 걸쳐 개헌 토론을 벌였다. 그 과정에서 민주화 투쟁에 참여한 여러 사회 세력들의 요구가 의제에 올랐다. 개중에는 노동권의 신장을 원하는 노동조합들도 있었고, 농지 개혁을 바라는 농민운동 조직들도 있었다. 외채 문제를 우선 해결해야 한다는 시민사회의 목소리도 있었고, 아마존 생태계를 지키자는 환경운동의 주장도 있었다. 지금의 브라질 헌법이 이들 요구를 완벽히 충족한다고 보기는 힘들다. 하지만 우리와 비교해 보면, 브라질에서는 적어도 대중의 목소리를 민주화 과정에 반영하려는 노력은 있었다고 할 수 있다.

1987년의 이러한 일련의 과정은 이후에 비슷하게 재연되었다. 노태우 정권 이후 등장한 김영삼 정권과 김대중 정권은 모두 1990년의 3당 합당과 1997년의 DJP연합이라는, 군부 잔당들과의 타협에 기반을 두었다. 3당 합당이나 DJP연합이 갑자기 튀어나온 게 아니다. 어쩌면 이들 야합은 1987년 이후 한국 민주화 과정으로부터의 일탈이라기보다는 오히려 정상 궤도 안에 있었다고 해야 할지 모른다.

사실 타협을 통한 민주화가 우리만의 사례는 아니다. 1970년대 스페인의 민주화 과정도 비슷했다. 스페인에서는 1975년 독재자 프랑코가 죽고 나서 민주화 이행이 시작됐다. 그리고 이 나라에서도 역시 기존 지배 세력과 야당 사이의 타협에 따라 민주화의 방향과 일정이 결정되었다. 하지만 그때 스페인의 야당은 좌파 정당인 사회노동당이었다. 그리고 이 나라에서는 좌파 정당뿐만 아니라 노동조합도 협상에 참여했다.

반면 한국에서는 노동조합이 중요한 제도 정치과정에서 철저히 배제됐다. 1996년 연말에 시작된 노동법 개악 반대 총파업은 한국 사회에서 노동자가 정치적 실체로 부상한 중대한 사건이었는데, 그럼에도 그 결말은 이전과 다를 바 없었다. 노동조합을 배제한 채 정부와 보수 야당만의 협상이 진행됐고, 그래서 원래의 노동법 개악안이 거의 그대로 다시 통과되었다.

한국의 민주화는 '약한' 민주화였다

셋째, 민주화의 '의제' 측면에서 나타난 문제를 보자. 한국의 민주화는 철저히 정치적 민주화의 좁은 틀 안에서 추진되었다. 사회·경제적 민주화는 관심에서 비껴났고, 더 나아가서는 최근까지도 탄압과 배제의 대상이 되고 있다.

이것은 1987년 노동자 대투쟁 이후 10년이 지나도록 민주노조의 활동이 각종 노동악법의 족쇄에 묶여 있었던 데서 잘 드러난다. 민주노조의 전국조직인 민주노총이 합법적 지위를 부여받은 게 불과 10년밖에 안 된다. 그나마도 공무원노조는 여전히 각종 제약 아래 놓여 노동조합으로서 제 기능을 하지 못하는 형편이다.

반면 다른 나라에서는 민주화 초기부터 사회·경제적 민주화가 의제의 중심에 오른 사례들이 많이 있다. 위에서 이미 살펴본 스페인만 해도 그렇다. 프랑코 독재 정부가 물러나고 제일 먼저 추진한 것 중 하나가 노동조합의 권한 강화였다.

포르투갈은 더 했다. 포르투갈에서도 스페인과 같은 시기에 민주화가 시작됐는데, 스페인과 달리 민중 혁명이 있었다. 그래서 그런지 1976년에 개정된 이 나라의 헌법은 정치적 민주화뿐만 아니라 대중의 사회·경제적 권리 신장을 약속하는 내용들이 풍부히 담겼다. 그 중에는 심지어 자본가들이 노동자 파업에 맞서 직장을 폐쇄하는 것을 원천 금지하는 조항까지 있었다.

브라질 제헌의회에서도 위에서 소개한 대로, 사회·경제적 민주화 조치들이 활발히 논의되었다. 그 중에서도 가장 뜨거운 사안은 노동권의 완전한 보장이었다. 그래서 브라질의 새 헌법에는 120일의 유급 출산휴가, 노동시간 단축, 여성과 여타 가내 노동자들에 대한 노동권 적용 확대 등 굉장히 구체적인 노동권 관련 조항이 담기게 되었다. 어떻게 보면 헌법의 내용으로는 좀 시시콜콜하다 싶을 정도로 상세하게 말이다.

하지만 이와 달리 우리는 형식적 민주주의가 정착되었다는 지금까지도 정치 의제의 협소함에 답답함을 느끼고 있다. 17대 국회에서도 그랬다. 정부와 여당이 추진한 이른바 '4대 개혁' 안에는 서민들의 살림살이에 직접 보탬이 되는 사회 개혁의 내용은 찾아볼 수 없었다. 오히려 비정규직 노동자들의 처지를 더 각박하게 만드는 비정규직 관련 악법이 허울 좋은 비정규직 '보호' 법안이라는 명목으로 통과됐다.

결국 이러한 문제점들 ─ 주체의 분열, 엘리트 간 타협의 과정, 의제의 편협함 ─ 은 한국의 민주화가 '허약한' 민주화일 수밖에 없게 만들었다. 어떤 점에서 '허약'했는가? 군부 독재 정권 아래에서 온갖 기득권을 누리던 사회 세력들에 대해서는 거의 손을 댈 수 없었다는 점에서 그랬다. 이들 기득권 세력의 이해를 조금이라도 침해할 수 있는 개혁은 거의 추진되지 못했다. 그 기득권 세력의 중심에 있는 게 바로 자본, 특히 '재벌'로 상징되는 거대 자본이다.

군부 독재의 뒤를 이은 자본 독재

자본에 맞서 이의를 제기할 수 있었던 거의 유일한 사회 세력은 노동운동이었다. 하지만 민주노조운동조차도 기업의 울타리 안에 갇혀 있었기 때문에 자본에게는 그렇게 두려운 도전자가 되지 못했다. 대기업 노동조합들의 치열한 쟁의 행위는 재벌 독점자본의 권력을 문제 삼는 게 아니었다. 단지 이들을 기업 단위 교섭 테이블에 불러들이기 위한 압박에 불과했다. 따라서 민주화 투쟁의 절정기에도 거대 자본의 권력은 거의 아무런 도전을 받지 않았다.

아니, 오히려 권력을 강화했다. 우선 1980년대 중반 3저 호황으로 엄청난 규모의 자본을 축적했다. 이제 한국의 독점 자본은 그들 스스로 초국적 자본으로 비상하길 꿈꾸기 시작했다. 또한 민주화도 대자본에게 기회로 다가왔다. 군부 독재 정권이 힘이 약해지자 재벌들이 그 틈을 비집고 들어갔다. 이들은 국가보다 더 위에 군림하려 했다. 거대 자본이 직접 권력의 주역으로 나서고자 한 것이다. 이것을 현학적으로 표현한 게 "권력을 시장에 넘겨야 한다"는 것이었고, 그 구호가 곧 '자유화'였다.

1997년 외환위기조차도 거대 자본의 힘을 누그러뜨리기보다는 오히려 더욱 굳게 다지는 결과를 낳았다. 비록 일부 재벌들이 퇴출당하기는 했지만, 이른바 '빅딜'을 계기로 삼성·현대 등 극소수 거대 자본은 더욱 막강한 권력을 차지했다. 급기야는 그 권력이 좁은 경제 영역을 넘어서 사회 구석구석으로까지 뻗어나가기에 이르렀다. 그래서 언제부터인가 '삼성 공화국'이라는 자조 섞인 유행어까지 나돌게 됐다.

진보정치연구소는 2005년 5월 1일 발표한 보고서[3]에서 이러한 한국 사회의 현실을 '기업 지배 사회'라고 규정한 바 있다. 여기서 '기업'이란 말은 다름 아니라 '자본'을 지칭하는 또 다른 표현이다. 이 보고서는 기업지배사회를 "기업의(사실상은 지배적 기업, 즉 재벌 독점자본의) 단기적 이해와 편향된 가치가 사회 전체의 장기적 이해와 이에 대한 민주적 논의·결정 구조를 억압·왜곡하는 상황"이라고 정의한다. 지금 한국 사회는 자본의 편협한 단기적 이해 때문에 사회의 다른 모든 가치와 이익, 저력을 낭비하고 있다는 것이다.

대기업 장부에 흑자 수치를 늘리기 위해 하청 중소기업의 제조 단가를 무조건 낮추라고 요구하는 게 바로 그런 횡포 아닌가? 수많은 젊은이와 여

---

3 장석준, 「기업지배사회를 넘어 노사관계의 전면 재편이 필요하다」.

성들을 '비정규직'이라는 이름으로 그야말로 잠깐씩 쓰다가 소모품처럼 내 버리는 것도 그런 것 아닌가? 그렇게 해서 뽑아낸 이윤으로 주식 배당금 잔치를 벌이고, 남는 돈을 부동산 투기에 쏟아 부어 불로소득을 누리는 게 다 그런 것 아닌가?

이쯤 되면 민주주의의 1인1표(누구나 동등한 권리를 행사한다)의 원칙은 껍데기에 불과하다고 봐야 한다. 그보다는 시장의 1원1표의 원칙(돈이 더 많은 사람이 더 많은 권리를 누린다)과 주주총회의 1주1표의 원칙(주식이 더 많은 사람이 더 많은 권리를 누린다)이 사회를 지배한다는 게 옳겠다. 이것은 사실상 인민demos이 아니라 자본이 주인 노릇하는 국가라고 해야 할 것이다. 우리는 이러한 현실을 한마디로 '자본 국가'라고 부른다.

자본 국가는 기업 지배 사회의 정치적 측면(누가 권력을 쥐고 있는가?)을 좀더 부각시킨 개념이다. 자본 국가는 자본의 권리가 사회의 다른 모든 권리들에 우선하는 정치·사회 체제다. 자본의 이윤 추구가 민중의 행복 추구에 우선하고, 소유권·경영권 행사가 다른 기본권의 보장보다 더 중요시되는 것이다.

자본 국가는 또한 '시장 국가'이기도 하다. 자본 국가에서는, 자본의 고삐 풀린 자유가 활개를 치는 '시장' 영역이 사회의 다른 영역에 비해 항상 우위에 서고, 더 나아가서는 시장이 사회의 다른 부분을 자신의 식민지로까지 만들어 버리기 때문이다.

'약한' 민주화의 귀결은 '약한' 민주 국가였고, 그 틈을 비집고 성장한 게 결국 자본 국가·시장 국가다. 피를 흘린 사람들은 따로 있는데, 엄한 자들이 제 뱃속을 채웠다. 그리고 이제 자본 국가는 신자유주의 세계화의 물결 속에서 오직 국내외 거대 자본의 이익을 극대화하는 데만 골몰한다. 최근의 그 결정판이 바로 한미 자유무역협정FTA이다. 한미 FTA는 단순한 무역협상이 아니다. 한국 사회를 국내외 거대 자본의 입맛에 맞게 송두리째 바꾸려는 일종의 '위로부터의' 혁명이다.

상황이 이러니 한국 사회가 신자유주의 세계화의 파도에 가장 빠른 속도로, 가장 파괴적으로 휩쓸리고 있는 것도 당연하다. 자본 국가·시장 국가는 세계화에 맞서 민중의 권리를 방어하려 하기보다는 도리어 앞장서서 다수 대중의 삶을 짓밟으며 자본의 권리를 늘릴 대로 늘린다. 양극화를 제어하기보다는 그것을 유례없이 증폭시키고 있는 것이다.

김동춘(성공회대 교수, 사회학)도 한국 사회를 우리와 비슷한 각도에서 분석한다. 그는 작금의 한국 사회가 '기업 사회'로 변해 가고 있다고 지적한다. 김동춘이 정리하는 기업 사회의 주요 특징은 다음과 같다.

1. 자본의 고유한 권력인 생산 지휘권이 극대화되고 사회 영역으로 확대된다.
2. 정치·사회가 기업 활동을 통제하기보다는 오히려 그것에 봉사하는 역할을 한다.
3. 기업의 생산성이 곧 국가나 사회의 생산성으로 간주된다.
4. 1인1표의 원리가 아닌 소유 지분만큼의 권리 원칙이 기업 외의 사회 조직에도 적용된다.
5. 대기업 및 기업가 단체가 단순한 경제문제뿐만 아니라 정치·사회 영역에까지 간섭한다.
6. 정치 활동, 정책 활동, 법원, 미디어 등은 주로 대기업들의 이익을 보호하는 쪽으로 기울어진다.
7. 국민, 시민, 주민 혹은 기업의 판매망 안의 모든 사람들은 곧 소비자로 불린다.
8. 모든 정부·사회 조직의 우두머리는 경영자 CEO를 이상적인 역할 모델로 설정한다.
9. 조직의 목표가 기업과는 가장 거리가 먼 조직, 예를 들면 교회와 학교까지도 기업의 모델을 따라서 자신을 재조직한다.
10. 정치·사회 엘리트층까지도 주로 기업 경영자 출신이 차지하게 된다.
11. 노조활동은 대체로 기업 경영의 방해물로 간주된다.
12. 행정부는 기업조직을 모델로 한다. 정부 부처 중에서는 경제 부처가 다른 모든 부처를 압도한다.
13. 경제학이 사회과학 중의 사회과학이 되고, 또다시 회계학과 경영학이 경제학을 대신한다.
14. 경쟁력이 없는 것은 곧 부도덕한 것으로 간주된다. 공공성은 곧 무책임과 동일시된다.[4]

---

4 김동춘, 「'민주화 이후' 한국사회 : '기업사회'로의 변화를 중심으로」, 『1997년 이후 한국사회의 성찰 : 기업사회로의 변환과 과제』, 길, 2006, 18-9쪽.

3. '강한' 민주 국가, 사회 국가를 향하여

비정규직 증가, 청년 실업, 영세 자영업 부도, 농업 붕괴, 부동산 대란 등 — '양극화'라는 말 뒤에 자리한 지금 한국 사회의 구체적인 문제들이다. 이들 문제에 대한 개별적인 대응 방안도 날이면 날마다 신문 지상을 장식한다. 하지만 자본 국가·시장 국가가 버티고 있는 한 응급 처방이나 개별 대응만으로는 부족하다.

위에서 우리는 '약한' 민주화의 틈을 비집고 나온 것이 자본 국가라고 진단했다. 그럼 자본 국가에 맞서려면 어떤 원칙에서 출발해야 하겠는가? '약한' 민주 국가, 즉 민주주의의 허약성을 극복하는 데서 출발해야 한다. 미국의 철학자 존 듀이는 "민주주의가 문제를 갖고 있다면 그에 대한 처방은 바로 더 큰 민주주의"라고 말했다. 지금 우리에게 필요한 것은 지난 20년간의 민주화의 맹점과 한계에 도전하는 '강한' 민주주의다.

'약한' 민주주의는 대통령 직선제를 민주화와 등치시킨다. 보수 정당끼리 정권을 교체하고 명문고·명문대 출신이 아닌 사람이 대통령이 되는 걸 지켜보는 게 민주화라고 한다. 그러나 '강한' 민주주의는 노동 현장과 거리의 사람들이 직접 권력을 쥐지 않는 한 민주화는 완성된 게 아니라고 본다. 모든 결정 과정에서 대중이 주도권을 쥐어야만 민주주의라고 할 수 있다고 못 박는다.

'약한' 민주주의는 청와대나 국회 같은 좁은 의미의 정치 영역을 넘어서지 못한다. 재벌 회장실이나 공장 담벼락 앞에서는 발걸음을 멈춘다. 그 때문에 자본 국가가 들어설 여지를 항상 열어 둔다. 하지만 '강한' 민주주의는 가진 자의 권력에 손을 대지 않고서 그게 무슨 민주주의냐고 단언한다. 독재자라면 총칼의 독재자뿐만 아니라 황금의 독재자도 용납할 수 없다.

'약한' 민주주의는 자본 주도의 세계화에 속수무책이고 되레 그것에 편승한다. 자본의 이권 확대에 함께 하는 반면 대중의 살림살이를 챙기는 데는 무능하다. 그래서 '약한' 민주주의 아래에서 서민들의 입에서는 "민주주의가 밥 먹여 주냐"는 볼멘소리가 나오지 않을 수 없다. 허나 '강한' 민주주의는 무엇보다도 민중의 생존권 더 나아가 행복할 권리를 가장 우선한다. '강한' 민주주의는 다름 아니라 '밥 먹여 주는' 민주주의다.

'강한' 민주 국가의 다른 이름, 사회 국가

이제부터 우리는 '제2의 민주화'의 대장정에 나서야 한다. '강한' 민주 국가를 세워야 한다. 1980년 광주의 아픔을 딛고 7년 만에 전두환 군부 독재 정권을 물리치며 민주화를 시작했던 것처럼, 사회 양극화의 폐허 위에서 우리 세대의 모든 열망과 역량을 모아 '강한' 민주주의의 토대를 쌓아야 한다.

'약한' 민주 국가가 자본 국가·시장 국가를 불러들인 것과는 달리 이제 우리가 추구해야 할 '강한' 민주 국가는 자본 국가·시장 국가에 정면으로 맞선다. 자본 국가와는 정반대되는 그 지향을 우리는 '사회 국가'라 부른다. 즉, '강한' 민주 국가의 또 다른 이름은 '사회 국가'다.

사회 국가는 민중의 생존권 및 행복추구권과 관련된 다양한 사회적 권리들을 소유권이나 경영권 같은 다른 권리보다 위에 둔다. 그리고 이러한 가치에 따라 모든 정치·경제·사회 체제를 구축한다. 자본 국가에서 소수의 자본 소유자들이 대다수 다른 시민보다 더 많은 권력을 누리는 것과는 달리 사회 국가에서는 사회 전체의 정의 실현을 위해 자본 소유자들의 권한을 제어한다. 그리고 필요한 경우에는 그들의 기득권 자체를 해체해 사회 전체의 자산으로 되돌린다.

'사회 국가'는 본래 독일에서 자주 쓰는 말이다. 2차 대전 이후 제정된 독일 각 주의 헌법은 '사회 국가'나 그 비슷한 말을 즐겨 사용한다. 바이에른 주 헌법 제3조는 바이에른 주가 "사회 국가"Sozial staat를 지향한다고 말한다. 바덴뷔르템베르크 주 헌법 제43조는 "사회적 인민국가"라는 표현을 사용한다. 그리고 독일 전체의 헌법인 독일연방공화국 기본법의 제20조 1항은 "독일연방공화국은 민주적·사회적 연방국가"라고 규정한다.

이웃 나라 프랑스도 헌법에 비슷한 개념을 담고 있다. 1946년 제정된 프랑스 제4공화국 헌법은 제1조에 "사회적 공화국"이라는 표현을 담았다. 이 제1조의 정신은 현재의 제5공화국 헌법에도 계승되었다. 프랑스 제5공화국 헌법 1조의 첫 머리는 다음과 같다. "프랑스는 분리 불가능한 세속적·민주적·사회적인 공화국이다."

21세기 벽두부터 급진적 사회 개혁을 추진하고 있는 베네수엘라에서도 '사회 국가'라는 말을 들을 수 있다. 1999년 새로 제정된 베네수엘라 헌법 제2조는 다음과 같이 천명하고 있다. "베네수엘라는 법과 정의에 기초한 민주적 사회 국가a Democratic and Social State로서 생명, 자유, 정의, 평등, 연대, 민주주의, 사회적 책임 그리고 인권과 윤리, 정치적 다원주의의 보편적 실현을 법질서와 집행의 최고 가치로 삼는다."[5]

독일식의 '사회 국가' 개념은 우리가 흔히 쓰는 '복지국가'라는 말과 크게 다르지 않은 것으로 여겨진다. 즉, 복지국가의 법률적·법학적 표현이 사회 국가라는 것이다. 하지만 베네수엘라의 사례를 보면, 이 이름을 굳이 서유럽 복지국가에만 붙일 필요는 없을 것 같다. '21세기 사회주의 혁명'을 주창하는 이 나라도 신자유주의의 첨병이 돼 있는 다른 나라들과 구별하는 명칭으로 '사회 국가'를 채택하고 있으니 말이다.

---

5 김병권 외, 『베네수엘라, 혁명의 역사를 다시 쓰다』, 시대의 창, 2007, 416쪽.

우리가 제시하는 '사회 국가'도 이러한 폭넓은 스펙트럼을 전제한다. 우리는 자본주의를 일정하게 조절하면서 사회권을 보장하려고 노력하는 북유럽 복지 국가들도 사회 국가의 한 유형이라 생각하며, 자본주의를 대체할 새로운 경제·사회 체제를 구축해서 사회권을 실현하려는 베네수엘라 같은 사례도 사회 국가의 또 다른 유형이라고 본다. 어쨌든 이 두 유형 모두 자본주의를 넘어서 새로운 세상을 건설하려 한 사회주의 운동의 전통을 이어받고 있으며, 사회 전체를 자본의 독재 아래 헌납하려는 신자유주의의 공세와는 적대 관계에 있다.

국내에서는 조희연(성공회대 교수, 사회학)이 우리와 같은 시각에서 '사회 국가'의 비전을 제시한다. 조희연은 박정희의 국가자본주의 축적 모델과 신자유주의 양극화 축적 모델을 동시에 극복할 급진적 대안이 필요하다고 강조하면서, 이를 "대안적 사회 국가 모델"이라고 이름 붙인다.

> 우리는 신자유주의 세계화 시대의 새로운 대안적 사회 국가 모델을 구현할 수 있어야 한다. (중략) 나는 박정희와 싸웠던 민주세력들이 주도하는 민주정부가 비록 정치적으로는 박정희와 대척점에 서 있지만 경제적으로는 박정희 모델의 변형된 재생산 정부라고 판단한다. 이를 넘어서지 않는 한 진정으로 박정희 시대를 넘어서는 것이 아니다. 진정한 포스트-박정희 시대를 대안을 가지고 열어야 한다. 신자유주의 양극화 축적 모델은 단순히 서민이나 하층 대중만이 아니라 중간층·중산층마저 몰락시키는 총체적인 양극화 모델로 작동하고 있다. 신자유주의 시대의 새로운 사회 국가는 바로 이러한 총체적 재구성의 모델이 될 수밖에 없다.[6]

---

6 조희연, 「진보논쟁에 이어, '진보적 희망의 언어'를 위하여」, 진보 싱크탱크 연합토론회 발제문, 2007년 3월 22일(강조는 인용자).

우리가 제시하는 '사회 국가'도 같은 맥락 위에 있다. 우리는 이 책 전체를 통해 현재의 자본 국가·시장 국가에 맞서는 대안의 밑그림을 그리고자 한다. 그리고 그것을 포괄하는 이름이 곧 '사회 국가'다.

사회 국가에는 역사적으로 여러 유형이 존재한다. 서유럽형 복지국가도 있고, 다양한 사회주의적 시도들이 존재한다. 하지만 이러한 서로 다른 유형들을 꿰뚫는 공통의 특성 또한 분명히 존재한다. 그것은 다양한 사회적 권리들을 최대한 실현하기 위해 어떤 형태로든 자본을 통제한다는 것이다.

사회 국가는 사회 '공공' 국가다

이제는 사회 국가의 이모저모를 좀 더 분석적으로 뜯어볼 차례다. 우리는 사회 국가를 세 개의 차원으로 나눠 설명할 수 있다고 본다. 세 개의 차원이란 사회 공공 국가, 사회 연대 국가, 사회 참여 국가다. 그 중에서 우선 사회 공공 국가부터 살펴보자.

사회 공공 국가는 한마디로 사회 공공성의 원리가 핵심적인 가치와 지향이 되는 체제다. 사회 공공성의 원리란 무엇인가? '공공성'의 뜻에 대해서는 여러 가지 서로 다른 설명들이 있다. 오건호(민주노동당 국회 전문위원)는 그 중에서도 가장 간명한 설명을 제시한다. 그는 공공성 원리의 여러 측면을 〈표 3〉으로 제시한다.

여기에서 핵심은 '탈시장화, 탈이윤화'다. '부등가 교환'이나 '사회적 소유' 등등은 그것을 설명하는 부수적 측면이다. 탈시장화라는 것은 결국 시장에서 벗어난다는 말이다. 시장의 기본 원리는 1원1표다. 즉, 돈을 가진 만큼 권리를 행사한다는 것, 돈을 많이 가질수록 더 많은 권리를 행사한다는 것이다. 탈시장화는 이 원리가 아닌 다른 원리를 따르자는 것이다. 다른 원리란 곧 민주주의의 원칙인 1인1표, 즉 누구나 시민이라면 동등한 권리를 누린다

표 3 | 공공성 원리의 여러 측면들

	특징
기본 성격	탈시장화, 탈이윤화
영역	사회적 필수 서비스
정치경제학 원리	부등가 교환(사회 연대 교환)
핵심 요구	사회적 소유, 공공적 재정, 민주 운영 체제

자료: 오건호, 「노동운동의 사회공공성활동에 대한 평가 및 제안: 요구에서 참여로」, 『시민과 세계』 2007년 11호.

는 것이다.

그렇다면 '공공성'이란 시장의 영역을 넘어 확보한 민주주의의 영역이라고 할 수 있겠다. 그간 시장의 지배를 당연시해 온 재화와 서비스의 세계에 민주주의의 원리를 적용한다는 것. 그래서 공공성이 지배하는 세계에서는 시장과는 정반대의 일들이 벌어진다. 돈을 많이 가진 사람들이 더 많은 권리를 행사하는 게 아니라 더 많은 책임을 나눠진다. 재화와 서비스를 시장과는 다른 방식으로 공급하기 위해서 부자들로부터 더 많은 세금을 거둬들이는 것이다.

신자유주의를 주장하는 우파와 자본가들은 '탈시장화'가 아니라 '시장화'를 말한다. 즉, 사회의 모든 영역이 1원1표의 원리에 따라야 한다는 것이다. 그렇게 되면 모든 게 상품이 되고 모든 게 장사 거리가 된다. 자본의 입장에서는 이윤을 획득할 기회가 많아지니 무조건 좋은 일이다.

하지만 생각해 보자. 예를 들어, 의료 영역이 시장화하면 어떤 일이 벌어질까? 돈이 많고 적음에 따라 의료 서비스의 질이 달라진다. 아니, 돈 없는 사람은 아예 병이 나도 치료를 받지 못할 수도 있다. 부시 대통령의 이라크 전쟁을 신랄하게 비판한 다큐멘터리 〈화씨 9/11〉로 유명한 미국의 마이클 무어 감독은 최근 〈시코〉 Sicko라는 신작 다큐멘터리를 내놓았다. 이 작품은 미국의 의료 현실을 고발한 것이다. 잘 알려져 있다시피 미국에는 아직도 전

국민을 대상으로 한 공적 의료보험이 없다. 우리의 건강보험 같은 게 없다는 말이다. 그래서 비싼 민간 보험에 들지 못한 가난한 사람들은 병원에서 문전박대를 당하기도 한다. 실제로 〈시코〉에는 미국의 병원들이 가난한 환자들을 길거리에 내버리는 충격적인 장면이 나온다.

무어 감독은 〈시코〉에서 미국의 의료 체제를 영국의 그것과 비교하고 있다. 〈시코〉를 관람한 영국의 의사나 간호사들은 하나같이 "어떻게 저런 의료 체제가 유지될 수 있느냐"고 반문하면서 자신들의 제도를 자랑스러워했다(The Guardian, 2007년 9월 24일). 그럼 영국의 제도는 무엇인가? '국민보건서비스'NHS: National Health Service라고 불리는 국영 체제다. 모든 의료비가 국가 재정에서 나가고, 의사들은 정부와 계약한 만큼 급여를 받는다. 의사들은 우리로 치면 준공무원이나 마찬가지다. 그리고 환자는 병원에 가서 진료비를 내지 않는다. 진료비를 내지 않으므로 돈이 많거나 적다고 차별 대우를 받지도 않는다. 아니, 차별 대우를 받을 때가 딱 한 번 있다. NHS의 재원을 마련하기 위해 세금을 걷을 때는 돈 많은 사람들이 더 많이 내야 한다.

한국의 일부 의사들은 건강보험 제도가 '의료 사회주의'라고 규탄한다. 만약 한국의 의료 체제가 의료 '사회주의'라면, 아마 영국의 의료 체제는 의료 '공산주의'라고 해야 할 것이다. 하지만 신자유주의의 본산이라는 영국마저도 의료 영역만큼은 이렇게 시장의 원리와는 가장 거리가 먼 방식으로 운영한다. 마땅히 그래야 한다. 이게 옳은 방향이다.

그럼 의료 영역 말고도 사회 공공성의 원리가 지배해야 할 영역으로는 또 어떤 것들이 있을까? 〈그림 3〉은 그 '최소' 목록을 일목요연하게 제시한다.

사회 공공 국가는 무슨 일이 있어도 최소한 사회 보장, 사회 서비스, 기간산업 영역에서는 공공성의 원리가 관철되도록 한다. 시장의 원리가 얼씬도 못하게 한다. 따라서 끊임없이 이들 영역을 시장화하려는 자본의 입장과는 정면으로 대립할 수밖에 없다. 사회 공공 국가는 오히려 공공성이 지배하는

그림 3 | 사회 공공성의 영역들

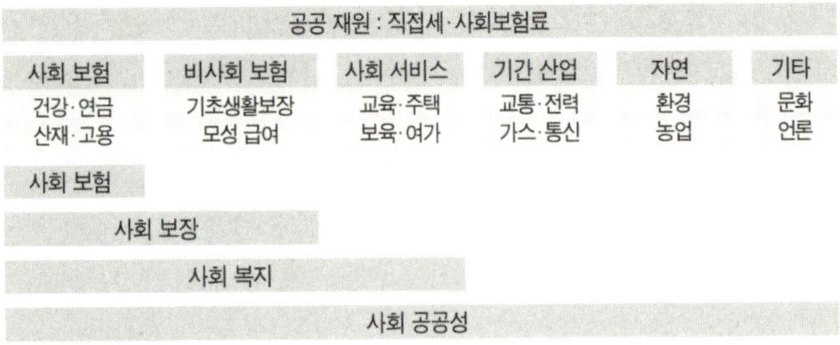

공공 재원 : 직접세·사회보험료					
사회 보험	비사회 보험	사회 서비스	기간 산업	자연	기타
건강·연금 산재·고용	기초생활보장 모성 급여	교육·주택 보육·여가	교통·전력 가스·통신	환경 농업	문화 언론
사회 보험					
사회 보장					
사회 복지					
사회 공공성					

자료: 오건호, 위의 글.

영역을 더욱더 늘리고 공공성의 질을 좀 더 심화하기 위해 지속적으로 노력한다.

그런데 이 대목에서 이런 질문을 던져 볼 수 있다. 그럼 공공성은 과연 무엇을 토양으로 삼아 뿌리를 내리고 가지를 뻗는가? 더 많이 가진 사람들이 더 많이 내놓아야 한다는 공공성의 원리를 과연 사람들이 쉽게 받아들일 수 있겠는가? 다수의 동의를 얻으려면 무엇이 뒷받침되어야 하는가? 이 물음과 직결된 것이 사회 국가의 또 다른 차원, 즉 사회 연대 국가다.

사회 국가는 사회 '연대' 국가다

사회 연대 국가는 사회 연대의 정신이 사회 전체의 씨줄과 날줄 역할을 하는 체제다. 연대의 정신이 최고의 덕목이 되고 모든 법질서 역시 그것에 터전을 두는 사회다. 그럼 '연대'란 무엇인가?

이 물음에 답하자면, 우선 프랑스 대혁명으로까지 거슬러 올라가야 한다. 프랑스 대혁명은 근대 민주주의의 첫 번째 분출이라고 할 수 있는 인류사적 사건이었다. 그때 혁명 군중의 구호는 "자유·평등·우애[박애 혹은 형제자매

애"였다. '자유'와 '평등'은 우리에게 친숙하지만, '우애'는 좀 생소할 수도 있다. '연대'는 바로 이 '우애'가 발전한 개념이다.

대혁명 초기에 자유와 평등, 우애 중에서도 가장 강조된 것은 자유였다. 대혁명을 이끈 자본가계급이 가장 사랑한 가치가 이 자유였다. 그 중에서도 첫 번째는 지금 신자유주의가 칭송하는 그 자유, 즉 시장에서 상품을 팔아 이윤을 남기고 그것을 자신의 소유로 삼을 자유였다.

그런데 일단 이 자유를 철저히 보장하고 나니까 문제가 생겼다. '더' 자유로운 사람들과 '덜' 자유로운 사람들이 확연히 나뉜 것이다. 전자는 물론 자본가들이었고, 후자는 그들에게 고용되어야만 먹고살 수 있는 사람들, 즉 노동자들이었다. 누구나 다 알고 있듯이, 자본가들이 더 많은 이윤을 남기려면 노동자들이 더 고된 노동을 해야 한다. 즉, '더' 자유로운 사람들이 그 자유를 만끽하기 위해서는 '덜' 자유로운 사람들이 더욱더 부자유한 처지에 놓여야 하는 것이다.

이러한 자유의 차별, 자유의 모순을 어떻게 할 것인가? 그래서 노동자들은 점점 더 평등의 가치에 주목하지 않을 수 없었다. 누군 '더' 자유롭고 누군 '덜' 자유로워서는 그걸 자유로운 세상이라고 할 수 없다. 누구나 평등하게 자유로워야 한다. 다시 말하면, 노동자들은 자유에 반대하려고 평등을 주장한 게 아니라 '평등한 자유'를 바랬던 것이다. 비단 노동자뿐만이 아니었다. '더' 자유로운 사람들과 '덜' 자유로운 사람들이 있는 곳이면 어디서나 '평등한 자유'의 요구가 터져 나왔다. 남성이 여성을 지배하고 차별하는 곳에서 그랬고, 유럽 인종이 나머지 사람들을 억압하는 곳에서 그랬다.

그럼 '평등한 자유'는 과연 어떻게 해서 영속적인 가치이자 규범으로서 우리들 사이에 뿌리내릴 수 있을까? 그때 등장하는 게 바로 연대다. 연대는 쉽게 말해 더불어 사는 것이다. 원래 사람들은 언제나 더불어 살게 돼 있다. 그러니 굳이 연대를 끄집어내어 이야기하는 게 새삼스러울 수도 있다. 그런데 우리가 이야기하는 연대는 이러한 공생共生 자체를 가리키는 게 아니다. 사람들 하나하나가 서로 더불어 살 수밖에 없음을 철저히 자각한 상태를 말하려는 것이다. 즉, '자각된' 공생의 상태다.

그 '자각'의 가장 핵심적인 내용은 타인의 자유에 대한 인정이다. 타인의 자유가 나의 자유만큼이나 소중한 것임을 인정하는 것이다. 그럴 때에만 비로소 타인도 나의 자유가 자신의 그것만큼이나 소중함을 인정하게 된다. 나의 자유는 이렇게 해서 사회의 다른 모든 사람들의 자유와 그물처럼 엮인다. 우리가 이 그물망을 짜는 순간, '평등한 자유'는 변두리의 외침, 무시해도 좋을 투정이 아니라 보편적인 이상이자 기준이 된다. 연대는 이런 식으로 자유와 평등을 서로 잇는다.

연대의 가치 아래에서는 남보다 '더' 자유로운 상태는 결코 자랑할 만한 게 못 된다. 남의 자유를 침해해서 얻는 자유란 존중받을 수 없다. 오히려 우리는 이 세상 그 누구의 자유라도 침해당한다면 마치 나의 자유가 같은 위기에 빠진 것처럼 관심을 기울이고 행동에 나서야 한다. 미국 노동운동에는 "우리 중 한 사람이라도 상처를 입는다면 그것은 곧 우리 모두의 상처"라는 오래된 격언이 있다. 이 말만큼 연대 의식을 간명하게 표현한 문장도 달리 없을 것이다.

그렇기 때문에 연대는 또한 나눔이다. 무엇을 나누는가? 희망과 책임이다. 그래서 연대를 달리 말하면 희망의 공유이자 책임의 공유다. 굳이 순서를 따지자면 책임이 먼저고 희망은 그 다음이다. 타인의 자유를 인정하고 관심을 기울인다는 것은 결국 타인을 책임진다는 것과 같기 때문이다. 거기에는 일정한 양보와 희생이 따를 수 있다. 아니, 어쩌면 반드시 따라야 하는 것일지 모른다.

하지만 이 희생은 우리가 나눠야 할 또 다른 무엇, 즉 희망의 연료다. 그런 희생조차 불사하면서 타인의 자유를 인정함으로써 드디어 나의 자유의 존엄함이 모든 이들의 인정을 받기 때문이다. 그때 각자는 자신이 뜻밖의 존엄한 누군가로 거듭남을 느끼게 된다. 그것은 우리 누구나 희망하는 행복의 가장 높은 차원이다. 그렇기에 연대는 또한 희망을 나누는 것이기도 하다.

사회 국가의 공공성은 이러한 연대 의식에 둥지를 튼다. 즉, 사회 공공 국가는 사회 연대 국가를 전제한다. 연대의 정신이 사회 전체를 꿰뚫어야 한다. 이를테면 사회의 모든 계급, 계층이 복지제도의 재정 부담에 자발적으로 합의해야 한다. 스웨덴 등 북유럽 복지국가에는 이러한 복지 연대의 정신이 고소득자의 누진 과세와 모든 시민의 높은 조세 부담으로 나타난다.

"모든 국민은 인간으로서의 존엄과 가치를 가지며, 행복을 추구할 권리를 가진다"는 우리 헌법 제10조의 약속은 이러한 사회 연대 국가를 통해서만 이행될 수 있다. 모든 사람을 경주장에 내몰아서 뒤처진 자들은 내팽개치고 살아남은 자들만을 챙기겠다는 신자유주의 교리 아래에서는 '인간의 존엄성'이란 공허한 수사에 불과하다. 결코 한 사람도 버리고 갈 수 없다는 사회 연대의 정신 아래에서만 '인간의 존엄성'은 의미를 획득한다. 존엄한 대우를 받을 때에만 존엄함은 실체를 갖는다.

한데 여기서 이런 의문이 떠오른다. 그럼 연대 의식은 어떻게 만들어지는가? 학교 윤리 수업 시간에 가르치면 되는 것인가? 법전의 이곳저곳에 '연대'라는 말을 수도 없이 포진시키면 되는 것인가? 이 물음은 결국 사회 국가의 마지막 세 번째 차원, 사회 참여 국가의 문제의식으로 이어진다.

사회 국가는 사회 '참여' 국가다

사회 참여 국가는 모든 결정 과정에서 시장이나 관료기구가 아니라 시민사회가 주도권을 쥐는 체제다. 시민사회가 정책의 기획과 결정, 집행 과정에 참여해야 한다. '시민사회'라고 해서 무슨 시민운동 단체들만을 일컫는 게 아니다. 기업이나 관료기구 바깥에 있는 대중이 직접 참여해야 한다는 것이다.

우선 대중은 자신의 조직을 가져야 한다. 모든 사람이 자신을 대변할 하나 이상의 조직에 가입하는 것이 바람직하다. 그 조직의 대표적인 예가 노동조합이다. 하지만 노동조합만이 아니다. 지역 주민 조직일 수도 있고, 생활협동조합일 수도 있다. 아무튼 이러한 자발적 결사체들이야말로 우리가 연대를 경험하고 학습하며 단련하는 학교다.

더 나아가 지역적 규모든 전국적 규모든 사회 전반에 영향을 끼칠 수 있는 중요한 결정 과정에 대중이 직접 참여할 기회를 가져야 한다. 모든 정보가 공개되어야 하고, 밀실 협상이 아닌 공개적인 사회 협상의 기회가 많아져야 한다. 비록 많은 시간과 노력이 들더라도 공중의 열띤 토론 기회들이 보장되어야 한다. 이런 경험이 쌓이고 또 쌓여야만 역지사지易地思之의 능력, 즉 타인을 이해하고 포용할 수 있는 능력도 늘어 간다. 즉, 사회 연대의 기본 토대가 마련된다.

연대 의식은 결코 강제나 계몽을 통해 만들어지는 게 아니다. 시장에서 기업의 활동을 통해 나타날 수 있는 것도 아니고, 관료기구가 급조할 수 있는 것도 아니다. 오직 대중들 스스로 공동의 경험을 거듭함으로써만 형성될 수 있다. 일상생활에서 그러한 공동의 경험을 반복할 기회가 바로 자발적 결사체 활동이나 다양한 협상과 토론 그리고 결정 과정에 대한 직접 참여다.

사회 국가에서는 시장의 역역을 점차 축소해 공공성의 영토를 확장하는 것만 중요한 게 아니다. 관료기구의 권한을 점차 줄이고 민중 참여, 아니 민중 자치의 영역을 늘려 가는 것도 중요하다.

이 점에서 브라질 포르투 알레그레 Porto Alegre 시에서 추진한 시민참여예산제는 주목할 만한 사례다. 1980년대 말, 브라질에서 세 번째로 큰 도시 포르투 알레그레에서 노동자당(현 룰라 정부의 여당으로서 노동운동에 기반을 두고 만들어진 좌파 정당이다) 소속 시장이 당선됐다. 신임 노동자당 시정부는 의욕적으로 사회 기반 시설과 복지 설비 투자를 늘렸다. 하지만 시청 관료의 손에 모든 걸 맡기지는 않았다. 그렇다고 사기업의 힘을 빌린 것도 아니었다. 노동자당 시정부는 시민들이 직접 자기 동네의 공공사업 우선순위를 결정하고 그에 따라 예산을 짜게 했다. 이것이 이제는 전 세계에 그 명성을 떨치고 있는 시민참여예산제다.

십 년 넘게 시민참여예산제를 실행하고 나자 포르투 알레그레 시는 브라질에서 가장 복지 수준이 높은 지자체로 떠올랐다. 하지만 이렇게 눈에 보이는 성과보다 더 중요한 성과가 있었다. 그것은 시민들의 자각이었다. 시민들이 예산 작성 과정에 참여하면서 그들의 눈과 귀가 열리고 공동체에 대한 새로운 감각과 의식이 싹텄다(시민참여예산제에 대한 좀 더 자세한 설명은 이 책의 7장 참고).

이것은 복지제도가 발달했다는 서유럽에서도 시도해 본 적이 없는 사례였다. 이들 '선진' 복지국가에서 정책 결정은 으레 직업 정치인이나 고위 관료, 전문가들의 몫이었다. 하지만 포르투 알레그레의 시민들은 시민'을 위한' 복지만이 아니라 시민'에 의한' 복지의 가능성을 열었다. 그래서 요즘은 서유럽 사람들이 오히려 브라질에 와서 시민참여예산제를 배워 가고 있다. "먼저 된 자가 나중 되고 나중 된 자가 먼저 된다"는 성서의 경구가 딱 들어맞는 사례라고 하겠다.

바로 이런 맥락에서 우리의 사회 국가는 전통적 복지국가를 포함할 뿐만 아니라 동시에 그것을 넘어서야 한다. 복지제도 하나를 확충하더라도 대중이 직접 그 과정에 참여하고 결정권을 쥐어야 한다. 어떻게 보면 이것은 번잡하고 시간이 많이 드는 경로인 것처럼 보이기도 한다. 허나, 그렇지 않다. 이게 가장 확실하고 탄탄한 길이다. 제도나 설비보다 더 중요한 사회 국가의 토대, 즉 사회 연대의 심성을 탄생시키고 키워가는 길이기 때문이다.

4. 21세기의 사회 국가는 평화와 녹색을 지향한다

　자본 주도의 세계화는 지구 곳곳에 불평등을 유례없이 심화시킨다. 과거에 그랬던 것처럼 지금도 시장의 자유·자본의 자유는 자유의 모순을 더욱 극단적으로 만든다. 그에 따라, 평등을 요구하는 집단도 더욱 다양해지고 그 목소리도 더욱 치열해진다.
　한국 사회 내부만 봐도 그렇다. 노동자들 사이에서도 비정규직 노동자들이 정규직과의 차별에 항의하고 있다. 대부분 비정규직인 여성 노동자들도 불만의 대열에 합류한다. 그리고 그 대열에는 이전에는 좀 낯설었던, 아니 눈에 잘 들어오지 않았던 집단들도 있다. 이주 노동자, 장애인, 성적 소수자 등 다양한 소수자 집단들 말이다. 이렇게 차별의 골이 깊어지고 평등의 요구가 다양해지는 만큼 연대에 대한 고민도 더욱 깊어지지 않을 수 없다.

사회 국가 건설은 또한 '평화 공동체'를 만드는 일

　시야를 한국 사회 바깥으로 뻗어 보면 더 어지럽다. 신자유주의는 어차피 전 지구적 현상이다. 따라서 지구 전체를 시야에 넣지 않으면 그 양상을 제대로 파악하기 어렵다. 그런데 그렇게 시야를 확장해 보면 국내의 양극화 수준을 훨씬 뛰어넘는 북반구와 남반구 사이의 양극화를 발견하게 된다.
　더구나 이러한 전 지구적 빈부격차는 북반구에 다시 양극화의 부메랑이 되어 돌아온다. 남반구 노동자들의 낮은 임금은 북반구 노동자들이 그동안 그나마 조금씩 쟁취해 온 생활수준을 다시 끌어내리는 효과를 낳는다. 자본가들은 자국의 인건비 부담이나 세금 부담에서 벗어나려고 생산 설비를 중국이나 인도로 옮기고, 그러면 다시 북반구 노동자들의 임금수준이 떨어지고 기왕의 복지제도가 흔들린다.

결국, 굉장히 제한적인 수준에서 세계의 일부 지역에 건설되었던 사회 국가들의 존립 자체가 위기에 처하게 된다. 물론 위에서 밝힌 것처럼, 그런 와중에도 북유럽의 몇몇 복지국가들은 어찌어찌 버텨 나가고 있다. 하지만 그들보다 복지 수준이 떨어졌던 서유럽의 다른 나라들, 예를 들어 영국이나 프랑스는 이미 신자유주의 세계화의 공세 앞에 사회 국가의 기존 토대들이 와해되거나 흔들리는 상황에 있다.

반면 이와는 정반대 양상도 나타난다. 남반구 일부에는 전 지구적 자본주의의 전성기인 지금, 오히려 사회 국가를 새롭게 건설하려는 흐름이 있다. 남미의 몇몇 나라들이 그러하다. 더구나 이들은 한 나라 수준을 넘어 대륙 차원에서 여러 나라들의 힘을 한데 모으고 있다. 그래야만 북반구 자본의 공세에 맞설 수 있다는 걸 깨달았기 때문이다.

이러한 최근의 양상은 무엇을 말하는가? 누가 이야기하는 것처럼, 복지국가나 사회권의 실현은 이제 먼 과거의 일이 되어 버렸다는 숙명론인가? 아니다. 이 자본 독재의 시대에도 사회 국가는 여전히 가능하다. 아니, 신자유주의의 야만이 거세질수록 사회 국가의 건설은 더욱더 시급하고 절실한 과제가 된다.

문제는 사회 국가가 가능하냐 불가능하냐가 아니다. 우리가 서유럽과 남미의 사례에서 확인하는 진실은 이것이다. 이제는 일국 차원에서 사회 국가를 건설하기 위해서도 국경을 넘어선 연대가 반드시 필요하다는 것. 민주주의의 적이 지구 단위로 움직이는 우리 시대에는 '강한' 민주주의가 결코 한 나라 안에서 외따로 성장할 수 없다. 복수의 나라들에서 출발한 '강한' 민주주의의 운동들이 서로 만나 국제적 수준에서 신자유주의와 대적해야만 한다.

더구나 자본 주도의 세계화는 점점 더 군사적인 성격을 띠고 있다. 미국의 세계 제패 전략은 노골적인 군사 침략의 형태를 취하기 시작했다. 그리고 자본 간 경쟁은 점차 유럽, 러시아, 일본, 중국 등 초강대국들 사이의 군비 경쟁과 무력 긴장으로 비화하고 있다. 이들 강대국 거의 전부가 주인공으로 출연하는 동아시아에서는 더더욱 그러하다. 불행히도 우리는 이 무대 한 복판에 서 있다.

따라서 다른 나라도 그렇지만 우리의 경우는 더더욱 사회 국가의 비전이 한 나라라는 좁은 우물 안에 갇혀 있을 수 없다. 공공성의 원리든 연대의 정신이든 참여와 자치의 실천이든 사회 국가의 모든 이상과 원칙은 남한을 넘어서 한반도로, 동아시아로, 지구 전체로 확장돼야 한다.

우리는 사회 국가의 이러한 국제적 확장을 '평화 공동체'라 부른다. 어찌 보면 '평화'란 말이 진보적 경제 협력이나 초국적 민주 기구의 설립 같은 다양한 과제들을 다 포괄하기에는 너무 협소하게 들릴 수도 있다. 하지만 이 책의 6장에서 밝히는 것처럼, 이제 '평화'나 '안전' 같은 오래된 개념들은 좀 더 폭넓게 해석되어야 한다. 우리에게 '평화'는 단지 군사적 위험뿐만 아니라 자본 주도의 세계화가 낳는 온갖 위험들 역시 사라진 상태를 뜻한다. 사실 전 지구적 경쟁의 격화와 양극화야말로 전쟁의 가장 깊숙한 뿌리이기 때문이다.

이제 21세기의 사회 국가는 또한 평화 공동체의 일원이어야 한다. 한 나라 안에 사회 국가를 건설하는 과정은 곧 국제적 수준에서 평화 공동체를 구축하는 과정과 동시에 진행되어야 한다.

'녹색' 사회 국가만이 지탱 가능하다

새롭게 주목하고 강조해야 할 게 이것만은 아니다. 지난 세기의 일반적 상식으로는 충분히 주목할 수 없었던 연대의 또 다른 차원이 있다. 그것은 우선 현 세대와 미래 세대 사이의 연대다.

우리는 '연대'라고 하면 현재의 시간 지평 안에서만 생각하기 쉽다. 하지만 지금 우리와 함께 살고 있지 않은 타인들과의 연대를 놓쳐선 안 된다. 우리의 뒤를 이어 살아갈 미래 세대와의 관계 말이다.

그렇다면 지금 우리의 자유가 미래 세대의 자유를 침해할 가능성이라도 존재한다는 말인가? 그렇다. 바로 그러한 가능성이 있다. 요즘 세대 간 갈등 문제를 이야기하다 보면 노후 연금이 뜨거운 화젯거리가 되는데, 지금 이야기하려는 것은 그것보다 훨씬 더 첨예한 문제다. 자칫하다가는 지난 여러 세대와 우리 세대의 태만과 낭비가 미래 세대의 최대·최후의 권리, 즉 살아 있을 권리마저 짓밟을지 모른다. 다름 아니라 에너지 문제다.

21세기의 이 화려한 전 지구적 자본주의는 공짜로 만들어진 게 아니다. 수세대 동안 노동자들이 피땀을 흘려야 했고, 심지어는 식민지 민중들의 목숨까지 담보로 필요했다. 그런데 이와 함께 또 잊어선 안 될 희생이 있었다. 그것은 지구의 화석 에너지 자원이다. 석탄과 석유, 천연 가스 말이다.

현재의 자본주의는 이 중에서도 석유에 크게 의존하고 있다. 한데 한 세기 가까운 석유 잔치 이후 이제는 석유의 고갈이 눈앞에 다가오고 있다. 현재의 소비 추세가 계속될 경우 약 40년 후면 석유가 더 이상 효율적인 에너지 구실을 못하게 된다고 한다. 비록 석유 자원이 지하에 일부 남는다 하더라도 인간의 힘으로 채굴하기에는 비용이 너무 많이 들어서 경제성이 전혀 없는 상태가 된다는 것이다.

이것은 그나마 "현재의 소비 추세가 계속될 경우"를 전제한 것이다. 지금 중국과 인도가 산업화에 박차를 가하고 있다. 이 두 나라가 산업화를 성공적으로 추진하면 할수록 석유 소비량은 더욱 엄청난 속도로 늘어날 수밖에 없다. 그렇다면 석유가 고갈될 시기는 이미 우리 세대의 시간대 안으로 다가온 것인지도 모른다.

더구나 화석 에너지는 그 고갈만이 문제가 아니다. 석탄 시대부터 시작된 엄청난 양의 온실 가스 배출 때문에 지구 기후가 크게 변하고 있다. 지구의 평균온도가 빠른 속도로 상승해서 이번 세기말이 되면 최고 6도 가까이까지 오를 것이라고 한다.

그렇게 되면 지금 전 세계의 부가 집중돼 있는 북반구의 온대 기후대가 어떤 식으로 변할지 아무도 정확하게 예측할 수 없다. 이미 한국인들도 평생 처음 겪는 이상한 여름 날씨(아열대 기후!)로 이것을 절감했다. 영국 정부 자문위원인 데이비드 킹은 이를 "인류가 5,000년 문명 기간 동안 직면한 가장 큰 위험"이라고까지 말한다.[7]

지금 세대가 새로운 에너지 체제로 전환하지 않고 화석 에너지에만 의존한 채로 이 지구를 다음 세대에게 넘겨준다면 과연 어떻게 되겠는가? 또 지구 기후 변화를 재촉하는 온실 가스 배출을 조금이라도 줄이려는 노력 없이 다음 세대에게 '뜨거워진 지구'를 물려준다면 어떻게 되겠는가?

지금 당장 시작해야 할 일은 화석 에너지 체제에서 '태양과 바람'의 에너지, 즉 재생 가능 에너지 체제로 최대한 신속하게 전환하는 것이다. 아니 더 나아가, 지구 생태계를 파괴하고 수탈해야만 존립할 수 있는 경제·사회 체제와 작별을 고해야 한다. 뒤늦게라도 미래 세대와의 연대를 회복할 길은 바로 자연과 연대하는 것이다. 뭇 생명과 연대하고 지구와 연대하고 우주와 연대하는 것이다.

사실 에너지 문제는 이러한 생명 연대의 한 가지 계기에 불과하다. 에너지 체제 전환 외에도 해야 할 일들이 수두룩하다. 도시와 농촌 사이의 관계를 다시 묻고 농업을 새롭게 되살려야 하며, 지구 온난화에 대응하면서 북반

---

[7] 엘마 알트파터, 『자본주의의 종말』, 염정용 옮김, 동녘, 2007, 244쪽에서 재인용.

구와 남반구의 관계도 새롭게 자리매김해야 한다.

어쩌면 우리는 아직도 이 '녹색'이라는 새로운 원칙이 우리에게 얼마나 근본적인 변화를 요구하는지 충분히 절감하지 못하고 있는지도 모른다. '녹색'은 사회 국가의 비전 전체에 지금 우리가 제시하는 것보다 더 철저하게 녹아들어가야 하는 것일지 모르겠다.

하지만 어쨌든 시작은 분명히 해야 한다. 우리 시대의 사회 국가는 반드시 '녹색'이어야 한다. 공공성과 연대, 참여의 정신을 인간과 인간의 수준을 넘어 생태계 차원으로까지 넓혀야 한다. 그래야만 사회 국가 자체가 세대를 넘어 지탱할 수 있다.

2장

출발은 4대 기본권의 보장으로부터

1. 어디에서 시작할까?

사회 국가를 만들자면 어디부터 손을 대야 할까? 사실 바꿔야 할 게 너무 많다. 해야 할 일은 셀 수도 없을 정도다. 하지만 할 일이 많을수록 처음부터 중심을 잘 잡아야 한다. 그럼 그 중심은 무엇인가?

그것은 바로 주거, 의료, 교육 그리고 일자리, 이 네 가지 문제를 확실히 해결하는 것이다. 무엇보다 먼저, 누구나 집 걱정 없이 쾌적하게 사는 세상부터 만들어야 한다. 누구나 병원비 걱정 없이 건강하게 사는 세상을 만들어야 한다. 누구나 교육비 걱정 없이 한평생 동등한 교육의 기회를 갖는 세상을 만들어야 한다. 그리고 누구나 실업자가 될 걱정 없이 보람 있는 일자리를 갖는 세상이어야 한다.

흔히들 사람이 살아가려면 의·식·주가 해결되어야 한다고 말한다. 그리고 한국 사회는 이 중 먹고 입는 문제는 일단 해결했다고 한다.

하지만 먹고 입는 건 어떻게 해결했다고 해도 남는 게 있다. 우선 주(住), 즉 집 문제가 아직 안 풀렸다. 아직 안 풀린 정도가 아니라 문제가 더욱 꼬여가고 있다. 1975년에는 자기 집을 가진 가구가 63.5퍼센트였다. 그런데 매년 50만 호가 넘는 집을 새로 짓는다는데도 요즘은 자기 집 가진 가구의 비율이 오히려 55.6퍼센트로 떨어졌다(2005년 현재). 또한 건설교통부가 정한 최저 주거 기준에 미달하는 집에 사는 가구가 332만에 달한다(2005년 현재). 인구수로 따지면 1,100만 명 이상이 불량주택에 사는 셈이다.

더구나 지금 한국 사회에서는 단순히 집 없는 가구가 많은 것만 문제가 아니다. 한쪽에서는 집 없는 가구가 전체의 절반 가까이나 되는데, 다른 한쪽에서는 한 가구가 수십 채를 소유하고 있다. 16.5퍼센트의 가구가 두 채 이상의 집을 갖고 있고, 이들이 소유한 집이 814만 호에 달한다(2002년 현재). 이것은 전체 아파트의 71퍼센트에 해당하는 수치다. 집 없는 서민들에게는 억장이 무너지는 현실이 아닐 수 없다.

또한 건강 문제가 있다. 옛날에는 병들고 다치는 거야 어쩔 수 없는 운수소관으로 치부했지만, 지금은 다르다. 웬만한 질병은 인력으로 치유할 수 있다. 따라서 이제는 의·식·주뿐만 아니라 여기에 의료까지 덧붙여야 한다. 먹고 입고 잠자는 것뿐만 아니라 건강하게 사는 것도 가장 기본적인 생존 조건의 목록 안에 들어가야 한다.

하지만 병원에 가자면 돈이 든다. 그 돈을 누가 어떻게 부담할 것인가? 물론 우리에게는 박정희 정권 때 도입한 건강보험이 있다. 하지만 전체 병원비 중에서 건강보험으로 해결하는 비용은 겨우 60퍼센트 조금 넘는 수준이다(2006년 현재). 다시 말하면 전체 병원비 중에서 약 40퍼센트 가까이는 여전히 개인의 호주머니에서 나가고 있다는 이야기다. 당장 호주머니에 돈이 없는 사람들은 병나고 다치면 병원가기 전에 돈 걱정부터 해야 하는 게 여전히 우리의 현실이다.

의·식·주 더하기 의료, 교육, 일자리

그럼 의·식·주에다가 의료만 더하면 그것으로 충분한 걸까? 아니다. 두 가지가 반드시 더 필요하다. 그것은 교육과 일자리다. 사람은 자기 능력을 개발해서 그 능력을 마음껏 발휘해야 소득도 얻고 보람도 느낄 수 있다. 소득이 있어야 먹고 입고 잠자는 일도 지속적으로 해결할 수 있다. 또한 보람이 있어야 살아갈 맛이 난다. 누구나 자신의 능력을 최고로 발전시키도록 하는 일, 그것이 교육이다. 그리고 그렇게 쌓은 실력을 발휘하도록 일자리가 항상 보장되어야 한다.

한데 지금 한국의 교육은 어떠한가? 교육이 새로운 기회와 가능성을 꽃 피우는 통로가 되고 있는가? 그 반대다. 우리에게 교육은 명문대학 간판을 따려는 피 말리는 경쟁의 장일 뿐이다. 그 경쟁에서 살아남으려고 다들 과외 학원의 문을 두드린다. 그리고 그 엄청난 사교육비 부담 때문에 등골이 휜다. 사교육비에 대한 정확한 통계는 없다. 하지만 대체로 매년 30조 원에 달하는 돈이 사교육비로 쓰인다고 한다. 18세 이하 자녀가 있는 가구는 매월 평균 40만 원씩을 사교육비에 쏟아 붓고 있다는 것이다.

그래서 교육비는 주거비와 함께 가계 부담의 양대 축이다. 교육비와 주거비 때문에 다들 30~40대는 돈 버는 기계로 살고, 심지어는 엄청난 빚을 지기도 한다. 2003년 통계청 조사에 따르면, 사람들이 빚을 지는 첫 번째 이유는 '주택 마련'이고, 돈을 당장 쓰지 않고 저축해 두는 첫 번째 이유는 '교육비 마련'이다.

가까운 일본과 비교해 보면, 한국인이 얼마나 심각한 교육비·주거비 부담에 시달리는지 좀 더 실감나게 확인할 수 있다. 일본만 해도 선진국 중에서는 교육비와 주거비 부담이 높기로 악명이 높은 나라다. 그런데 그 일본조차도 우리에 비하면 천국이다. 한국 노동자 가구의 소득 대비 주거비 부담은 일본의 두 배이고, 교육비는 무려 세 배다.[1]

그렇다고 정규 교육 과정을 다 마치고 사회에 나오면 경쟁이 끝인가? 그것도 아니다. 일자리를 얻기 위한 경쟁이 시작된다. 1997년 외환위기 때 우리는 수십 년 한 직장에서 일해 온 직장인들도 하루아침에 무더기로 쫓겨날 수 있다는 걸 경험했다. 그때부터 지금까지 쭉 일자리 문제가 사회 양극화의 핵심 원인이 되고 있다.

해마다 5퍼센트 가까이 경제성장은 계속하는데 일자리는 좀처럼 늘지 않는다. 그래서 청년 실업이 줄곧 6~7퍼센트의 높은 수준을 유지하고 있다.

---

[1] 송태정, 「서민가계 압박하는 주거비·교육비」, 『LG주간경제』, 2003.

아예 일자리를 구하려는 노력 자체를 포기해서 경제활동 인구에 잡히지 않는 사람들도 늘고 있다. 게다가 일자리 자체도 양극화돼서, 그나마 괜찮은 정규직 일자리는 전체 일자리의 절반 이하로 줄어들었다. 3분의 2에 가까운 일자리가 비정규직이다.

실업자가 되거나 비정규직이어서 임금 차별을 당하게 되면 결국 소득이 줄게 된다. 소득이 줄면 당장 먹고 입는 문제를 해결하기도 벅차게 된다. '한강의 기적'을 통해 극복했다는 '가난'이 다시 현안으로 등장하는 것이다.

사회 국가 건설은 4대 기본권의 보장에서 출발한다

우리가 건설할 사회 국가는 생존권을 다른 모든 권리에 우선한다. 위에서 보았듯이 주거, 의료, 교육 그리고 일자리, 이 네 가지 필수 생존 조건의 보장이야말로 그러한 생존권 중에서도 가장 핵심이라고 할 수 있다. 그래서 우리는 주거, 의료, 교육 그리고 일자리의 권리를 '4대 기본권'이라고 부른다. 그리고 이렇게 주장한다. "이 땅에서 사회 국가를 향해 나아가는 첫발자국은 바로 이 4대 기본권을 해결하는 것"이라고 말이다.

사실 우리만 그런 것도 아니다. 유럽의 복지국가도 무엇보다 이 네 가지 문제를 해결하는 데서 출발했다. 프랑스 대혁명과 멕시코 혁명의 결과로 등장한 진보적 헌법들이 인민의 사회적 권리로 가장 먼저 제시한 것은 보통교육의 권리였다. 영국노동당이 1945년 2차 대전이 끝나자마자 집권했을 때 내건 총선 슬로건은 "만인을 위한 일자리"였다. 그리고 노동당이 집권 후 가장 의욕적으로 벌인 사업은 무상 공공 의료 체제 NHS: National Health Service를 만들고 지방자치단체 소유의 공공주택을 대거 신축한 것이었다.

우리 시대에 급진적 사회 개혁을 단행하고 있는 대표적 나라 베네수엘라를 봐도 비슷하다. 차베스 대통령이 집권하고 나서 채택한 베네수엘라의 새 헌법은 보건 시스템이 "무상의 원칙, 일괄의 원칙, 보편성과 공평함의 원칙, 사회적 통합과 연대의 원칙 아래 운영된다"고 명시하고 있다. 또한 "민주적인 무상 의무 교육을 실시한다"고 정해 놓고 있다. 실제로 차베스 정부의 사회 개혁은 무상 공공 의료의 도입과 공교육의 확대에서 출발했다.

이젠 한국도 예외여선 안 된다. 주거, 의료, 교육 그리고 일자리의 4대 기본권을 가장 중요한 헌법적 권리로서 보장해야 한다. 전 사회적으로 이를 실현하기 위해서는 다른 여타의 권리, 즉 소유권이나 경영권의 일정한 제약도 달게 받아들여야 한다.

이것은 공공의 이익을 위해서는 국가가 토지소유권에 대해 "법률이 정하는 바에 의하여 필요한 제한과 의무를 과할 수 있다"(헌법 제 122조)라는 '토지 공개념'의 원리와 다를 바 없다. 이런 점에서 4대 기본권 보장의 원리를 '주거 공개념', '의료 공개념', '교육 공개념' 그리고 '일자리 공개념'이라고 표현해도 크게 무리는 없겠다.

2. 주거 공개념이 필요하다

노무현 정권 들어서 아파트 값이 천정부지로 뛰었다. 그러자 정부의 무능을 보다 못한 시민사회 각계에서 다양한 대안을 쏟아 냈다. 그 중에는 아파트 분양 원가 공개도 있었고, 분양 원가 상한제도 있었다. 아파트를 분양할 때 땅값은 제외하고 건물 값만 받는 토지 임대부 분양제도 등장했고, 분양받은 아파트를 되팔 때는 반드시 공공 당국에 팔게 하는 환매조건부 분양제도 논의되고 있다.

모두 나름대로 의미 있는 대안들이다. 아마도 이들 대안을 적절히 결합

표 4 | 집은 누가 다 갖고 있을까 (2002년)

주택 소유별	소유 주택 수(호)	비율(%)
1주택	555만6천	40
2주택	316만2천	23
3주택	185만1천	14
4주택	109만2천	8
5주택	57만5천	4
6~20주택	146만4천	11
총 주택 수 1,370만331호		

자료: 행정자치부
출처: 손낙구 「통계로 보는 부동산 투기와 한국경제」, 2005.

하여 운용한다면, 누가 이야기하는 대로 '반값 아파트' 혹은 '반의 반값 아파트'도 가능할 것이다. 민주노동당도 위의 대안들을 총망라한 종합 처방을 당론으로 채택하고 있다.

하지만 한국 사회의 주택 문제를 단지 아파트 값 문제로만 바라 봐서는 안 된다. 아파트 분양가와 매매 가격의 안정화 방안에만 관심을 두면 안 된다는 것이다. 왜 그러한가?

집이 모자라서 문제가 아니다

한국의 주택 보급률은 2004년 현재 102.2퍼센트에 달한다. 인구가 지나치게 밀집해서 주거 문제가 심각한 수도권에서도 주택 보급률은 93.9퍼센트나 된다. 분명 집이 모자라서 문제는 아니다.

그런데도 집값은 계속 오르고, 자기 집 없는 가구가 40퍼센트를 넘는다. 이 사실은 무엇을 말하는가? 부동산 가격이 폭등할 때마다 신도시다 뭐다 해서 아파트 공급 물량만 계속 늘려 온 정부 정책에 뭔가 커다란 한계와 문제가 있다는 것이다.

2001~05년 동안 총 271만 호의 신규 주택이 공급되었다. 1년에 54만 호씩 새로 지은 것이다. 제대로 되었다면, 한 해에 그 정도 가구만큼은 집 걱정에서 해방되었어야 맞다. 한데 그렇지 않았다. 전월세 가구 수가 2000년의 615만 가구에 비해 2005년 들어 오히려 657만 가구로 늘었다. 그 기간 중에 새로 자기 집을 갖게 된 것은 107만 가구다.

그럼 도대체 271만 호의 새 집 중에서 나머지 59퍼센트에 달하는 164만 호는 누구의 손에 들어갔단 말인가? 이미 집을 한 채 이상 갖고 있는 사람들, 즉 다주택 소유자들에게 돌아갔다. 한 가구에 2주택 이상을 소유한 다주택 가구는 2002년 현재 전체 가구의 16.7퍼센트(276만 가구)다. 그런데 이들이 소유한 집은 전체 주택의 60퍼센트에 달한다. 집 부자들이 평균 세 채(2.95호)씩 갖고 있는 셈이다.

왜 그들은 여러 채의 집을 소유하고 있는 걸까? 답은, 돈이 되기 때문이다. 대한민국에서 부동산만큼 손쉬운 돈벌이가 또 어디 있는가? 집과 땅만 갖고 있으면 굳이 매매 차익을 노리지 않아도 시간만 지나면 재산이 불어나게 되어 있다. 2000~05년까지 주식 시가 총액은 322조에서 436조로, 114조가 늘었다. 하지만 아파트 시가 총액은 334조에서 1,000조로, 무려 666조나 늘었다. 그러니 투자처를 찾지 못한 돈이 부동산 시장으로 몰릴 수밖에 없다. 심지어는 은행에서 대출까지 받아 집을 사고 또 사는 형편이다.

말하자면 한국 사회에서 주택은 의·식·주 중의 하나인 그 주住, 생활의 보금자리가 아니라 '자산'이다. 더 많은 돈을 벌기 위한 투자 수단인 것이다. 물론 주택을 사고파는 게 완전히 금지되어 있지 않은 한, 주택이 상품의 성격을 갖는 것은 어쩔 수 없다고 할 수도 있다. 하지만 한국에서는 이러한 상품 성격이 기형적으로 부풀려졌다. 그래서 이제는 아예 다들 집이 생존의 터전이라는 상식 자체를 잊어버릴 지경이 되어 버렸다.

이것은 한국과 다른 나라 대도시의 주택 가격 수준을 비교한 〈표 5〉를

표 5 | 한국과 다른 나라 대도시 주택 가격 수준 비교 (2003년)

		미국	일본	영국	대만	홍콩	싱가포르	한국	적정 배수 평균	적정 배수 최대
신규 주택	주택가격/1인당 GDP	8.3	11.8	11.8	-	-	-	23.7	10.6	11.8
	주택가격/가계소득	5.5	7.3	7.5	-	-	-	10.1	6.8	7.5
기존 주택	주택가격/1인당 GDP	6.3	6.1	12.8	13.6	12.1	5.9	24.0	9.5	13.6
	주택가격/가계소득	4.1	3.7	8.1	5.3	6.5	3.8	10.3	5.3	8.1

주: 1) 비교 대상은 서울, 미국 북동부, 영국 런던권, 일본 도쿄, 대만 타이페이 등 주요 대도시 주택임. 평균과 최대는 한국 제외.
2) 기존 주택가격 항목의 주택가격/1인당 GNP 중 일본과 대만은 2002년, 홍콩은 2001년 수치.
자료: 서영훈, 「서울 아파트 적정가격 추정」, 경실련 홈페이지, 2004.

봐도 알 수 있다. 한국은 다른 어느 자본주의 국가보다도 월등히 높은 집값을 자랑한다. 자본주의의 일반적 기준으로 봐도 주택 시장이 지나치게 팽창해 있는 것이다.

주택 시장의 기형적인 팽창은 다시 산업구조를 기형으로 만든다. 건설업이 이상 성장을 계속한다. 새로운 기술을 개발하고 공장을 짓는 것보다는 집을 허물고 새로 짓는 일에 돈이 몰리고 에너지를 쏟는다. 그래서 혹자는 대한민국을 '토건국가'라고 부른다. 이 말은 원래 건설업으로 경기를 살리려다가 부동산 거품 붕괴로 낭패를 본 일본을 꼬집기 위해 등장한 용어다. 하지만 한국의 건설업 이상 비대 현상은 토건국가의 원조인 일본의 수준을 능가한다(〈표 6〉 참고).

주거 혁명의 출발 : 집은 '사는買 것'이 아니라 '사는居 곳'

따라서 주택 문제를 근본적으로 해결하려면 이것부터 물어야 한다. 집은 삶의 보금자리인가 아니면 자산인가? 평소 부동산 투기와는 거리가 먼 사람

표 6 | 국민경제 중 건설업 비중 국제 비교

년도	한국	미국	일본	영국	독일	프랑스	캐나다	이탈리아
1980	8.0	4.9	8.9	6.1	7.6	6.6	7.2	7.2
1990	11.3	4.3	9.6	6.7	6.1	5.7	6.8	6.1
2000	8.4	4.4	7.2	5.2	5.2	4.6	5.0	4.8
2003	9.6	4.4	-	6.4	4.2	5.0	-	5.0

자료: 한국은행, 『OECD국가의 국민계정 주요지표』, 2005.

들조차도 이 물음에 답하기는 쉽지 않을 것이다. 달랑 집 한 채 갖고 있는 사람들도 집값 올랐다고 하면 마냥 좋아하는 게 지금 우리의 현실이기 때문이다. 그만큼 '집은 자산'이라는 생각에 깊이 물들어 있는 것이다.

하지만 이제는 단호하게 답할 때가 됐다. 집은 자산이기 이전에 우리 모두의 소중한 삶의 터전이라고 말이다. 그렇지 않으면 우리와 우리 다음 세대의 행복은 없다. 집이 자산으로 여겨지고 그래서 투기의 수단이 되며 그 투기 때문에 집값이 오르고 그래서 서민들은 더욱 고통받는 이 악순환의 고리를 끊어야 한다. 지금 그대로 가다가는 모두 다 집값 상승의 쳇바퀴 안에서 맴도느라 한세상을 보낼 뿐이다. 한평생 집 장만하는 데 세월을 다 보내거나 아니면 그마저도 '좋았던 옛날'로 회고할 더 나쁜 미래만이 기다릴 것이다.

과거 노태우 정권 때 부동산 문제 해결의 열쇠말로 토지 공개념이 등장한 적이 있다. 이제는 더 나아가 '주거 공개념'을 말할 때다. 주거 공개념이란 무엇인가? 생활 목적의 주택 소유만 인정하고 자산 증식 목적의 소유는 엄격하게 제한하자는 것이다. 그리고 주택을 직접 소유하는 것 외에도 다양한 방식(공공 임대 등)으로 모든 사람의 주거권을 보장할 방안을 마련하자는 것이다.

주택 소유가 극히 편중된 상황에서 이런 정책 목표를 실현하자면 우선 주택 소유 구조부터 개혁해야 한다. 간단히 말해, 돈벌이 목적으로 여러 채의 집을 소유한 집 부자들로부터 집 없는 서민들에게로 주택을 재분배해야 한다.

과소 과격하게 들리겠지만, 우리가 처한 현실이 극단적인 데 비하면 결코 그렇게 과격한 것도 아니다. 요즘 다들 양극화를 이야기하는데, 사실 소득 양극화는 주택 양극화에 비하면 아무것도 아니다. 2005년 통계청 자료에 따르면 소득 불평등을 나타내는 지니계수(0에 가까울수록 평등, 1에 가까울수록 불평등)는 0.348인 데 반해 주택 소유는 무려 0.96이었다. 소득 격차보다도 주택 소유 불평등이 양극화의 결정적인 이유가 되고 있는 것이다.

그런데도 한편으로는 '양극화 해법'을 말하면서 다른 한편으로는 주택 소유의 불평등에 손대길 꺼린다? 이것은 위선이고 기만일 따름이다. 진정으로 양극화를 치유하고자 한다면, 소득과 함께 주택 소유 역시 재분배하자고 이야기해야 한다. 그래서 민주노동당의 심상정 의원은 지금 한국 사회에 '소득 재분배'뿐만 아니라 '자산 재분배'가 절실히 필요하다고 주장한 바 있다.

게다가 대한민국은 이미 한차례 부동산 소유 모순을 혁파한 경험을 갖고 있다. 지주 소유의 농지를 농민들에게 분배한 농지 개혁이 그것이다. 이제 우리에게는 '21세기판 농지 개혁'이 필요하다. 그것이 바로 주거 공개념에 바탕을 둔 주택 소유 개혁이다.

3. 주거 혁명, 어떻게 가능한가?

주택 소유 개혁의 시작은 한 가구가 두 채 이상의 집을 갖는 다주택 소유를 제한하는 것이다. 한 가구는 오직 한 채의 집만을 소유('1가구 1주택' 원칙)하도록 법률로 정해야 한다. 현재 참여연대, 환경정의 등 여러 시민운동 단체들이 "1가구 1주택 국민운동본부"를 만들어서 '1가구 1주택' 국민운동을 벌이고 있다. 시민사회 내에서 '1가구 1주택' 원칙에 대한 자발적 동의의 분위기를 만들겠다는 것이다. 반가운 일이고 소중한 시도다. 하지만 서약 운동만으로는 역시 부족하다. 이 원칙은 반드시 법제화해야 한다.

물론 부득이한 사정으로 두 채 이상 집을 소유한 경우도 없지 않다. 학업이나 취업 때문에 잠시 한 채의 집을 더 갖게 될 수도 있다. 요즘은 귀농을 위해 농촌에 집 한 채 더 갖는 가구도 더러 존재한다. 또한 상속받은 집을 채 처분하지 못했을 수도 있다. 이런 경우들에 대해서는 일정하게 예외를 둘 수도 있다. 하지만 어디까지나 잠정적인 예외일 뿐이다. 예외의 사유가 사라지게 되면 실생활 목적의 집 한 채 외에는 곧 처분하는 것을 원칙으로 삼아야 한다.

그럼 다주택 소유를 막을 구체적인 법적 장치로는 무엇이 있을까? 우선 3주택 이상 소유분은 곧바로 매매 처분하도록 법으로 강제할 수 있다. 사실 세 채 이상 집을 가지고 있다는 것은 임대업이나 부동산 투기 목적이라고밖에는 해석할 길이 없다. 따라서 주거 공개념의 실현을 위한 강제 처분 조치가 충분히 정당성을 지닌다. 17대 국회에서 민주노동당이 발의한 "주택소유제한법(안)"은 다주택 소유자의 3주택 이상 소유분은 법정 시한 안에 의무적으로 처분하도록 규정하고 있다. 이렇게 되면 최소 60만 채의 주택이 새로 공급되는 효과를 낳는다.

1가구 2주택 소유에 대해서는 부담금을 물려 2주택 소유분의 처분을 유도할 수 있다. 2주택 소유가 재정적 부담으로 느껴질 정도로 부담금을 부과한다면 다수의 가구가 실생활 목적 이외의 집을 처분하려 할 것이다. 위의 "주택소유제한법(안)"은 소유 기간이 2년을 넘으면 부담금 수준을 가중시켜서, 되도록 2년 안에 2주택 소유분이 매물로 나오도록 유도하고 있다.

1가구 1주택 원칙의 확립에서 공공 주택 확대로

여기에서 이런 의문을 던질 수 있다. 다주택 소유자들이 갖고 있던 집이 갑자기 매물로 나온다고 해서 실제 집 없는 사람들에게 돌아간다는 보장이 있는가? 괜히 주택 시장만 혼란에 빠뜨리고 그래서 경제 전체에 악영향을 끼치는 것은 아닌가?

그래서 반드시 필요한 게 선매권 제도다. 다주택 소유자의 집에 전세 형태로 세 들어 살던 가구에 그 집의 선매권을 부여하는 것이다. 그래서 다주택 소유자가 그 집을 무차별로 시장에 내놓는 게 아니라 우선 전세 세입자에게 팔게 하자는 것이다.

한데 이 대목에서 당연히 이런 의문이 든다. 세입자들에게 선매권을 준다? 그것은 좋다. 하지만 그런 권리를 갖는다 하더라도 과연 세입자들이 그 비싼 집값을 지불할 여력이 되겠는가?

이 질문은 어느 정도는 지금의 주택 가격 수준을 염두에 둔 것이다. 하지만 주택 소유 개혁 자체가 현재의 집값에 직접 영향을 끼치려는 것임을 잊어선 안 된다. 1가구 다주택 소유를 제한하는 개혁 조치를 단행하면 집값은 당연히 떨어질 것이다. 이것은 물론 그동안 여러 채의 집을 소유하면서 불로소득을 누린 사람들에게는 손해이겠지만, 반면 이제 새로 집을 사려는 사람들에게는 참으로 반가운 기회. 이를 계기로 상당수의 전세 가구들이 자기 집을 갖게 될 것이다.

하지만 그래도 세입자가 직접 구입하는 데는 한계가 있다. 나머지 집들은 그럼 어떻게 할 것인가? 이 경우에는 국가가 선매권을 가져야 한다. 전세 권자가 구매할 의사가 없는 주택은 중앙정부나 지방자치단체가 매입하는 것이다. 그렇게 하면 상당수의 주택을 공공 소유로 확보하게 된다.

공공이 집을 소유해서 무엇을 하자는 것인가? 이미 노무현 정부가 조심스럽게 도입하고 서울 등 일부 지자체에서 시도하고 있는 매입 임대주택 제도가 있다. 공공 당국이 직접 새로 주택을 짓는 것 외에도 민간 주택을 사들여 공공 임대주택으로 서민들에게 공급하는 제도다. 주택 소유 개혁을 계기로 이런 방식으로 공공 임대주택을 늘려야 한다.

즉, 주택 소유 개혁은 두 가지 방향을 좇는다. 우선 다주택 소유자들이 처분한 집을 세입자들이 인수하게 해서 자기 집 가진 가구를 최대한 늘린다. 하지만 이것만이 아니다. 공공이 소유·관리하며 서민들에게 저렴하게 장기간 임대하는 주택을 크게 늘리는 것 또한 중요한 목표다. 이것은 어쩌면 자가自家 소유 가구를 조금 더 늘리는 것보다 훨씬 더 중요한 일일지 모른다. 만약 이것이 성과를 거둔다면, 주택은 자산이며 따라서 어쨌든 집 한 채씩은 자기 것으로 갖고 있어야 한다는 생각 자체가 근본적으로 바뀌기 시작할 것이기 때문이다.

공공 주택 확대로 '집 안심률' 80퍼센트의 시대를

한국의 전체 주택 중 공공 임대주택은 2.5퍼센트에 불과하다(2004년 현재). 그 밖의 임대주택은 모두 민간이 공급한 것이다. 그나마도 대부분은 임대 기간이 5년 미만이라서 임대주택이라 하기도 뭣하다. 반면 대부분의 선진국에서는 공공 임대주택의 비율이 20퍼센트대를 넘어선다. 심지어 싱가포르에서는 공공이 90퍼센트 이상의 주택을 공급하고 있다. 어느 나라든 공공 주택의 비율이 최소한 한국보다는 훨씬 높다.

선진국의 공공 임대주택은 임대 기간도 10년 이상 장기이고 임대료도 저렴하다. 그렇기 때문에 비록 자기 소유는 아니더라도 자기 집처럼 안락하게

표 7 | 주요 선진국의 공공 임대주택 비율

구분	자기 집	공공 임대	민간 임대	기타 (사회조합 등)
네덜란드	47	36	17	-
영국	66	24	10	-
오스트리아	41	23	22	14
스웨덴	43	22	16	19
덴마크	50	18	24	8
프랑스	54	17	21	8
일본	60	7	33	-

자료: 건설교통부, 『주택업무편람』, 2004.

살아갈 수 있다. 손낙구(민주노동당 심상정 의원실 보좌관)는 2006년에 발표한 보고서 「통계로 보는 빈부격차와 생활격차」에서 '집 안심률'이라는 새로운 지표를 제안한다. '집 안심률'이란 자가 소유 비율에다가 공공 임대주택의 비율을 합친 것이다. 공공 주택이 안정적으로 대량 공급된다면 굳이 자기 집을 갖지 않아도 집 걱정 없이 쾌적하게 살 수 있다. 따라서 어느 나라가 주거권을 얼마나 잘 보장하고 있는지 살펴보려면, 단지 자가 소유율만 놓고 따져선 안 되고, '집 안심률'을 비교해 보아야 한다는 것이다.

예컨대 자가 소유율은 2000년 기준으로 한국이 네덜란드보다 오히려 높다. 한국은 54퍼센트인데, 네덜란드는 50퍼센트다. 하지만 한국은, 위에서 말한 것처럼, 공공 임대주택이 2.5퍼센트에 불과한 반면 네덜란드는 36퍼센트에 이른다. 한국에서 집 걱정 없이 사는 가구는 54퍼센트+2퍼센트, 즉 56퍼센트 정도인 데 반해 네덜란드에서는 50퍼센트+36퍼센트, 즉 86퍼센트인 것이다. 이러한 '집 안심률'의 극명한 차이 이면에는 바로 우리가 놓치고 있는 것, 즉 공공 주택의 적극적 역할이 있다.

주택 소유 개혁은 공공 주택을 획기적으로 늘려나갈 첫 출발점이다. 이제까지 한국 사회에서 공공 임대주택은 일부 저소득층을 위한 특수 주거 단지 정도로 생각돼 왔다. 하지만 공공이 소유·관리하는 매입 임대주택이 늘어나면, 공공 임대주택에 대한 그간의 선입견도 크게 바뀔 것이다. 사회 초년생이나 신혼 부부, 고령층을 위한 맞춤형 임대주택, 중간층을 위한 전세 전환형 임대주택 등 다양한 형태의 공공 주택이 선보이게 될 것이다.

1가구 다주택의 해체를 통해 주식 시장을 정비하고 나면 중앙정부와 지방자치단체의 주택 정책의 중심은 공공 주택의 공급에 놓여야 한다. 앞으로 10년간 공공 주택의 비율이 선진국 평균 수준인 20퍼센트까지는 늘어나야 한다. 이것은 주택 공급의 주역이 민간 건설업에서 공공 당국으로 바뀐다는 것을 의미한다. 그럼 자연스럽게 민간 건설업의 과잉 팽창도 누그러질 것이고, 그만큼 토건국가의 오명을 벗을 가능성도 높아질 것이다.

이쯤 되면 이제 '21세기판 농지 개혁'의 완성을 이야기할 수 있겠다. 공공 주택의 적극적 기여를 통해 '집 안심률'이 80퍼센트 수준에 도달한 상황을 상상해 보자. 이때 사람들은 집을 뭐라 생각할까? 지금처럼 '사는買 것'일까, 아니면 '사는居 곳'일까? 아마도 한국인의 상식 속에서 주택은 이제 더 이상 상품이나 자산이 아니라 생존과 복지의 필수 조건 중 하나로 제자리를 찾지 않을까? 1가구 1주택 원칙의 확립에서부터 공공 주택의 획기적 공급으로 이어지는 주거 혁명의 여정이 향해야 할 도착지가 바로 이것이다.

4. 의료 공개념이 필요하다

의료 영역에서도 역시 공공성의 강화가 시급히 필요하다. 현재 한국의 의료 체계가 불평등한 데다가 우리의 건강을 보장해 주지 못하기 때문이다.

가장 먼저 이야기해야 할 것은 높은 의료비다. 암환자 한 명이면 집안이

그림 4 | 의료비 중 본인부담 비율

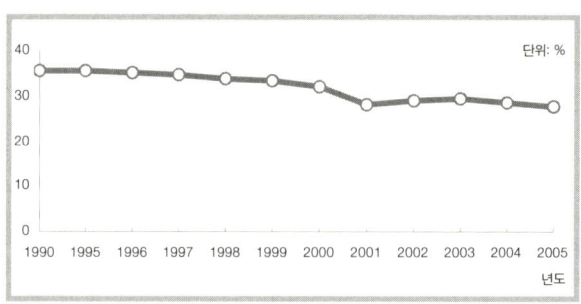

자료: 국민건강보험관리공단, 『건강보험통계연보』, 2005.

망한다는 말이 있다. 돈 없으면 병원에 가기도 어렵고 일단 큰 병(흔히 중증질환이라고 하는)에 걸리면 병원비 대느라 집안 살림이 절단난다.

〈그림 4〉는 1990년 이후 1인당 의료비 본인부담금 비율을 보여 준다. 여기서 본인부담금이란 병원·약국을 이용할 때 건강보험으로 해결이 안 되고 우리 호주머니에서 직접 나가는 돈을 말한다. 그 본인부담금 비중이 30퍼센트에 가깝다. 보험료를 내는데도 의료비의 3분의 1 정도는 여전히 각 가정이 스스로 알아서 해결해야 하는 것이다. 공적 의료보험이 존재함에도 불구하고 병원에 못 가 억울하게 죽은 사람의 가족들이 벌이는 복수담이 TV 드라마의 주제가 되는 나라, 그것이 바로 지금의 한국 사회다.

높은 의료비, 그 원인은 돈벌이에 혈안이 된 의료 체계

이렇게 돈이 많이 드는 이유는 무엇일까? 상식적인 수준에서 생각해 보면, 우리가 내는 보험료가 너무 적기 때문이거나 혹은 의료 담당자에게 너무 많은 돈이 지출되기 때문일 것이다. 다른 나라의 보험료 부담 수준에 비해

표 8 | 병원 운영 주체별 병상 수

병원 시설		
구분	병상 수	비중(%)
국립	11,044	4.81
공립	16,960	7.39
법인	137,650	59.94
개인	63,974	27.86
총계	229,628	100

자료: 보건복지부, 『보건복지통계연보』, 2006.

우리가 내는 돈이 확실히 적긴 하다. 그러나 더 근본적인 문제는 지출이 너무 크다는 점이다. 의사나 병원이 가져가는 돈이 많다 보니 우리가 내는 보험료로는 사회 전체의 의료비 지출을 감당하지 못한다.

왜 의사나 병원이 가져가는 돈이 많아지는가? 간단하다. 의사나 병원이 오로지 돈 벌 목적으로 의료 행위를 하기 때문이다. 〈표 8〉은 운영 주체의 성격에 따라 의료기관을 분류해 놓은 것이다. 국립 혹은 공립 병원의 병상 수는 12퍼센트 정도인 반면, 법인병원이 60퍼센트, 개인병원이 28퍼센트 정도로 나타나 있다.

외국에서는 의료법인이라고 하면 대개 돈벌이가 아니라 공적인 목적에 따라 설립된 시설을 의미한다. 그러나 한국에서는 이게 통하지 않는다. 의료법인도 사실상 영리를 추구하는 기업의 성격을 지닌다. 그러다 보니 더 많은 돈을 벌기 위해 여러 가지 편법을 사용하고, 필요 없는 의료 서비스를 제공한다. 그리고 이것은 고스란히 보험료 인상, 본인부담금 인상으로 이어진다.

유시민 전 보건복지부 장관은 의료 영역에서 빈곤층의 '도덕적 해이'가 나타나고 있다고 비판한 바 있다. 불필요한 의료 소비가 너무 많아서 그것을 지원하는 데 정부 재정이 낭비된다는 것이었다. 하지만 정작 도덕적 해이의 주범은 딴 데 있다. 불필요한 의료 서비스를 남발하는 것은 빈곤층이 아니라 의사와 병원들이다.

이렇게 병원들이 돈만 좇다 보니 여러 가지 문제가 생긴다. 우선, 앞서 말했듯이 필요 없는 의료 서비스, 즉 과잉 진료의 문제가 있다. 건강보험이 적용되지 않는 비급여 항목의 서비스들을 환자에게 강요한다. 병원 입장에서는 그게 돈이 되기 때문이다.

또한 돈벌이가 되는 지역에만 병원이 생긴다. 병원을 지어서 이익을 내자면 일정 규모의 환자가 있어야만 한다. 그러다 보니 농촌이나 벽지에는 의료 사각지대가 생긴다. MBC 프로그램 〈느낌표!〉의 "산 넘고 물 건너"에서 흔히 볼 수 있는 장면이다. 당뇨처럼 합병증이 무서운 질병에 걸린 것도 모르는 노인들이 부지기수다. 병원에 찾아가는 것 자체가 너무 힘들어서 병에 걸려도 치료를 거부하기까지 한다.

또 다른 문제는 질병 예방 기능이 떨어진다는 점이다. 병을 미리 미리 예방하면 의료비도 적게 들 뿐더러 모든 사람들이 좀 더 건강하게 살아갈 수 있다. 그러나 병원 입장에서는 예방보다는 치료 쪽이 더 돈이 많이 남는다. 참 어이없는 이야기지만, 사람들이 병에 '걸려야' 돈을 버는 게 한국의 병원이다.

의료기관들이 질병 예방에 힘쓰려면 아무래도 민간이 아니라 국가가 직접 의료 체제의 중심에 서야 한다. 그러나 위의 〈표 8〉에서도 알 수 있듯이 지금 우리 상황은 그 정반대다. 국·공립 병원 비율은 너무 낮고, 보건소가 제 역할을 하지 못한다. 그래서 예방 의학은 거의 작동하지 못하는 형편이다.

무상의료는 공공 의료, 예방 의료와 함께 해야 한다

이런 문제를 해결하고자 민주노동당은 계속 '무상의료'를 이야기해 왔다.

무상의료는 간단히 말해 모든 사람이 돈 없이도 병원이나 약국에 갈 수 있게 하자는 것이다. 그러나 이것만으로는 좀 부족하다. 돈벌이보다는 사람의 건강을 중심에 두는 의료 체계, 그래서 병의 치료보다는 예방에 치중하는 의료 체계를 함께 이야기해야 한다. 그래야만 사람들의 건강권을 최대한 보장하는 올바른 의료 체계를 완성할 수 있다.

그런데 민주노동당은 그간 무상의료의 측면만을 너무 강조한 감이 있다. 그러다 보니 의료 서비스의 질이나 질병 예방 등에 대해서는 별 관심이 없는 집단으로 오해 받기도 했다. 또 세금을 올려서 결국 의사나 병원만 살찌워 주는 것 아니냐는 비판을 받기도 했다. 의사들이 가져가는 돈을 줄일 방안을 함께 마련하지 않고 무상의료만 이야기하면, 확실히 그럴 위험이 있다.

설상가상으로 인구 노령화로 인해 노인 인구가 많아지고 있다. 노인층은 청·장년층에 비해 의료 서비스가 더 많이 필요하다. 그런데도 정부는 노인들의 의료비만 어떻게 조금씩 줄여 보자는 미봉책만 고집한다.

더 이상 그런 소극적 대책만으로 건강권을 보장할 수 없다. 이제 무상의료에서 더 나아가 공공 의료, 예방 의료를 포괄하는 '의료 공개념'을 실현해야 한다. 의료 공개념이란 의료 행위가 의사나 병원의 전유물이 아니라 사회의 것이라는 뜻이다. 돈벌이가 아니라 만인의 건강권 보장이 의료 행위의 주된 목적이 되고, 이를 위해 사적 기관이 아니라 공공 기관이, 시장이 아니라 사회가 전체 의료 체계의 중심에 서야 한다는 것이다.

의료 공개념을 조금 더 자세히 살펴보자. 의료 공개념은 첫째, 평등한 의료 서비스를 뜻한다. 한국처럼 돈 없으면 병원 못 가고 농어촌 지역에 살면 진찰도 못 받는 게 아니라 누구나 원할 때 질 좋은 의료 서비스를 받는 시스템이 되어야 한다. 그래서 단지 몇 십 가구만 사는 농촌이라 하더라도 원할 때 의료 서비스를 받을 수 있어야 한다.

그게 어떻게 가능할까? 보건소의 기능을 강화하고, 지역 거점 역할을 할 공공 병원을 세우면 된다. 지금도 지역마다 보건소가 있다. 그런데 그 보건소, 보건지소의 기능이 강화되고 실력 있는 의사를 갖추고 있다고 생각해 보자. 그럼 농촌의 노인이 당뇨에 걸리고 관절염에 걸리더라도 체계적인 관리를 받을 수 있다.

둘째, 의료 공개념은 적극적인 의료 서비스를 뜻한다. 여기서 '적극적'이라는 것은 병나고 나서 비로소 손을 대는 게 아니라 병을 미리미리 예방한다는 뜻이다. 즉, 예방 의료에 중심을 둔다는 것이다. 이런 질병의 예방은 건강권 보장의 핵심 사항이다.

또 한 가지 덧붙이자면, 적극적인 의료 서비스는 미래를 대비하는 의료 서비스이기도 하다. 인구 노령화는 당연히 의료 서비스의 수요를 늘린다. 수요의 증가는 결국 의료비의 증가로 이어질 것이다. 이런 의료비 증가를 지금부터 미리미리 계획을 세워 대비해 가는 것이 또한 적극적 의료 서비스다.

마지막으로 의료 공개념은 의료 서비스의 공공성을 뜻한다. 국가나 지방자치단체가 직접 병원을 짓지 않으면, 즉 공공 의료를 하지 않으면 평등한 의료나 적극적 의료는 불가능하다. 이런 점에서 의료 기관의 공공 소유와 운영은 의료 공개념 실현의 가장 밑바탕이며 그 출발점이라 할 수 있다.

하지만 모든 병원을 다 공공 소유로 만들 수는 없다. 일부 영리 추구 목적의 개업의나 의료 법인들이 있을 수밖에 없다. 이들에 대해서는 최대한 공공적 목적에 부합하도록 사적 의료 행위를 규제하는 규칙들을 부과해야 한다. 또한 의사나 병원이 돈벌이에만 혈안이 된다 싶으면 병원을 그렇게 운영하면 안 된다고 말 할 수 있는 사람들이 지역 의료 체계나 병원 이사회에 버티고 있어야 한다. 단지 몇몇 시민 대표가 회의에 출석하는 수준을 넘어서 병원 경영자를 바꿀 수도 있는 강력한 권한을 가져야 한다.

5. 의료 혁명, 어떻게 가능한가?

그렇다면 의료 공개념 실현의 출발점은 무엇인가? 사실 한국의 공적 보험 중에서 가장 오랜 역사를 지닌 것이 건강보험이다. 그만큼 기존 의료 체계의 역사적 뿌리가 깊다. 이 체계 안에서 민간 개인병원들이 기형적인 성장을 거듭했고, 그래서 이미 포화 상태에까지 이르렀다. 이들 사적 의료기관에 종사하는 의사 집단은 로비를 통해서뿐만 아니라 파업까지 벌이며 자신들의 목소리를 내고 있다. 의료를 둘러싼 여러 세력이 모두 자기 이익에 따라 막강한 이익집단을 형성하고 있다.

그래서 한국 사회에서 의료 공개념은 한 번에 실현되기 쉽지 않다. 아마도 지난한 싸움을 거쳐야만 할 것이다. 그렇다면, 어디에서부터 시작해야 하는가? 의료 공개념을 실현하는 데 꼭 필요하면서 동시에 이후 공공 의료기관 확대의 기반이 될 수 있는 지점에서 출발해야 한다. 그것은 바로 보건소와 지역 거점 병원이다.

출발점은 보건소와 지역 거점 병원 강화

평등한 의료 서비스, 적극적 의료 서비스는 공공 의료 서비스가 구축되면서 만들어질 수 있다. 공공 의료 기관이 늘어야 무상의료의 가능성도 높이고 예방 의료도 강화할 수 있다. 즉, 공공 의료의 확대가 나머지 다른 과제들의 해결의 실마리가 된다.

하지만 지금 당장 정부가 민간 병원들을 모두 없애거나 혹은 인수할 수는 없다. 사회적 갈등도 클 뿐 아니라 무엇보다도 재정이 너무 많이 든다. 그렇다고 해서 공공 의료의 확대를 포기할 수도 없다. 따라서 우선 보건소와 지역 거점 병원부터 확대해야 한다. 그래서 이들 공공 의료 기관을 출발점으로 삼아 평등한 의료, 적극적 의료가 가능한 체계를 하나하나 구축해 가야 한다.

현재 보건소의 문제점은 지역적으로 농어촌에 밀집되어 있다는 것과 시설이 낙후하고 의료 서비스의 질이 낮다는 것이다. 또한 보건소가 적극적 의료, 즉 질병 예방 기능을 맡아야 하는데, 그렇지 못하다는 점도 문제다.

일단은 도시형 보건지소를 읍·면·동까지 확대하고, 보건소 시설을 개·보수해야 한다. 그리고 보건소를 지역 거점으로 삼아 주치의 제도를 실시해야 한다. 모든 시민이 누구나, 외국 영화에서나 볼 수 있는 주치의를 갖는 것이다. 주치의 제도가 생기면 정기 검진이 가능하기 때문에 암 등 중증질환을 조기에 발견할 수 있다. 당뇨나 고혈압 등 성인병 역시 발병 이전에 확인할 수 있어서 미리 예방할 수 있다. 또한 당뇨나 고혈압, 류머티즘 관절염처럼 정기적인 관리가 필요한 질병도 좀 더 체계적으로 관리할 수 있다.

그러나 보건소 시설이 아무리 좋다고 해도 보건소의 기본 목적은 치료가 아니다. 보건소가 병원의 역할을 대신할 수는 없고, 그게 바람직하지도 않다. 보건소는 우리 집 옆에서 우리 동네에 필요한 의료 서비스가 무엇인지 찾아내고 질병 예방을 위해 필요한 사업이 무엇인지 기획하는 곳이다. 물론 보건소에서 지역 주민들을 진료하기도 한다. 그러나 좀 더 전문적인 진료 및 치료 시설이 함께 있어야 실질적인 도움이 된다.

바로 이 점에서 지역 거점 병원이 필요하다. 주치의 제도를 도입하고 보건소의 기능을 강화하면서 동시에 지역 거점 병원을 확대해야 한다. 지역 거점 병원은 보건소와 달리 여러 가지 전문 치료를 할 수 있다. 중증질환의 치료는 아니라 하더라도 간단한 수술과 입원은 가능하다.

현재 지역 거점 병원에 대한 인식은 그리 좋은 편이 못 된다. 우선 지역 거점 병원의 수 자체가 적을 뿐만 아니라 시설이 낙후했고 그래서 의료 서비스의 질도 낮다고들 생각하기 때문이다. 이런 문제는 사실 정부가 재정 투

누진 보험료란 무엇인가

현행 건강보험 방식은 균일보험료다. 즉, 소득이 얼마건 상관없이 동일한 비율의 보험료를 낸다. 아래 표는 현행 방식과 누진 보험료를 적용할 경우의 보험료율, 보험금 등을 보여 준다. 현행 방식대로 그대로 유지한다면, 보험료를 내고 난 이후에도 월 소득 200만 원 받는 사람과 월 소득 1,000만 원 받는 사람 사이의 소득격차는 줄어들지 않는다. 반면, 누진 보험료를 도입하게 되면, 전체 보험금이 늘어날 뿐만 아니라 소득격차도 감소하는 효과가 있다.

	월 소득(원)	보험료율(%)*	보험금(원)	총 보험료 수입	월 200만 원 소득자와 월 1,000만 원 소득자 간의 소득 격차(%)
현행 방식 (균일보험료)	200만	2,385	4만8천	28만6천	80
	1,000만	2,385	23만8천		
누진 보험료 (예시)	200만	2	4만	54만	79.4
	1,000만	5	50만		

* 직장가입자는 기업주, 노동자가 보험료를 반반씩 부담한다. 이 중에서 노동자가 직접 내는 보험료.

자를 하지 않기 때문에 생기는 것이다. 제1단계로 지역 거점 병원을 인구수에 따라 적정 규모로 확대해야 한다. 그리고 정부 재정을 투자하여 낙후 시설을 개·보수해야 한다.

지역 거점 병원이 새로 생기면 어떤 변화가 나타날까? 농어촌 지역의 경우, 멀리 병원을 찾아가지 않아도 되기 때문에 응급치료를 할 수 있다. 또한 정부가 운영하는 시설이기 때문에 누구에게나 평등한 의료 서비스가 가능하다. 돈벌이를 목적으로 하지 않기 때문에 쓸데없는 과잉 진료도 줄어든다.

가장 시급한 것은 건강보험료의 누진화

물론 이렇게 하자면 많은 재원이 필요하다. 하지만 돈이 많이 든다 할지라도 미래를 생각한다면 지금 반드시 해야 할 일이다. 의료 공개념의 실현이 늦으면 늦어질수록 미래의 사회적 지출은 더욱 눈덩이처럼 불어날 것이다. 지금 비록 많은 재정을 투입한다 할지라도 그만큼 미래의 더 막대한 비용 증가를 줄일 수 있다.

현재 그 재원의 핵심은 건강보험료다. 그러나 지금의 건강보험료 방식으로는 의료 공개념을 실현할 재원을 마련하기가 쉽지 않다. 왜냐하면 첫째, 현재 건강보험의 비급여 항목이 너무 많아서 먼저 이것부터 줄여야 한다. 그러자면 건강보험에서 더 많은 돈이 지출되어야 한다. 둘째, 현행 건강보험은 모두에게 동일한 비율의 보험료를 부과한다. 그래서 부유한 사람이나 가난한 사람이나 같은 액수를 부담하는 계층 간 불평등이 나타난다.

따라서 지금 우리가 제일 먼저 해야 할 일은 건강보험료의 누진화다.

보험료를 누진적으로 바꾸면 첫째, 건강보험에 많은 돈이 들어오기 때문에 의료 공개념을 실현할 재원을 마련하게 된다. 병원비가 너무 비싸서 병원에 못 가는 일이 없도록 비급여 항목, 즉 보험이 안 되는 항목을 줄일 수도 있고, 전 국민에게 주치의를 둘 수도 있으며, 공공병원을 새로 지을 수도 있다.

둘째, 고소득층이 부담한 돈으로 의료 공개념을 실현하기 때문에 고소득층에서 저소득층으로 소득이 재분배되는 효과가 생긴다. 건강보험이 소득 양극화를 완화하는 한 가지 수단이 되는 것이다.

셋째, 이렇게 해서 우리 세대에 의료 공개념을 실현하면, 다음 세대의 부담이 줄어들게 된다. 노령화에 따른 의료비 증가에 효과적으로 대응할 수 있기 때문이다. 그럼 다음 세대가 져야 할 부담이 줄어들게 되어 세대 간 재분배의 역할도 하게 된다.

행위별 수가제를 총액예산제로 바꿔야 한다

'의료수가'란 말을 한번쯤 들어봤을 것이다. 말이 좀 어렵지만, 간단히 말해 의료수가란 의료 서비스의 가격이다. 옆 그림의 검은 박스 부분에 해당한다. 의료수가가 높으면 당연히 보험료도 높아진다.

의료수가를 결정하는 방식은 여러 가지다. 현재 한국에서 실시하는 행위별 수가제는 말 그대로 각 의료 행위에다 가격을 매기는 것이다. 그래서 거즈로 상처 닦는 데 100원, 주사 놓는 데 200원 이런 식으로 정해 놓는다. 반면 '포괄 수가제'는, 감기는 1만 원, 맹장수술은 10만 원 이런 식으로 질병별로 가격을 매기는 방식이다.

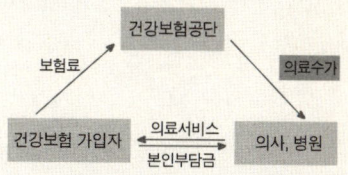

상식적으로 생각해 봐도, 행위별 수가제 아래에서는 과다 의료, 즉 필요 없는 의료를 할 가능성이 아주 높다. 불필요하더라도 의료 서비스를 많이 하면 할수록 병원들이 건강보험공단에서 더 많은 돈을 받기 때문이다.

반면, 포괄 수가제에는 정반대의 문제가 있다. 과소의료, 즉 진짜 필요한 서비스까지도 제대로 받지 못할 가능성이 높다. 필요한 의료 서비스를 하든 안 하든 병원이 건강보험공단에서 받는 돈은 같으니까 말이다.

그래서 이 두 방식을 놓고 갑론을박이 있어 왔다. 정부가 포괄 수가제를 도입하겠다고 발표하면 의사들이 과소의료를 하게 된다는 이유로 반대하고 나선다. 반면에 포괄 수가제를 주장하는 사람들은 행위별 수가제가 과잉 진료를 유발한다는 점을 비판한다.

이처럼 두 가지 방식의 수가제도는 모두 문제가 있다. 의료 공개념에 부합하는 것은 총액예산제이다. 총액예산제는 매년 정부가 의료집단들과 의료비를 계약하는 방식이다. 예를 들어, 2007년에는 100억 원으로 의료비를 계약하고 나면, 그 돈을 의사·병원 들이 알아서 분배하는 것이다.

총액예산제에서는 현행 행위별 수가제처럼 지출이 마구 늘어나지는 않는다. 그리고 의사·병원 들이 총액을 놓고 서로 분배하는 방식이기 때문에 서로가 서로를 관리하고 모니터링하게 된다. 과잉 진료를 하는지 과소 진료를 하는지 서로 확인하는 것이다. 따라서 총액예산제는 의료비의 증가도 막을 수 있고 의료 서비스의 질도 높일 수 있는 효과적인 방안이다.

6. 교육 공개념이 필요하다

'한강의 기적'은 한국인의 높은 교육열 덕분이었다고 한다. 문자 해독률은 전 세계 어느 나라보다도 높고, 대학 진학자의 수도 엄청나다. 각 가정에서 교육비로 쏟아 붓는 돈은 또 어떠한가? 그리고 보면 '교육 강국'이라 해도 아주 틀린 말은 아닌 것처럼 들린다.

하지만 과연 그 진실의 이면은 어떠한가? 한국 사회는 여전히 제대로 된 공교육 체제를 갖고 있지 못하다. 사적 교육 기관이 차지하는 몫이 너무 크다.

초등학교만 놓고 보면 공교육 체제가 완비된 것 같다. 99퍼센트에 가까운 학생들이 공립학교에서 공부하고 있으니까 말이다. 하지만 중·고등학교로 넘어오면 이야기가 전혀 다르다. 2004년 현재 중학생의 19.6퍼센트를 사립 중학교가 포괄하고 있고, 고등학생의 경우는 그 비중이 50.3퍼센트로 껑충 뛴다. 고등학교 교육의 절반 이상을 사립학교가 맡고 있는 것이다. 대학이나 전문대학 등 고등교육 단계에서는 더 심각하다. 전문대학생의 95.8퍼센트, 대학생의 81.5퍼센트가 사립대학에 속해 있다. 한국의 고등교육은 공교육의 바깥에 존재하는 것이다.

이 대목에서 이렇게 반문할지 모른다. 비록 사적 교육 기관이라고 해도 교육의 공공성을 충분히 살릴 수 있는 것 아닌가? 안타깝게도 현실은 전혀 그렇지 못하다. 교육의 공공성을 살린다고 말할 수 있으려면, 재정 부담을 학생이나 학부모에게 떠넘겨선 안 된다. 하지만 사립학교에서 재단이 부담하는 재정 비중은 중학교 2.1퍼센트, 고등학교 2.6퍼센트, 전문대 1.8퍼센트 그리고 대학 8.5퍼센트에 불과하다.

그럼 나머지 돈은 누가 다 부담하는가? 중·고등 학교는 정부의 재정 지원에 매달리고 있고, 전문대와 대학은 등록금에 의존하고 있다. 사실상 국고

표 9 | 사립 고등교육 기관의 연평균 수업료 추정치(2003~04학년도)

단위 : 달러의 구매력지수(PPP) 환산액 / %

구 분	사립학교			
	연평균 수업료	장학금 수혜 학생 비율		
		학비 감면(전면)	학비 감면(반면)	비수혜자
한국	6,953 (최소 2,143 / 최대 9,771)	3.9	24.5	71.6
미국	17,777	0	87.0	13.0
영국	1,794	(자료 없음)	(자료 없음)	(자료 없음)
이탈리아	3,992	6.7	1.4	91.9
일본	5,795 (최소 4,769 / 최대 25,486)	0	0	100.0
프랑스	500 / 8,000	(자료 없음)	(자료 없음)	(자료 없음)
핀란드	등록금 면제			
뉴질랜드	3,075	0	26.0	74.0
포르투갈	3,803	2.4	11.7	85.9

(세금)로 운영한다면 당장 공립으로 전환해야 맞다. 하지만 사립학교 재단들은 아주 온건한 내용의 개혁(노무현 정부 초기의 '사립학교법')조차 반대하면서 교육의 미래보다는 자신들의 기득권 지키기에 혈안인 형편이다. 한편 대학·전문대는 해마다 등록금을 올리고 또 올린다. 가계 소득은 늘지 않는데 대학 등록금만 하늘 높은 줄 모르고 오른다.

〈표 9〉를 보면, 한국의 대학 등록금이 얼마나 높은지 한눈에 알 수 있다. 사립대학끼리 비교한 것인데도 이렇다. 한국 사람들이 영국 사람들보다 소득이 높은가? 그 반대다. 그런데도 학비는 한국의 가계가 더 많이 부담한다.

기회 부여가 아니라 사회 양극화의 무대인 한국 교육

하지만 더 큰 문제는 공교육의 내용이다. 그나마 존재하는 공교육 체제도 그 내용이 공교육이 지향해야 할 가치와 동떨어져 있다. 본래 공교육의 목표는 모든 사람들에게 평생 동등한 교육의 기회를 제공하는 것이다. 이게 바로 교육의 공공성이다. 한국의 공교육도 겉보기에는 이런 공공성에 부합하는 것처럼 보인다. 누구나 초등학교에 들어가고 상급학교 진학률도 높기 때문이다.

그러나 속내를 뜯어보면 전혀 그렇지 않다. 한국의 정규 교육 과정은 학력 증서를 쟁취하려는 무시무시한 경쟁의 무대가 되어 있다. 한국 사회에서 학력은 개인의 권력과 부를 결정하는 일종의 자본이다. 그리고 이 학력 자본은 어느 대학 어느 과 출신인지로 판가름 난다. 일단 대학에 가야 하고, 그중에서도 이른바 일류 대학, 잘나가는 과에 가야 한다. 따라서 이 증서를 따기까지 정규 교육 과정 십 수년은 서로 더 나은 자본을 확보하기 위한 싸움으로 점철된다.

여기서 우리는 슬픈 역설을 발견한다. 교육은 사람들에게 끊임없이 새로운 기회와 가능성을 열어 주는 통로여야 한다. 그런데 한국의 교육은 그 정반대다. 정규 교육 과정은 인생의 극히 짧은 몇 년간에 불과하다. 하지만 이 한정된 기간의 경쟁의 결과로써 대부분의 사람들의 미래가 정해지고 새로운 기회와 가능성의 창이 닫혀 버린다. 모두를 승자로 만드는 데 기여해야 할 교육 제도가 승자와 패자를 가르는 전쟁터가 돼 버린 것이다.

싸움에서 이기자니 군비경쟁이 필요하다. 학교 공부만으로는 모자라서 다들 자녀를 학원에 보내고 과외를 시킨다. 3~4세 때부터 영어 과외를 시키기도 하고 심지어는 조기 유학까지 보낸다. 사교육 열풍이 불고 있는 것이다. 많은 연구 기관들이 현재 한국의 사교육 시장 총 규모가 30조 원이 넘는다고 추산한다. 이렇게 엄청나게 팽창한 사교육 시장은, 그렇지 않아도 공공에 비해 민간이 차지하는 비중이 높은 한국의 교육 제도를 완전히 사적 이윤 추구의 복마전으로 전락시키고 있다.

군비경쟁의 승자는 결국 돈 많은 나라다. 입시 경쟁에서도 마찬가지다. 사교육비에 더 많은 돈을 쏟아 부을 수 있는 집안의 자녀가 시합의 최종 승자가 되기 마련이다. 부잣집 자식이 결국 다시 부자가 될 자격을 획득한다는 것이다. 즉, 사교육비가 중간에 끼어들면서 입시 경쟁은 이제 사실상 부와 가난의 세습 통로가 되었다. 승리가 이미 결정돼 있어서 더 이상 싸움이라 할 만한 것도 없는 셈이다. 한국의 교육은 이제 사회 양극화의 지렛대로까지 추락해 버렸다고 해도 과언이 아니다.

이미 그 양상이 분명하게 드러나고 있다. 서울에서 인구 대비 서울대 합격자 수를 보면 강남구와 서초구가 가장 높게 나온다. 서울대 신입생 아버지의 직업 분포에서도 일반적인 직업 분포에 비해 관리직과 전문직이 높게 나온다.

또한 서울대 신입생의 출신학교 분포에서도 일반 분포에 비해 특수목적고(외국어 고등학교 등)와 자립형 사립고가 높게 나온다. 그런데 이들 학교는 이미 '부자 학교'가 되어 있다. 서울 지역 외국어 고등학교 여섯 곳의 신입생 학부모 중 가장 많은 직업은 임원급 회사원(39.1퍼센트)과 개인 사업자(22.1퍼센트)다.[2] 또한 자립형 사립고의 학부모 월평균 소득은 평균 537만 원으로, 도시 근로자 월평균 가계 소득보다 200만 원 정도 높다(2005년 현재).

교육 혁명은 대학 체제의 혁명에서부터

수십 조에 달하는 사교육비는 과연 한국 사회의 지적 역량을 드높이는 데 기여하고 있는가? 청소년기를 독서실과 학원에서 지새우게 만드는 입시 경쟁을 통해 과연 새 세대의 창조력이 꽃피고 있는가?

지금 대한민국의 교육 체제는 거대한 낭비의 시스템이다. 고등교육 수준

---

2 열린우리당 이경숙 의원 발표 자료, 2006년 기준.

표 10 | 20세 이상 성인 인구의 학습 참여율

국가	OECD 평균	한국	핀란드	덴마크	스웨덴	영국	미국	호주
참여율(%)	35.56	17.25	56.8	55.7	52.5	43.9	39.7	38.8

한국교육개발원, 『한국 평생교육의 총체적 진단과 발전 모델 구상 연구』, 2005.

세계 1위를 자랑하는 핀란드에는 입시 경쟁도 없고 더구나 대학까지 무상교육이다. 반면 한국은 그 엄청난 에너지 투여에도 불구하고 고등교육 수준이 멕시코나 폴란드보다 못하다는 평가를 받는다. 교육열이 한 사회의 저력으로 나타나는 사례가 있다면, 이제 한국은 거기에 포함되지 않는다.

낭비의 증거는 아주 단순한 수치들만으로도 충분하다. 2006년 현재 대학 진학 희망자는 전체 대학 정원의 85퍼센트에 불과하다. 대학에 가려는 사람보다 대학 정원이 더 많다는 것이다. 즉, 대학 설비가 남아돌고 있다는 이야기다. 그런데도 입시 경쟁은 존재한다. 아니 더욱더 치열해지고 있다. 이것은 입시 경쟁의 목적이 대학 '교육'에 있지 않고 특정 학교 특정 과의 졸업 '증서'에 있기 때문이다.

다른 한편으로는 이렇게 대학 설비가 남아도는데도 평생 교육의 기회는 닫혀 있다. 35세 이상 성인의 대학 진학률은 미국이 16.4퍼센트, 영국이 22.0퍼센트인 데 비해 한국은 2.87퍼센트밖에 되지 않는다. 또한 〈표 10〉을 보면 한국의 평생 교육 여건이 다른 나라들에 비해 극히 낮은 수준에 있음을 알 수 있다.

교육 자원은 모자라기는커녕 오히려 남는데도 정작 필요한 사람들을 위해서는 쓰이지 않는다. 이런 현실을 '낭비' 외에 다른 무슨 말로 표현할 수 있겠는가? 그 치유책은 오직 한 가지다. 모든 사람들에게 평생 동등한 교육의 기회를 제공한다는 공교육의 본래 정신을 구현하는 것, 그것뿐이다.

그러자면 우선 교육 제도를 부의 세습과 사회 양극화의 지렛대로 만드는 온갖 기득권과 사적 이익의 추구를 제어해야 한다. 그래서 평생·평등 교육의 가치를 되살려야 한다. 우리는 이것을 '교육 공개념'이라 부른다. 그리고 이 교육 공개념의 원칙에 따라 교육 제도를 철저히 뜯어고치는 교육 혁명이 시급히 필요하다고 주장한다.

그럼 어디서부터 뜯어고칠 것인가? 그 출발점은 단연 '대학'이다. 물론 대학이 모든 문제의 근본 원인은 아니다. 교육 문제의 근저에는 학벌이 계급과 직결되고 학력 격차가 소득 격차로 나타나는 우리 사회의 보다 근본적 문제가 가로놓여 있다.

하지만 이러한 교육 문제를 불치병 수준으로 점점 더 악화시키는 원흉이 '대학'이라는 것은 분명하다. 따라서 일단 교육 문제의 얽힌 실타래만이라도 풀려면 대학부터 손을 봐야 한다. 따라서 교육 혁명의 출발점은 바로 대학 혁명일 수밖에 없다.

7. 교육 혁명, 어떻게 가능한가?

대학 혁명의 뼈대는 둘이다. 하나는 대학 평준화이고, 다른 하나는 국공립 중심의 대학 체제를 만드는 것이다. 이 중 보다 시급한 것은 대학 평준화 쪽이다. 국공립 대학을 늘리고 발전시키는 일은 대학 서열 체제를 깨고 평준화하는 과정에서 점차 추진해 갈 수 있다.

그럼 우선 대학 평준화부터 보자. 지금 우리가 당장 할 일은 경쟁을 아주 없애는 수준까지는 아니다. 경쟁의 정도를 대폭 완화하기만 해도 교육 현장의 모든 문제들이 예전과는 다른 색깔과 무게로 다가올 것이다.

그럼 경쟁을 완화하려면 어떻게 하면 되는가? 입시 경쟁 문제를 가장 단순하게 정리한다면, 진학 희망자와 진학 희망 대학의 정원이 서로 불균형을 빚는 것이라고 할 수 있다. 전자와 후자 사이에 균형 상태를 만든다면 경쟁은 완화된다. 즉, 진학 희망 대학의 정원에 맞춰 진학 희망자를 줄이든지 아니면 진학 희망자에 맞춰 진학 희망 대학의 정원을 늘리면 된다. 진학 희망자를 줄이는 것은 독재 정부가 강압 조치를 쓰거나 사람들의 생각이 갑자기 일거에 바뀌지 않는 한 불가능하다. 그렇다면 남은 방책은 진학 희망 대학의 정원을 늘리는 것뿐이다.

대학 평준화란 바로 이런 효과를 거두기 위한 것이다. 대학 평준화란 현재의 대학 서열 체제를 무너뜨린다는 것이다. 그렇게 되면 학생들이 진학하길 바라는 대학의 폭이 급격히 넓어지고, 자연히 대학 입학 단계의 경쟁은 크게 줄어든다.

이것은 결코 황당한 주장이 아니다. 한국 사회는 이미 몇 차례 평준화라는 해법을 통해 입시 경쟁을 완화한 경험이 있다. 1969년에 중학교 무시험 전형을 단행해서 명문 중학교에 들어가려는 입시 경쟁을 없앴다. 그리고 1974년에는 고등학교 평준화를 실시해서 중학생들의 입시 부담을 덜었다. 두 사례 모두, 그 결과는 성공적이었다.

대학 혁명의 출발점은 입시 폐지와 대학 평준화

우선 현재의 수학능력시험은 폐지해야 한다. 당연히 논술 같은 대학별 고사도 함께 폐지해야 한다. 대신, '대학입학자격고사'를 도입해야 한다. 대학입학자격고사는 그 명칭 그대로 학생들의 최소한의 수학능력을 확인하는 데 목적이 있다. 따라서 따로 성적이나 등수를 매기지 않고 합격과 불합격 여부만 판가름하면 된다. 유명한 프랑스의 바칼로레아가 이런 것이다. 바칼

로레아처럼 우리의 대학입학자격고사도 객관식 찍기 시험이 아니라 창조적인 사고 능력을 펼쳐 보이는 자유기술식 시험이어야 한다. 어쨌든 지금과 같은 형태의 '입시'는 역사에서 사라져야만 한다.

이것은 대학 혁명의 첫 신호탄이면서 동시에 다른 교육 단계에도 엄청난 긍정적 영향을 끼치게 된다. 지금 한국의 중·고등 학교 교육은 학교 수업이든 학원 과외든 오로지 시험에서 좀 더 많은 점수를 얻는 기술만 주입하고 있을 뿐이다. 이것은 전인 교육과 거리가 멀 뿐만 아니라 실제 사회생활에서 필요한 다양한 능력의 함양과도 거리가 멀다.

일단 입시가 사라지게 되면, 중등교육 단계에서도 이제까지의 비정상적 교육 내용을 일신할 기회가 마련된다. 점수의 노예를 만들고 시험 보는 기계를 찍어 내는 교육은 사라질 것이다. 대신 21세기 민주·사회 국가의 인간과 시민을 키워 내는 교육이 모습을 드러낼 것이다. 전 사회적 논의 기구를 구성해 교육 내용을 뿌리부터 재검토함으로써 이러한 변화 과정을 더욱 촉진해야 한다. 그리고 이후에는 아예, 교육 관료가 아니라 학생, 학부모, 교사 등의 자치 기구가 교육 과정과 내용을 논의·결정하는 체제를 정착시켜야 한다.

자, 이제 입시는 없다. 그럼, 학생 선발은 어떻게 하는가? 현재의 고등학교 평준화 체제 비슷하게 바뀐다고 보면 된다. 평준화 체제에 속한 모든 대학은 전국에 걸쳐 계열별로 학생들을 통합 전형한다. ○○대 국어국문학과와 ○○대 국어국문학과가 따로 신입생을 뽑는 게 아니라 전국 단위로 어문학 계열 진학 희망자들을 선발한다는 것이다. 그리고 어느 대학에 배정할지는 입학생이 복수로 제출한 지망 대학 중에서 추첨으로 결정한다.

입학 단계뿐만 아니라 재학 중에도, 그리고 졸업 단계에서도 학사는 통합 관리한다. 어느 대학에 배정되었든 다른 대학의 같은 계열 수업에 자유롭게 참여하고 학점을 딸 수 있다. 그리고 학교를 옮기거나 계열을 바꿀 기회를 최대한 보장한다. 이것은 독일에서는 이미 오래된 전통이다. 입학은 프랑크푸르트대학에서 했더라도 졸업은 베를린자유대학교에서 하는 일이 비일비재하다. 중요한 것은 프랑크푸르트대학 졸업장이나 베를린자유대학교 졸업장이 아니라 자기가 배우고 싶은 스승의 수업에 참여하는 것이기 때문이다. 우리도 이렇게 되어야 한다.

더구나 우리의 경우는 졸업할 때에도 공동 학위를 수여하는 방안을 고려해 볼 수 있다. 물론 평준화가 되었다고 해서 전국의 모든 고등학생들에게 학교 이름이 빠진 졸업장을 수여하지는 않는다. 그러나 지금 한국 사회에는 학벌의 폐단이 너무 깊이 뿌리박혀 있다. 따라서 좀 특별한 대책으로, 평준화 체제에 속한 모든 대학이 공동 학위증을 수여하는 게 바람직하겠다.

그렇다고 해서 대학 평준화가 만병통치약이라는 것은 아니다. 다른 보완책이 함께 추진되어야 한다. 학벌이나 학력에 따른 차별을 금지하는 다양한 법적 장치가 있어야 하겠고, 지방대학 졸업자들을 우대하는 공직자 할당제도 필요하다.

하지만 여전히 의문은 남는다. 대학 평준화 이후에도 입시 경쟁은 또 다른 형태로 잔존하지 않겠냐는 의문이다. 과거 중·고등 학교 평준화도 입시 경쟁을 없앴다기보다는 상급학교 단계로 미뤘던 게 아닌가? 대학 평준화도 마찬가지 결과를 낳는 것은 아닌가? 고등학교 단계의 입시 경쟁은 사라지겠지만 대학 안에서 좀 더 잘나가는 전공으로 옮기려는 경쟁이 치열하게 벌어지지는 않을까?

허나 설령 그렇게 된다 할지라도, 지금보다는 그래도 훨씬 낫다고 해야 할 것이다. 적어도 10대의 민감한 시기를 비인간적 경쟁의 노예로 살아야 하는 최악의 상황은 피하게 되기 때문이다. 또한 경쟁이 대학생 단계로 옮겨진다면, 아무래도 시험 점수 따기 시합에 머물기보다는 진정한 학문 경쟁으로 발전할 가능성이 높다. 일단 사교육 시장 팽창 같은 최악의 부작용은 상당히 수그러들 것이다.

그림 5 | 평준화 체제의 입학·졸업

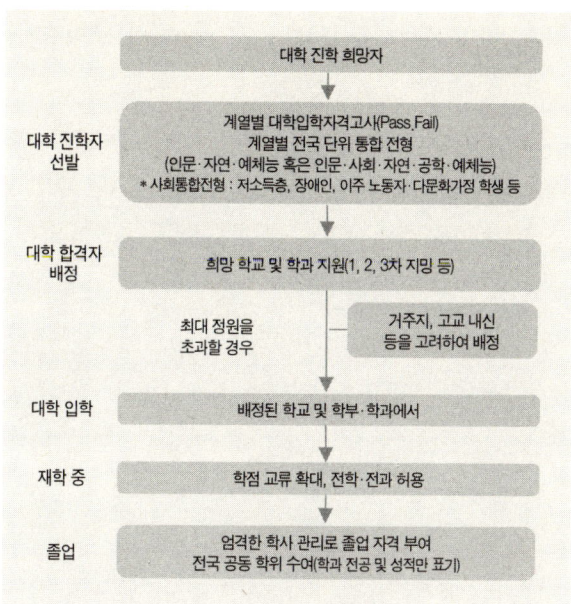

* 부실 부패 사립대학을 국공립대로 전환하면서 시행해 나감.
** 현 서울대 수준 이상의 재정지원(이를 통한 대학 교육의 질을 상향 균등화, 등록금 인하, 비정규직 교수의 정규직화, 교수 처우개선 등 추진).
*** 교수 요원의 중앙 관리(별도 기구를 통한 임용, 전보 등).
**** 계열별 전국 단위 통합 전형에서 계열의 수는 조정 가능함.

아무튼 우리의 목적은 하루아침에 '교육 유토피아'를 구축하자는 게 아니다. 지금과 같은 부조리한 현실에서는 하루빨리 벗어나고 봐야 한다는 것이다. 〈그림 5〉는 지금까지 소개한 대학 평준화 방안을 정리해 본 것이다.

국공립 중심의 대학 체제를 구축해야 한다

평준화 체제에는 당연히 모든 국공립 대학이 포괄된다. 정진상(경상대 교수, 사회학)은 그의 저서 『국립대 통합네트워크 : 입시 지옥과 학벌 사회를 넘어』(책세상, 2004)에서 국공립대를 사실상 하나의 전국적 국립대학으로 통합하는 '국공립대 통합네트워크'를 구축하자고 제안한다. 대학 평준화를 실시하자면 어차피 국공립대의 발전적 통합은 불가피하다.

그럼 현재의 사립대학들은 어떻게 할 것인가? 평준화 체제 안에는 되도록 많은 수의 사립대학도 포함돼야 한다. 이것은 어떤 강압적 조치를 사용하지 않고서도 충분히 가능하다. 한국의 사립대학에서 재단의 재정 기여는 평균 10퍼센트가 채 안 된다. 한편 한국은 다른 나라들에 비해 고등교육에 대한 정부의 재정 지원이 적다. GDP 대비 고등교육 예산을 OECD 평균인 1.1퍼센트 정도로만 올려도 현재보다 두 배나 많은 고등교육 지원 재원을 확보하게 된다. 이 예산을 사립대학에 지원할 때 평준화 체제에 참여한 대학부터 보조해 준다고 해 보자. 많은 사립대학들이 평준화 체제에 결합하지 않을 수 없을 것이다.

더구나 평준화 체제에 참여한 대학에서부터 등록금 후불제를 실시할 수도 있다. 등록금 후불제란 대학에 다닐 때는 일단 무상으로 교육을 받고 대신 졸업 후 사회에 진출하고 나서 교육비의 일정 부분을 세금 형태로 납부하는 제도다. 단번에 핀란드처럼 대학까지 무상교육을 실현하기에는 힘이 벅찰지 모르지만, 등록금 후불제는 지금 당장이라도 충분히 실시할 수 있다. 초기에 국채 발행으로 자금을 확보하기만 하면 이후에 이 빚은 대졸자들의 납세와 사회 기여를 통해 상환된다. 또한 등록금 부담을 덜은 각 가계가 그 돈을 소비에 쓰면 경기 활성화에도 도움이 된다. 아무튼 평준화 체제의 대학들에서부터 등록금 후불제를 실시하면 우수한 학생들이 당연히 이들 대학에 몰릴 것이고, 그럼 대부분의 사립대학들이 평준화 체제에 참여하는 쪽을 선택하게 될 것이다.

더 나아가서는 국공립 대학을 늘려 국공립 중심 대학 체제를 구축해야 한다. 이것은 대학 혁명의 다음 단계 실현 목표라 할 수 있다. 대학 진학자의 수가 줄어들면서 신입생 확보에 어려움을 겪는 대학이나 부실 비리 사립대학부터 인수해서 국공립화할 수 있다. 국공립 대학이 늘어나면, 고등교육 단계에서도 교육의 공공성을 최대한 실현하는 다양한 정책들을 펼칠 수 있다.

예를 들면 폴리테크닉대학과 전문대학, 산업대학을 서로 연결하여 공공 기술 교육 네트워크를 구축할 수 있다. 이것은 정규 교육 과정의 마지막 단계가 될 수도 있지만, 정규 교육을 이미 마친 성인들의 재교육의 장으로 활용할 수도 있다. 더불어 교육 휴가 제도를 활성화해서 더 많은 성인들에게 평생 학습의 기회를 제공해야 한다. 그래야만 새로운 시대에 필요한 지식 노동자, 고숙련 노동자 들을 육성할 수 있다.

기술 교육만이 아니다. 새로 국공립화된 대학들 중 일부는 아예 시민 교육을 전문으로 하는 시민 대학으로 육성할 수 있다. 지역마다 시민 대학을 두어서 누구나 질 높은 인문학 교육과 연구에 접할 수 있는 거점으로 만들면 어떨까? 위기에 처한 한국의 인문학을 되살릴 뿐만 아니라 21세기 한국 문화의 르네상스를 열 수 있지 않을까?

이것은 결코 공상이 아니다. 대학 교육이 지금과 같은 기형적 상태에서 벗어나고 공공의 영향력을 강화하게 되면 충분히 실현 가능한 일이다. 만약 대학에서 일단 일이 제대로 되기 시작한다면, 교육의 다른 단계, 다른 영역에서도 그동안 '꿈'으로만 치부했던 가치와 목표들이 '현실'이 될 것이다. 그러자면 역시 대학 체제의 일대 혁명부터 착수해야만 한다.

8. 일자리에도 공개념이 필요하다

한국인에게 일이란 어떤 의미일까? 어떤 사람들에게 일이란 재미있는 것,

놀이일 수도 있겠다. 하지만 단언하건대 대부분의 사람들에게 일이란 먹고 살기 위해 하는 것이다.

물론 그런 의미만 있는 건 아니다. 일이란 자신의 존재를 사회적으로 확인하면서 동시에 친구·동료 등의 관계가 형성되는 공간이기도 하다. 인기 드라마 〈하얀 거탑〉의 주인공 장준혁이 죽기 전에 떠올린 가장 행복한 장면이 '일(수술)을 하면서 다른 사람들(학생·조교)에게 인정받는 것'이었듯이 말이다.

그러나 우리 사회에서 일자리는 이런 욕구들을 제대로 충족시켜 주고 있는가? 아마 대부분은 아니라고 답할 것이다. 도대체 우리의 일자리 현실이 어떻기에 이런 욕구를 충족시켜 주지 못하는 것일까?

'나쁜' 일자리가 일자리의 절반 이상인 나라

우선, 다들 알고 있듯이, 비정규직 노동자가 임금 노동자의 56퍼센트를 차지한다. 즉, 일하는 사람 2명 중 1명이 비정규직 노동자라는 말이다. 그래서 과거에 사람들의 목표가 대기업 취직이었다면, 이제는 정규직 취업이 그 자리를 대신한다. 실제 신규 취업자의 80퍼센트 가까이가 비정규직 노동자다. 통계청의 2006년 『경제활동인구조사 부가조사』에 의하면, 2006년에 취업한 사람의 85퍼센트가 비정규직으로 채용되었다. 즉, 요즘 한국 사회에서 새로 일자리를 구한 사람의 대부분은 비정규직 노동자라는 것이다.

많은 사람들이 정규직이 되기를 바라는 이유는 간단하다. 비정규직 노동자가 정규직보다 더 많은 어려움을 겪기 때문이다. 비정규직 노동자는 정규직 노동자 임금의 절반만을 받는다.

임금만 적게 받는 게 아니다. 치사하게 구내식당을 이용하지 못하게 하거나, 정규직한테는 두 벌 주는 작업복도 비정규직한테는 한 벌만 준다. 추석이나 설에 주는 상여금이나 선물에서도 비정규직은 제외된다. 가끔 있는 회식에서도 비정규직은 열외다.

이것보다 더 어려운 문제는 언제 닥칠지 모르는 해고의 위험이다. 정규직을 해고하는 것도 그렇게 어렵지 않은 나라에서 비정규직 노동자 해고는 식은 죽 먹기다. 해고하기 전에 미리 알려 주지도 않고, 해고 사유가 정당하지도 않다. 그래도 '내일부터 나오지 마시오'라는 말 한마디로 그냥 끝나 버린다.

비록 적은 월급이라도 매달 꼬박꼬박 규칙적인 수입이 있어야 삶의 계획을 세우거나 미래를 준비할 수 있다. 그런데 바로 그 소득이 불확실하니 하루하루는 불안의 연속이다. 결국 관리자의 부당한 요구도 그냥 받아 주고, 참고 견뎌야 한다.

"우리 같은 사람은 어지간하면 특근 있다면 어디 가지도 못해. 특근해야지. 짤릴까 무서우니까. 뭐 하다가도 회사에 특근 걸렸다 하면 다 제쳐 놓고 가야 해. 우리 같은 사람 짤리면 이제 파출부도 젊은 사람 쓰려고 해. 젊은 사람이 깔끔하게 한다고, 젊은 사람 쓰려고 하니, 특근 있다고 하면 딴 일 전부 제쳐 놓고 쫓아가서 일해야 하고."

"일을 하다 보면, 대청소하면 아줌마들이 하나같이 미친×이야. 일하느라고 뭐 …… 난리야 난리. 그런 난리도 없어. 차량을 한 사람 앞에 두 대씩 닦으려면 완전히 미친년만치로 날뛰어야 한당께. 근데 우리 월급이 64만1천 원이야. 너무 적다 이거지. 이것 가지고는 생활을 할 수가 없어. 돈 있는 사람은 우리 한 달 월급이 하루 저녁 술값도 못돼. 나 그 소리 듣고 놀래 부렀어. 한 달 내내 일해 봤자 70만 원도 못되는 거, 그놈의 것 말고도 밥을 먹고 살 수가 없어 거기다 목숨 걸고 있는데. 그거 뭐 돈 있는 사람은 술값에, 뭔 값에 …… 이해가 안가. 공평하지가 않아."[3]

---

3 진보정치연구소 2005년도 연구과제, 『빈곤정책의 전환모색』, 인터뷰 내용 중에서.

이런 일자리가 우리가 원하는 일자리인가? 임금도 적고 차별받으며 언제 해고될지 모르는 위험 속에서 살아가는 걸 원하는 사람이 누가 있겠는가?

여기에 한 가지 더. 그나마 일을 하고 싶어도 못하는 사람들도 있다. 실업자들의 문제다. 청년실업률이 현재 10퍼센트를 육박하고 있다. 대학을 졸업하면 곧바로 이른바 '백수', '백조'가 되는 학생들이 많다. 그리고 젊은 나이에 직장을 그만두었거나 혹은 하던 사업이 실패한 사람들 중에서도 장기 실업의 늪에 빠지는 이들이 많다. 이런 문제는 특히 여성에게 강하게 나타난다.

"요새 일이 없어요. 어쩌다 한 번씩 이삿짐 있으면 가는데, 요샌 아무 것도 없어요. 처음에는 한 6일 일했어요. 요즘엔 이삿짐이 별로 없어요. 일이 있어도 요즘엔 잘 안 받아줘요. 아침 5시에 일어나서 바로 가는데, 거기서 또 고르는 거예요. 용역회사에 한 50명이 가면 20~30명만 일하고."

"마트에 완전 계약직으로 들어가려면 사람들을 사귀어야 해요. 사람들을 사귀고 완전 계약직으로 들어가야 하는데 그러면 한 65만 원에서 75만 원 그 사이로 준다고 그러더라고요. 또 ○○나 ○○이나 그런 데는 정말 아가씨만 써요. 자기네들이 기업에서 뽑아서 파견을 해 주고 정말 이름 없고 사람 구하기 힘든 곳만 여기서 구해요. 그런 사람들은 월급이 적고 노동량이 많고 그래요."[4]

한국의 실업률은 3퍼센트대다. 이 수치만 보면 거의 완전고용에 가깝다. 그럼에도 불구하고 실업은 여전히 엄청난 사회적 공포로 다가오고 있다. 일단 실업자가 되면 다시 취업하기도 힘들고, 다음 번 일자리가 정규직일 가능성도 적기 때문이다. 또 어렵게 정규직으로 취업한다고 해도 언제 비정규직이 될지, 언제 해고될지 불안한 것은 매 한가지다.

---

4 앞의 같은 책, 인터뷰 내용 중에서.

자본 국가는 '나쁜' 일자리를 양산할 수밖에 없다

이런 문제가 발생하는 이유는 무엇인가? 그 이유는 역시 자본 국가의 현실에서 찾을 수밖에 없다. 즉, 자본이 갖고 있는 과도한 권력 때문에 이런 문제가 발생한다는 것이다.

그 사람이 어떤 사람인지, 어떤 삶을 살아가고 있는지에 대해 자본은 아무런 관심도 없다. 그리고 한 사회가 어떤 사회여야 하는지, 그 사회에서 일자리는 어떤 의미여야 하는지에 대해서도 자본은 관심이 없다. 자본의 관심은 오직 하나 '돈', 즉 이윤뿐이다.

따라서 '돈이 되는 사람'을 선발해서, '돈이 되는 방식'으로 일을 시키려 한다. 자본에게 돈이 되는 사람이란 누구인가? 능력은 좋으나 요구는 적은 사람이다. 그리고 자본이 필요할 때 일할 수 있어야 한다. 자신의 다른 삶을 포기하고 자본이 요구할 때마다 항상 열심히 일하게 하는 가장 효과적인 방법은, 앞의 인터뷰들에서도 볼 수 있듯이, 고용을 불안하게 하는 것이다. 그러면 알아서 회사와 자본의 눈치를 보느라 사람들의 삶은 일그러지고 만다.

이런 문제를 해결하기 위해 정부는 무엇을 하고 있는가? 혹은 무엇을 했는가? 정부가 지금까지 한 일을 보면 영 앞뒤가 맞지 않는다. 정부 시책을 보면, '지금 하는 일을 더 불안하게 만들어 주마', '일자리를 만들겠다. 질 안 좋은 것으로', '일하면 떡고물이나마 준다' 식이다. 즉, 정부 정책은 사람들의 일자리를 안정되게 만드는 것이 아니라 오히려 이른바 '비정규직 보호법'을 통해 더 불안하게 하는 것이었다.

뿐만 아니라 질 나쁜 일자리를 만드는 데 앞장서 왔다. 예를 들어, 노무현 정부는 사회 서비스 부분에 일자리 80만 개를 만들겠다고 약속했다. 그리고 정부뿐만 아니라 보수 여·야당 모두 일자리를 100만 개, 150만 개 만들겠다고 발표했다. 그런데 이런 일자리의 면면을 뜯어보면 하나같이 다 질 좋은 일자리가 아니다.

정부 발표에 의하면 아이돌보미, 장애아동 양육도우미, 노인돌보미의 급여는 시간당 5,000원이다. 시간당 5,000원이면, 하루 8시간씩 30일 일해 봐야 120만 원이다. 이 120만 원이라도 제대로 받으면 좋겠지만, 주로 하루에 4시간 정도 일하는 데다가, 또 30일 내내 일하는 것도 아니다. 그러니 한 달 임금이라고 해 봐야 60~70만 원 수준에 그친다.

과연 이러한 정부 정책을 뭐라고 해야 하는가? '나쁜' 일자리의 양산에 자본뿐만 아니라 정부까지 두 팔 걷어붙이고 나서는 격이다.

일자리는 사회 전체가 함께 나누어야 하는 것

그래서 일자리에도 이제 공개념이 필요하다. 일자리는 기본적인 생존을 위해 소득을 확보하는 수단이자 사회관계를 만들어가는 장이다. 친구가 생기고 동료가 생기는 곳, 한 개인이 사회적인 인간으로 일어설 터전이다. 일자리가 없으면 의·식·주도 없을 뿐더러 삶의 의미마저 잃게 된다.

일자리가 생존의 필수 조건 중 하나임을 인정한다면, 더 이상 그것을 이른바 노동 '시장'에만 맡겨 둘 수는 없다. 기업에만 맡겨 둘 수 없다는 이야기다. 일자리도 이제는 사회 전체가 함께 나누어야 할 것으로 바라보아야 한다. 그래서 일자리 '공개념'이 필요하다는 것이다.

일단 자본이 제 맘대로 일자리의 수를 줄이고 그 전반적인 질을 떨어뜨리는 것을 두고만 볼 수 없다. 사회와 국가가 나서야 한다. 일자리 공개념이란 곧 일자리가 우리 삶의 필수 조건 중 하나이기 때문에 이를 사회와 국가가 책임져야 한다는 뜻이다. 즉, ① 일하고자 하는 사람이 ② 하고 싶은 일을 ③ 할 수 있는 권리의 보장이다.

그런데 이러한 권리(노동의 권리)는 자본의 소유권·경영권과는 서로 아귀가 맞지 않는다. 개별 기업의 일자리를 늘리는 것은 당장은 그 기업의 이윤 폭을 줄일 수 있고, 주식 소유자들이 바라는 경영 방침과도 충돌을 빚을 수 있다.

그래서 일자리 공개념을 실현하자면 자본의 소유권·경영권을 일정하게 넘어서고 제약하지 않을 수 없다. 즉, 일자리 공개념은 자본이 노동자를 멋대로 해고하고 부려 먹을 수 없다는 것을 명확히 하는 것이다. 그리고 일자리의 분배가 자본과 노동 사이의 개별적 계약 관계를 뛰어넘어 다양한 제도적 장치들을 통해 이뤄져야 한다는 것이다.

일자리 공개념에 대해 좀 더 자세히 살펴보자. 그것은 첫째 안정된 일자리, 둘째 평생·능력 교육, 셋째 일자리 나눔으로 설명할 수 있다.

첫째, 안정된 일자리란 고용이 보장되는 일자리를 말한다. 우리 중 대다수는 노동 소득으로 먹고살기 때문에 안정된 일자리는 우리가 삶을 살아가는 기본 자원이 된다. 고용이 안정적이여야 한 달, 1년의 생활 설계가 가능하고 미래를 계획할 수 있다.

또한 안정된 일자리는 남녀가 일·가정 모두를 조화롭게 유지하도록 돕는 일자리를 의미한다. 일을 하는 동안 남성과 여성은 서로 경험하는 문제가 다르다. 일자리가 남성들에게는 안정되더라도 여성에게는 불안할 수 있다. 이는 다름 아니라 가사, 임신, 출산, 육아 때문이다. 정규직이더라도 출산·육아 문제 때문에 일을 그만두는 여성들이 많다. 이런 불안 요소들을 제거하지 않는다면 결코 '안정된' 일자리라 할 수 없을 것이다. 남성과 여성이 일과 가정생활을 모두 평등하게 수행할 수 있는 조건들을 보장해야만 한다.

둘째, 평생·능력 교육을 통해 모든 사람이 자신의 능력을 최대한 발휘할 수 있게 해야 한다. 능력 발휘를 위해서는 직장 문화도 중요하지만, 다른 한편으로는 일하는 사람들 개개인의 능력을 개발하는 것도 중요하다. 한국인은 정규 교육 과정을 마치고 나면 교육의 기회를 얻기가 극히 힘들다. 외국

유연안정성은 과연 우리의 대안인가?

일각에서는 한국 노동시장의 대안으로 덴마크, 네덜란드에서 진행된 유연안정성(flexicurity) 사례에 주목하기도 한다. 유연안정성이라는 것은 노동시장의 유연성을 추구하면서 동시에 노동시장 내외의 취약집단의 안정성(고용안정, 사회 보장)을 보장하는 전략을 의미한다. 특히 덴마크의 경우에는 옆의 그림에서처럼 노동시장은 유연화하되, 실업보험을 통해 실업자에게 상당한 소득을 보장하는 정책을 펼치고 있다. 이것을 덴마크의 '황금 삼각형'이라고 부르기도 한다.

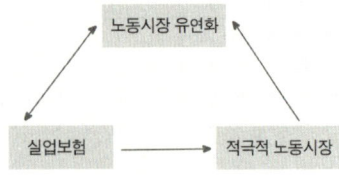

유연안정성의 가장 큰 장점은 실업률을 낮춘다는 데 있다. 즉, 노동시장이 유연화되어 일자리가 많아지게 되면 실업자가 줄어든다는 것이다. 이때 증가하는 일자리는 대개 비정규직 노동 특히, 파트타임 노동자다. 그래서 한국에서도 유연안정성을 대안으로 삼고 이를 적극 추진해야 한다고 주장하는 사람들이 있다.

그러나 유연안정성을 한국에서 그대로 적용하기에는 몇 가지 문제가 있다. 첫째, 실제 유연안정성을 실시한 국가들은 실업률을 낮추는 데는 성공했지만, 다른 부작용이 함께 나타났다. 예를 들어, 아일랜드에서는 소득 불평등이 증대했고, 네덜란드에서는 파트타임 노동자 특히 여성 파트타임 노동자가 급증했다. 즉, 유연안정성이 항상 좋은 것은 아니다.

둘째, 유연안정싱이 싱공하려먼 덴마크처럼 실업자에게 많은 실업급여를 지급하는 데 대해 사회적 합의가 있어야한다. 상당히 관대한 사회보장 체계가 만들어져야 하는 것이다. 그러나 한국에는 아직 관대한 사회보장 체계가 마련돼 있지도 않고 그에 대한 합의도 부족하다. 그래서 만약 한국에 유연안정성 전략이 그대로 적용된다면, 성공하기보다는 노동시장의 불안만 가중시킬 가능성이 높다.

셋째, 한국의 노동시장은 이제 더 유연화되어서는 안 된다. 이미 덴마크나 네덜란드보다는 한국의 노동시장이 더 유연화되어 있어서 비정규직 노동자가 비상식적으로 많다. 이런 나라에서 유연안정성을 대안으로 제시한다는 것은 전 국민을 비정규직화하겠다는 것과 다를 바 없다.

어 교육이라도 받으려면 비싼 돈 들여 학원에 다녀야 한다. 정부가 실시하는 직업훈련 프로그램이 있긴 하지만 몇 개 되지 않고, 그나마도 혜택을 받으려면 조건이 까다롭다.

그러다 보니 자신이 하고 싶은 일을 못하는 경우가 많고, 빠르게 변화하는 사회에 적응하기도 어렵다. 그리고 이런 문제는 비정규직의 늪에서 헤어 나오지 못하는 원인 중 하나가 되기도 한다. 따라서 일하는 사람들이 최대한 자신의 능력을 발전시킬 수 있도록 교육·학습의 권리를 보장해야 한다.

셋째, 일자리 공개념은 일자리의 나눔을 뜻하기도 한다. 현재 한국 산업 구조로는 새로운 일자리를 만드는 게 쉽지 않다. 지금 상황에서 일자리를 늘릴 수 있는 지름길은 우선 노동시간을 단축하는 것이다. 그리고 또 다른 방안은 사회 서비스 부문에서 다수의 일자리를 창출하는 것이다.

복지 서비스를 확대하면 그만큼 새로운 일자리가 발생한다. 지금도 이 영역에서 일자리가 늘고 있다. 그러나 정부가 복지 서비스를 민간에 떠넘기고 있기 때문에 이들 일자리도 대부분 비정규직이다.

반면에 만약 공공부문이 복지 서비스를 운영하고 노동조건과 서비스의 질을 통제한다면, 질 좋은 일자리를 대량 공급할 수도 있다. 다만 이 경우에는 더 많은 정부 재정이 투입되어야 한다. 그 돈은 결국 더 많은 부를 누리는 계층으로부터 세금으로 확보할 수밖에 없다.

즉, 부의 재분배를 통해 사회 전체에 새로운 일자리를 나눈다는 것이다. 그리고 이렇게 해서 복지 서비스의 일자리가 늘어나면 복지 서비스의 접근성 강화와 질 향상으로 그 혜택이 다시 모든 시민들에게 돌아간다. 그래서 우리는 이런 방식의 공공부문 일자리 창출 정책을 '일자리 나눔'이라 부른다 (좀 더 자세한 설명은 이 책의 3장과 4장 참고).

9. 일자리 혁명, 어떻게 가능한가?

일자리 공개념을 실현하기 위해서는 어디에서부터 출발해야 하는가? 과연 실현할 수는 있을까? 물론 다른 영역과 마찬가지로 짧은 시간 안에 쉽게 이뤄질 수는 없을 것이다. 그래서 이 문제에서도 우선 출발점을 잘 잡는 게 중요하다. 비록 전체 문제의 한 부분에 불과하더라도 이후 다른 부분의 해결에 실마리 역할을 할 수 있을 지점을 골라잡아 거기에서부터 개혁을 시작하는 게 중요하다.

정규직 고용이 원칙이고 비정규직은 예외임을 확인하자

우선 가장 시급한 것은 비정규직 노동자의 상당수를 정규직으로 전환하는 것이다. 일단 원칙부터 분명히 해야 한다. 정규직 노동자로 고용하는 것이 원칙이며 기본적인 것이고, 비정규직은 극히 일부의 경우에만 허용되는 특별한 예외로 못 박아야 한다. 민주노동당이 단기 계약 형태의 고용(흔히 '기간제'라 부른다)을 몇몇 특정한 경우로 제한하자는 '사용 사유 제한 제도'를 주장하는 이유가 바로 여기에 있다.

그럼 현재 지나치게 불어난 비정규직 일자리는 어떻게 정규직으로 전환해 나갈 것인가? 우리의 고용구조가 너무나 기형화되어 있기 때문에 뭔가 특단의 임시 대책이 필요하다. 기업주로 하여금 정규직 고용을 선택할 수밖에 없게 강제하는 법 제도를 마련해야 한다. 일종의 '비정규직의 정규직 전환 특별법'을 제정하는 것이다. 그래서 기업주에게 한편으로는 당근을 주고 다른 한편으로는 채찍을 휘둘러서 현재의 비정규 노동자들의 고용 형태를 정규직으로 전환시켜야 한다.

이를 위해 첫째, '정규직 전환기금'을 설치한다. 이 기금은 당장에 비정규직 노동자를 정규직으로 전환했을 경우 단기간 경영상의 어려움에 처할 수 있는 중소기업들을 지원하기 위한 것이다. 말하자면 당근이다. 많은 비정규직 노동자들이 이런 중소기업에서 일하고 있다. 이들을 정규직으로 전환했을 때 기업의 존립 자체가 일시적으로 위험에 처할 수도 있다. 이런 충격을 완화하기 위해 중소기업에게 기업 규모 및 정규직 전환 실행률에 따라 전환비용의 일정액을 차등 지원할 수 있다.

둘째, 그러나 당근만 줄 수는 없다. 비정규직을 정규직으로 전환하지 않는 기업주에게는 과감히 채찍을 휘둘러야 한다. 비정규직 고용으로 초과 이윤을 얻었거나 혹은 "비정규직 정규직 전환 특별법"이 만들어진 다음에도 계속 비정규직 노동자를 고용하는 기업주에게는 이에 합당한 부담금을 물려야 한다. 이 부담금은 다시 정규직 전환기금의 재원으로 사용한다.

만약 이런 비정규직 전환 특별법이 실행된다면, 부담금을 감당할 수 있는 대기업은 상당 기간 그대로 비정규직 고용을 고수할지도 모른다. 하지만 이 부담금을 통해 비정규직 고용의 더 많은 부분을 차지하는 중소기업 비정규직 노동자들을 정규직으로 전환할 수 있다. 그리고 이런 상황이 장기간 지속된다면, 대기업 역시도 부담금을 계속 물기보다는 비정규직 고용을 줄이는 길을 선택할 것이다.

21세기 한국의 뉴딜은 공공복지 서비스 확대로부터 시작된다

위에서도 말한 것처럼, 지금 한국의 산업구조에서 새로운 일자리가 만들어질 수 있는 핵심 영역은 사회 서비스 부문이고 그 중에서도 핵심이 복지 서비스 분야다. 복지 서비스 영역에서 다수의 질 좋은 일자리를 창출하는 것이 일자리 정책의 1단계 과제 중 하나가 되어야 한다. 한데 그러자면 이 영역에서 일자리 창출의 주체가 공공부문이어야 한다. 국가나 지방자치단체가 공공성의 원칙에 따라 복지 서비스를 운영했을 때 얻을 수 있는 이익은 다음과 같다.

첫째, 복지 서비스의 질이 균질화된다. 소득에 따라서 부유한 사람은 질 좋은 복지 서비스, 가난한 사람은 질 나쁜 복지 서비스를 받는 게 아니라 누구나 동등하게 질 좋은 서비스를 받게 된다.

둘째, 복지 서비스 영역에서 다수의 '좋은' 일자리가 만들어진다. 공공부문 일자리이기 때문에 정부의 정책 의지에 따라 충분히 적정 임금과 고용 안정을 보장할 수 있다. 그렇게 되면 복지 서비스를 '하는' 사람의 노동조건이 향상될 뿐만 아니라 그 결과로 복지 서비스를 '받는' 사람도 좀 더 좋은 질의 서비스를 제공받게 된다.

공공복지 서비스의 확대를 통해 양질의 일자리를 늘리자면, 이 영역에서 일할 능력과 자질을 갖춘 사람들이 있어야 한다. 공공복지 서비스도 다른 일자리와 마찬가지로 일정한 지식과 기술을 요구한다. 예를 들어, 노인들을 만나서 필요한 것이 무엇인지 꼼꼼히 체크해야 하고, 그에 맞는 식사와 목욕, 운동 프로그램들을 알고 있어야 한다. 똑같은 운동이라도 사람에 따라 시간과 강도가 모두 다르다. 상황에 따라 판단을 내려 적절한 서비스를 제공하기 위해서는 그만큼 교육과 훈련을 받아야 한다.

즉, 공공복지 서비스 인력을 육성할 대규모 훈련 프로그램이 필요하다. 이런 훈련 프로그램은 평생·능력 교육의 실험장이 될 수 있다. 앞에서도 말했듯이 평생·능력 교육은 일자리 공개념 실현의 중요한 기반 중 하나다.

그러고 보면, 공공복지 서비스의 확대만으로 일자리 공개념을 실현하는 다양한 정책 효과를 동반할 수 있다. 우선 일자리 나눔을 실현하고, 더불어 평생·능력 교육 체계를 강화할 출발점이 된다. 또한 일단 모든 시민이 공공복지 서비스의 확대를 통해 복지 수준의 향상을 체험하게 되면 일자리 공개념에 대한 사회적 동의의 수준도 더욱 높아지게 될 것이다. 이것은 다시, 비정규직을 다수 고용한 사기업들에게, 비정규직 고용을 정규직으로 전환하라는 정치·사회적 압력으로 되돌아올 것이다.

3장
연대적 복지국가를 향하여

1. 한국은 복지국가인가?

'복지국가'라는 말, 누구나 한 번쯤 들어봤을 것이다. 사람에 따라 좋은 감정을 실어 말하기도 하고, 경멸의 감정을 담아 말하기도 한다. 그 감정이 어떠하든 모두가 합의하는 한 가지가 있다. 그것은 복지국가가 시민들의 기본 생활을 보호한다는 것이다. 그리고 국가 혹은 사회가 시민의 안위와 기본 생활을 보호해야 한다는 것 자체에 반대하는 사람은 그리 많지 않다.

그렇다면, 한국은 어떠한가? 한국은 복지국가인가? 대답은 사람마다 다르겠지만 시민의 기본 생활을 보장하느냐를 기준으로 보면, 한국은 분명히 복지국가가 아니다. 왜냐하면 한국 사회에는 여전히 정부나 사회로부터 소외된 가난한 사람들이 존재하기 때문이다. 아니, 단순히 존재하는 게 아니라 그 수가 오히려 늘고 있다. 그리고 아무리 열심히 일해도 입에 풀칠하기 어려운 사람들도 많다. 게다가 무슨 문제가 생겼을 때, 예를 들어 실업자가 되거나 혹은 식구 중 누군가 암에 걸렸을 때, 기왕에 사회보험(4대 보험)에 가입해 있지 않다면 정부로부터 뭘 기대하기도 힘들다.

또한 정작 고용보험에 가입했다 하더라도 실업자가 되었을 때 돈을 받지 못할 수 있다. 이것은 고용보험이 자발적 실업자, 즉 스스로 직장을 그만둔 사람들에게는 돈을 주지 않기 때문이다. 따라서 시민의 기본 생활 보장이라는 점에서 보면, 한국은 결코 복지국가라 할 수 없다.

또 다른 문제도 있다. 사람들의 기본 생활은 돈을 주는 것뿐만 아니라 직접적으로 어떤 서비스를 제공하느냐에 따라서도 달라진다. 이 책 2장에서 제시한 의료 서비스의 사례에서 볼 수 있듯이, 영리를 추구하는 민간 기관이 서비스를 제공하면 서비스의 질도 나빠질 뿐만 아니라 접근성도 낮아진다. 다행히 의료 외의 영역에서는 돈만 좇는 경향이 의료의 경우만큼 강하게 나타나지는 않는다. 하지만 대부분 민간위탁 방식으로 운영되고 있어서 시설

사회보험의 사각지대

'사각지대'라는 말은 빛이 비치지 않는 부분, 볼 수 없는 부분을 뜻한다. '사회보험의 사각지대'라는 말 역시 비슷한 맥락이다. 사회보험에 가입해야 하는 사람이 가입하지 않은 경우, 혹은 가입할 수 없는 사람들을 가리켜 "사회보험의 사각지대에 놓여 있다"고 말한다. 이 영역에 있는 사람들은 무슨 문제가 생겼을 때 정부로부터 아무런 보호도 받지 못한다. 그래서 사회보험의 사각지대는 중대한 사회문제가 아닐 수 없다. 건강보험에 가입하지 않으면 병원에 가서 많은 돈을 내야 하며, 국민연금에 가입하지 않으면 노인이 되었을 때 정부가 해 주는 게 없다. 또한 고용보험에 가입하지 않으면 실업자가 되었을 때 정부에게 아무 것도 기대할 수 없다. 어느 나라나 이 문제는 존재하지만, 특히 한국 사회에서 더욱 심각하다. 그 규모가 너무 크기 때문이다. 아래 그림을 보면, 고용 형태와 관련 없이 소득이 낮은 사람의 상당수가 사회보험 바깥에 있음을 알 수 있다. 그리고 비정규직의 경우에는 그 심각성이 더 크게 나타난다. 저소득층일수록, 그리고 비정규직일수록 정부의 보호로부터 배제되어 있는 셈이다. 정작 정부의 보호를 가장 필요로 하는 사람들이 거기에서 배제되어 있다는 것. 그렇기 때문에 사회보험의 사각지대는 한국 사회의 미래를 좌우할 심각한 위기 요소다.

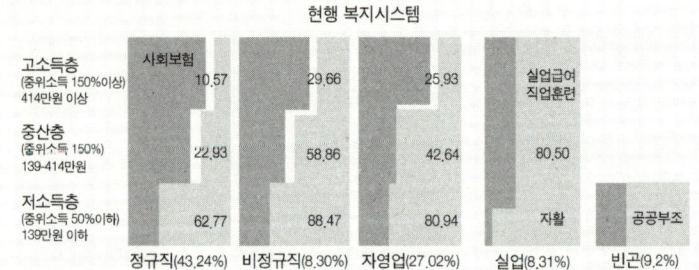

주 1: 오른쪽 흐린 회색 부분이 사각지대임.
주 2: 가계조사를 바탕으로 사회보험료 납부 여부를 통해 사회보험 가입 비율을 살펴본 것이다. 또한 고용 형태는 가구의 고용 형태다. 따라서 가구주가 아닌 배우자 혹은 자녀가 보험료를 납부했을 수도 있기 때문에 실제 사각지대의 규모는 위에 제시한 것보다 클 것으로 예상된다. 실제로 실업자 중에서도 사회보험 가입자가 있는데, 이는 가구주가 아닌 배우자 혹은 자녀가 보험료를 냈기 때문이다.
자료: 통계청, 2006, 가계조사 원자료 활용.

비리 등의 문제들이 발생하고 있다.

복지제도 때문에 오히려 양극화가 심해지는 나라

한국은 복지국가가 아닐 뿐만 아니라 그보다 더 심각한 문제를 안고 있다. 그것은 복지제도가 오히려 사회 양극화를 심화시킨다는 사실이다. 양극화는 지난 몇 년간 한국 사회의 가장 뜨거운 쟁점이었다. 저임금 노동자와 고임금 노동자, 정규직 노동자와 비정규직 노동자 간의 문제가 계속 이야기되어 왔다. 그러면서도 양극화와 관련하여 잘 부각되지 않은 현실의 또 다른 단면이 있으니, 그것이 바로 복지제도가 양극화를 더욱 심각하게 만들고 있다는 사실이다.

왜 이런 문제가 발생할까? 그것은 한국의 복지제도가 사회보험 중심이기 때문이다. 한국의 사회보험에는 흔히 '4대 보험'이라 불리는 국민연금, 건강보험, 고용보험, 산재보험이 있다. 한데 이들 사회보험에 가입하지 못한 사람들이 너무나 많다. 실로 엄청난 규모의 사각지대가 존재하는 것이다(위 네모 안의 설명 참고). 이 사각지대에 속한 사람들은 노인이 되거나 실업자가 되었을 때 아무런 보장도 받지 못한다.

특히 문제는 노인이 될 경우다. 정규직 노동자는 국민연금에 가입하고 있어서 노후에 연금을 받게 된다. 물론 많은 돈은 아니지만, 어느 정도 소득이 있다는 것은 노후 생활 설계에서 중요한 밑천이 된다.

그러나 비정규직 노동자의 상당수는 연금에 가입하지 못한 상태. 이들은 노인이 되어서도 연금을 받지 못한다. 더구나 젊은 시절 비정규직이었기 때문에 소득이 낮아 저축도 많지 못하다. 그러니 이들은 나중에 자식들에게 손을 벌리거나 빈곤층이 될 수밖에 없다. 결국 국민연금이 노인 인구의 양극화를 조장하는 셈이다.

또 다른 문제도 있다. 대한민국은 항상 성장이 최우선의 가치였던 나라다. 아직도 많은 사람들이 일자리, 복지, 생활, 문화 모두 경제성장만 이뤄지면 다 좋아질 것처럼 거짓말을 늘어놓고 있고, 여전히 이런 거짓말이 상식처럼 받아들여진다.

물론 경제성장은 어느 정도 필요하다. 생태적으로 지속 가능한 것이라는 전제 아래 말이다. 그런데 문제는 경제성장을 한다고 해서 자동적으로 일자리도 많아지고 복지도 좋아지고 삶의 질도 개선되며 문화 수준도 높아지는 게 아니라는 점이다.

이런 효과가 있을 수도 있고, 그렇지 않을 수도 있다. 경제성장을 한다고 해도 어떤 방식으로 성장을 하느냐에 따라 일자리가 많아질 수도 있고, 아니면 새로운 기계만 늘어날 수도 있다. 그리고 경제성장의 결실을 어떻게 나누느냐, 즉 임금수준이나 복지수준 등에 따라 삶의 질은 확연히 달라진다. 다시 말하면, 경제성장'만' 한다고 해서 모든 게 다 좋아지는 것은 아니라는 점이다.

그런데도 경제성장만 되면 복지 수준도 저절로 높아진다는 근거 없는 주장들이 횡행한다. 심지어는 복지제도의 확대가 경제성장을 방해한다고 공격하는 목소리까지 있다. 또는 복지 지출이 늘거나 복지 예산이 확대되면, 선심성이라느니 무책임하다느니 하는 말들이 쏟아지기도 한다.

실제로 한국의 복지 지출이 꾸준히 늘어나곤 있지만, 그래도 다른 나라에 비하면 여전히 턱없이 부족한 형편이다. 스웨덴의 경우 GDP 대비 총 사회복지지출이 31.68퍼센트, 미국이 16.59퍼센트, 영국이 20.95퍼센트다. 반면, 한국은 10퍼센트가 채 되지 않는다. 복지 예산이 많다는 것은 여러 가지 복지 프로그램을 제대로 실시해 볼 여지가 많다는 말이다. 반면, 한국과 같이 복지 예산이 지나치게 부족한 나라에서는 할 수 있는 게 별로 없다.

그림 6 | 연령별 인구 구조와 부양비

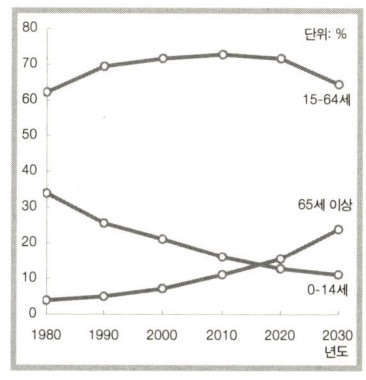 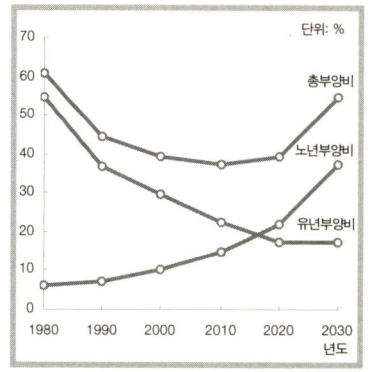

자료: 보건복지부, 『보건복지통계연보』, 2006.

2. 10년 후 한국의 모습

그렇다면, 지금 같은 상황이 10년 동안 바뀌지 않고 지속된다면 어떻게 될까. 한번 상상해 보자, 어떤 일이 발생할지.

일단 노인 인구가 급증한다. 이것은 누구나 다 예측하는 것이다. 그런데 이 변수와 한국의 복지 현실이 서로 만나면 어떤 일이 발생할까?

〈그림 6〉은 노인 인구, 즉 법적으로 65세 이상인 인구가 얼마나 많은지 보여 준다. 그 중에서도 왼쪽 그림을 보면, 노인 인구가 전체 인구에서 차지하는 비율이 계속 늘어나고 있음을 알 수 있다. 그래서 2030년이 되면, 노인 인구가 차지하는 비율이 전 인구의 30퍼센트가 된다. 즉, 열 명 중 세 명은 65세 이상의 노인이라는 이야기다.

오른쪽 그림은 부양비, 즉 노인 인구를 일을 할 수 있는 사람에 대비한 것이다. 이것은 일하는 사람이 몇 명의 노인이나 아이를 부양해야 하는지를 보여 준다. 이 수치가 100퍼센트가 되면 그것은 일하는 사람 한 명이 노인·아동 1명이 먹고살 돈을 부담해야 된다는 의미다. 이 그림은 노인 인구가 늘어나면서 총부양비가 60퍼센트 가까이 되고 있으며, 이 중에서 노인 부양비가 40퍼센트를 차지한다는 것을 보여 준다. 쉽게 말해, 일하는 사람 다섯 명이 세 명의 아이나 노인을 먹여 살릴 돈을 벌어야 한다는 것이다.

노인 인구가 늘어나는 것 자체가 문제는 아니다

복지 영역에서도 노인 인구의 증가는 큰 부담이 된다. 노인 인구가 많아지면, 그만큼 여러 가지 사회적 비용이 들기 때문이다. 가장 많이 이야기되는 게 연금 비용이다. 노인 인구가 많아져서 연금 지출이 많아지면 국민연금 재정이 파탄날 수도 있다고 한다.

하지만 그보다 더 심각한 문제는, 사실 많이 이야기되진 않지만, 건강보험이다. 왜냐하면 노인들은 다른 연령층에 비해 더 많은 의료 서비스를 필요로 하기 때문이다. 그러니 병원에도 더 많이 갈 것이고, 그럼 건강보험으로 우리가 낸 돈의 많은 부분이 병원이나 의사에게 돌아갈 것이다. 그런데 한국의 병원이라는 곳은 어떻게든 더 많은 돈을 벌어들이려고 하는 곳이다. 그러니 굳이 필요 없는 의료 서비스를 실시해서 건강보험기금으로부터 엄청난 돈을 빨아들이려 할 것이다. 즉, 노인이 많아질수록 우리는 더 많은 돈을 내야 하고, 그 돈은 모두 병원과 의사의 배를 불리는 데 사용된다는 이야기다.

결국 10년 후, 즉 2017년에는 국민연금과 건강보험 지출이 폭증한다. 이 문제를 해결하는 한 가지 확실한 방법은 일하는 사람들이 더 많은 돈을 버는 것뿐이다. 물론, 일하는 사람들이 세금이나 보험료를 많이 내고도 생활을 유지할 수 있을 정도로 소득이 충분히 높다면, 노인 인구가 많아지는 것은 큰 문제가 되지 않는다.

그리고 사실은 이미 지금 우리 사회도 노인 인구를 부양하고 남을 만큼의 자원을 확보하고 있다. 즉, 노인과 나머지 세대도 윤택한 생활을 누릴 수 있을 정도의 부가 존재한다는 것이다.

문제는 다른 데 있다. 이 많은 부가 일부 사람들에게만 집중돼 있으며, 그들이 노인을 사회적으로 부양하기 위해 필요한 돈을 내어 놓을 생각이 없다는 것. 진짜 문제는 바로 이것이다. 노인은 늘어나지만 돈 많은 일부 계층이 그 돈을 내어 놓지 않을 때, 복지제도는 장기적으로 지속될 수 없다. 아니, 어쩌면 사회 자체가 존립할 수 없을 것이다.

복지 영역에서마저 배제된 비정규직 노동자들

한국의 비정규직 노동자는 전체 노동자의 절반 이상이다. 그리고 이런 비정규직 노동자의 규모는, 이 책의 2장에서 제시한 것과 같은 특별 조치를 실시하지 않는 한 줄어들 가능성이 없다. 2000년부터 실시한 경제활동인구조사 부가조사에 따르면, 이미 그 당시에 비정규직 노동자는 전체 노동자의 50퍼센트를 넘어섰다. 그때부터 지금까지 쭉 50퍼센트대다. 줄어들 기미가 보이지 않는 것이다.

비정규직 노동자는 정규직 노동자 임금의 절반 정도만을 받는다. 그러니 어떻게 돈을 많이 벌어서 노령화 문제에 개인적으로 대처할 수 있겠는가? 더욱 심각한 것은 비정규직 노동자가 아예 처음부터 국민연금이나 건강보험에 가입하지 않는다는 점이다.

특히, 비정규직 노동자 중에서도 호출 노동자, 단시간 노동자, 재택 노동자들의 사회보험 가입 비율은 상당히 낮은 편이다. 호출 노동자는 기업주가 호출할 때만 일을 하는 노동자이고, 단시간 노동자는 노동시간이 극히 짧은 노동자를 말한다. 재택근무 노동자는 회사가 아니라 집에서 일을 하는 경우다. 이들은 그 일하는 특성 때문에 사회보험 가입이 원천적으로 어렵다. 호출이 있을 때마다 일하는 사람들이 한 달에 몇 시간 일하는지, 매달 임금수준이 어느 정도인지, 고용계약 기간은 얼마인지 파악한다는 것은 사실상 불가능하다.

이런 상황 그대로 2017년을 맞는다고 생각해 보자. 호출, 단시간, 재택근무 노동자들은 지금보다 더 늘어날 것이고 이들은 계속 사회보험의 사각지대에 머물러 있을 가능성이 높다. 그런데 한국 사회에는 사회보험 이외에 이렇다 할 다른 복지제도가 없다. 결국 노동 빈곤층이 더욱 늘어날 것이고, 정규직 노동자와 비정규직 노동자 사이의 차별은 사회보험 가입자와 미가입자 간의 격차라는 더욱 심각한 사회 갈등으로 비화할 것이다.

또한 앞에서 살펴본 인구 노령화를 이 문제와 결부시켜 보면, 문제가 더 복잡해진다. 대다수 비정규직 노동자가 사회보험의 바깥에 머문다면, 상대적으로 소수인 정규직 노동자들이 노인 인구를 위해 건강보험, 국민연금 보험료를 모두 부담해야 하는 상황이 된다. 정규직 노동자들에게도 이것은 지옥 같은 미래일 뿐이다.

과연 이런 복지제도가 장기적으로 지속 가능하겠는가? 또한 올바르고 바람직하다고 할 수 있겠는가? 새로운 복지 모델의 방향과 그 얼개가 시급히 제출되어야만 할 때다.

3. 믿고 의지할 수 있고 지속 가능한 복지 : 연대적 복지국가

한국의 복지제도가 예고하는 이런 심각한 위기를 극복하기 위해서는 무엇부터 손을 봐야 할까? 우리가 시작해야 할 곳, 우리에게 필요한 것은 바로 복지제도에 대한 신뢰다.

사실 많은 한국인들은 여전히 국가가 제공하는 복지를 믿지 못한다. 돈만 걷어가고 우리에게 아무것도 해 주지 않을 거라고 생각하는 사람들도 많다. 그리고 정부가 돈을 준다고 해도 얼마나 주겠냐 하는 의심도 있다. 이런 불만이 가장 집약돼 나타나는 대상이 국민연금이다.

이렇게 사람들의 불신이 크면, 아무리 복지제도가 위기라고 이야기해도, 결국 다 망하게 된다고 외쳐도 소용이 없다. 복지제도가 삶에서 중요한 역할을 담당하고 있다는 것을 경험해 본 적도 없고 또한 그렇게 믿지도 않기 때문이다. 개인이 위급하고 어려운 처지에 몰렸을 때 복지제도가 '짠'하고 나타나서 곤경에서 구해 준 적이 없는 것이다.

따라서 우리는 한국 복지제도의 빈 부분을 메우는 데서부터 출발해야 한다. 즉, 복지제도의 사각지대에 방치돼 있는 비정규직 노동자들과 노동 빈곤층이 복지제도를 통해 기본적인 생활을 유지할 수 있도록 만들어야 한다. 그리고 건강보험의 비급여 항목처럼 복지제도의 빈 구멍으로 남아 있는 것들을 없애야 한다. 이런 빈 구멍을 채워서 사람들이 복지제도가 자신들의 삶에 어떻게 영향을 미치는지, 왜 필요한지 몸소 경험해야만 신뢰가 쌓이고, 그래야 복지제도의 위기도 극복할 수 있다.

그리고 이것이 곧 사회 연대의 시작이 된다. 복지의 빈 구멍을 메워 가면서 만든 신뢰를 바탕으로 사회 연대가 실현되는 복지 체계를 만들어야 한다.

복지제도를 확대하는 과정에서 복지동맹을 구축해야 한다

사회 '연대' 국가가 사회 국가의 여러 차원 중 하나라는 점은 1장에서 설명한 바 있다. 특히 복지제도에 관한 한, 사회 연대는 소득이 높은 사람이 소득이 낮은 사람의 고통을 분담하고, 현 세대가 미래 세대의 고통을 분담하며 동시에 미래 세대가 현 세대의 고통을 분담하는 것을 말한다.

이러한 사회 연대의 정신이 사회복지의 제도적 장치들 안에 생생히 반영되어 있는 복지국가 상을 우리는 '연대적 복지국가'라 부른다. 우리가 지향해야 할 복지 체계를 하나로 포괄하여 표현할 수 있는 말이 바로 이 '연대적 복지국가'다.

연대적 복지국가에서 중요한 것은 그 제도적 장치들이 사회 연대의 정신을 얼마나 잘 반영하고 있는지 여부만이 아니다. 복지국가를 건설하는 과정에서 사회 연대의 합의와 전통을 얼마나 두텁게 형성했는지 또한 중요하다.

예를 들어 보자. 국민연금이나 건강보험의 얼개를 연대의 원칙에 따라 재설계하는 것은 물론 중요하다. 그러나 이런 제도 개혁이 아무리 좋은 것이라 해도 아무도 지지하지 않으면 별 소용이 없다. 법안이 만들어지고 실행되기까지의 과정은 길고 긴 갈등과 충돌, 설득의 과정이다. 그 과정에서 복지제도에 대한 신뢰를 다지고 동의의 수준을 높이지 않으면 안 된다.

달리 말해서, '복지동맹'을 구축해야만 한다. 복지제도의 확대에 뜻을 같이 하는 계급과 계층, 세력이 결집하고 그들이 국민 다수의 동의를 이끌어 내야 한다는 것이다. 복지동맹은 복지제도의 입법화 과정에 영향력을 행사할 뿐만 아니라 그 실행 과정에도 적극 참여하여 제도가 애초의 목적에 따라 운영되는지 끊임없이 감시·평가해야 한다.

그럼 복지동맹은 어떻게 만들어지는가? 어떻게 하면 대중을 복지제도 확대의 대의 아래 단결시킬 수 있을 것인가? 크게 두 가지 요인을 생각해 볼 수 있다. 첫째는 가치관이고, 둘째는 이해관계다.

우선 사회 국가라는 이상에 공감하거나 한국도 최소한 서유럽 수준의 복지국가가 되어야 한다는 생각 때문에 복지동맹에 동조하는 사람들이 있을 수 있다. 그러나 이렇게 가치관에 따라 복지동맹에 결합하는 사람들은 상대적으로 소수에 그칠 것이다. 더욱 중요한 요소는 이해관계다.

'연대적 복지국가가 실현되면 나에게도 이러 저러한 이익이 생기겠구나, 그러니 꼭 실현되어야 한다'는 판단이 확산돼야 한다. 그럴 때에만 다수의 대중이 이해관계의 일치와 연계에 따라 복지동맹에 동참할 것이다. 그리고 이러한 이해관계의 연대는 가치관에 기반을 둔 연대보다 그 생명력 또한 길다.

이런 방식으로 중간층과 빈곤층, 정규직 노동자와 비정규직 노동자, 남성과 여성의 이해관계들을 서로 교차시키는 복지동맹을 구축해야 한다. 이것이 곧 연대적 복지국가의 사회적 토대다.

공공적 복지, 보편적 복지, 예방적 복지의 세 박자

복지동맹은 현 세대 내의 서로 다른 계층과 집단들 사이에서만 구축되어야 할 게 아니다. 현 세대와 미래 세대 사이에서도 또 다른 연대가 필요하다. 그래야만 어떠한 복지제도든 지속 가능성을 확보할 수 있다. 인구 구성이 어떠한 변화를 보이든 그 도전과 위기에 대처하고 그것을 극복할 수 있는 것, 이것이 바로 지속 가능성이다.

지속 가능한 연대적 복지국가는 다음의 세 가지 가치를 지향한다. '보편적 복지', '공공적 복지', '예방적 복지'다.

우선 '보편적 복지'는 복지제도가 모든 사람을 예외 없이 그 대상으로 삼는다는 것이다. 그 사람이 어떤 위치에 있든, 즉 여성이건 남성이건, 정규직이든 비정규직이든 상관없이 모두가 복지제도의 보호를 받아야 한다.

다음으로 '공공적 복지'는 복지제도가 우리 모두의 공동 소유라는 것을 의미한다. 자본 국가에서는 복지 영역도 돈벌이 거리로 전락한다. 한국의 의료 현실이 그 대표적인 예다. 공공 소유와 관리에 따라 복지 급여와 서비스를 제공할 때에만 누구나 쉽게 접근하여 혜택을 받을 수 있으며 불필요한 서비스의 남발이나 양극화를 막을 수 있다.

유시민의 '사회투자국가론'은 복지 대안이 될 수 없다

유시민 전 보건복지부 장관은 한국 사회의 복지 대안으로 '사회투자국가론'을 들고 나왔다. 유시민이 주장하는 사회투자국가는 '(정부의) 사회 지출을 소비적 지출과 투자적 지출로 나누어 소비적 지출을 가능한 한 억제'하는 국가이다. 즉, 유시민이 말하는 '사회투자'란 수익이 생기지 않는 '(정부 재정의) 소비'는 줄이고, 수익이 창출되도록 빈곤층의 노동을 유인하겠다는 것이다. 실제로 유시민은 보건복지부 장관 시절 빈곤층의 의료보장 대책인 의료급여제도를 개악한 바 있다. 유시민에게 사회투자정책은 기존 복지정책을 보완하는 것이 아니라 그것을 대체하는 것이다.

이런 입장은 문제가 많다. 가장 중요한 문제는 아직 제대로 성장하지도 못한 한국의 복지제도를 이상하게 왜곡시켜 버린다는 점이다. 최근 도입된 기초노령연금을 예로 들어 보자. 정부가 실시하기로 한 기초노령연금은 그 금액이 너무나 적다. 따라서 단계적 인상이 필요하다. 그런데 사회투자국가의 입장에서 보면, 기초노령연금은 소비적 지출이기 때문에 더 낮추면 낮췄지 높이는 것은 올바른 일이 아니다. 사회투자국가의 입장에서는 오히려 노인들이 더 많이 일하도록 연금을 적게 주는 것이 이득이다. 복지정책의 본말이 전도되는 것이다.

그런데도 유시민은 사회투자국가론이 한국 사회에서 복지제도를 확장할 유일한 길이라고 주장한다. '보수적 담론 세력'에게 복지제도의 확대를 설득하려면 이 길밖에는 없다는 것이다.

그러나 이것은 '우물 안 개구리' 식 발상이다. 실제 여러 나라의 경험을 보면, 복지제도의 성장은 다양한 요인들에 의해 이뤄진다. 북유럽에서는 일부 엘리트·관료 들의 의지와는 상관없이 노동운동의 힘으로 복지제도가 성장했다. 한데 유시민은 자신이 장관을 하던 시절 정부 예산을 놓고 보수적 담론 세력, 즉 경제 관료들과 몇 번 싸운 경험이 마치 세상의 전부인양 내세우고 있다. 그래서 한국에서 복지제도가 성장하려면 '꼭' 경제 관료들, 보수 담론 세력과 타협해야만' 한다고 생각한다.

그러나 복지 개혁은 일부 관료, 엘리트들의 작품이 될 수 없다. 만약 복지제도가 단지 그들 사이의 타협의 산물일 뿐이라면, 그것은 대중으로부터 어떠한 적극적 지지도 신뢰도 받지 못할 것이다. 대중은 정작 자신이 내는 세금으로 운영되는 정책임에도 불구하고 도대체 무슨 일이 벌어지는지 알지 못할 것이고, 알지 못하니 관심도 없을 것이다. 이렇게 되면 대중의 무관심 때문에 복지정책의 개악도 그만큼 쉬워진다.

따라서 장기적으로 볼 때, 복지제도의 확대는 노동자와 중간층, 비정규직 노동자와 여성의 자발적 요구와 주도로 이뤄지는 게 바람직하다. 그래야 복지제도가 올바른 방향으로 발전할 수도 있고, 지속 가능하기도 하다. 이 과정에서 유시민의 사회투자국가론은 어정쩡하고 본말이 전도된 주장이다.

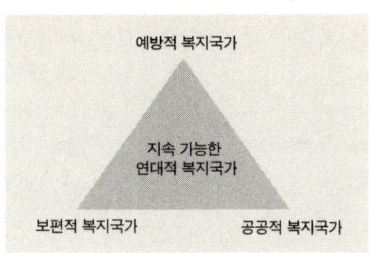

그림 7 | 지속 가능한 연대적 복지 국가

마지막으로 '예방적 복지'다. '예방'이라는 말은 문제가 발생하기 전에 사태를 해결하거나 해법을 준비해 두는 것을 뜻한다. 지금 우리에게는 이미 노동시장의 유연화, 노인 인구 증가라는 문제가 발생했다. 이제 우리에게 남은 것은 위기적 상황을 막기 위해서 미리 해법을 찾아 놓는 일이다.

예방적 복지는 미래를 예방하는 것뿐만 아니라 여러 가지 복지 서비스의 예방적 성격과 적극적 성격을 강화하는 것을 뜻하기도 한다. 복지 급여나 서비스를 제공할 때도 당장의 빈곤 해결뿐만 아니라 미래의 빈곤 발생 가능성을 예방하는, 좀 더 적극적인 접근법을 취한다는 것이다.

〈그림 7〉은 지속 가능한 연대적 복지국가의 세 가지 가치를 정리한 것이다. 이 그림에 나와 있는 것처럼, 연대적 복지국가는 공공적 복지국가, 예방적 복지국가, 보편적 복지국가라는 세 가지 성격을 함께 갖는다. 이 셋 중에 어느 하나라도 소홀히 한다면, 지속 가능한 연대적 복지국가는 실현되거나 존립할 수 없다.

4. 연대적 복지국가의 주요 정책들은 무엇인가?

그럼 연대적 복지국가의 씨줄과 날줄이 될 주요 정책들은 무엇인가? 예방적 복지, 보편적 복지 그리고 공공적 복지의 세 측면으로 나눠 살펴보자.

우선 예방적 복지와 관련된 주요 정책으로는 이미 2장에서 살펴본 바 있는 평생·능력 교육과 주치의 제도를 들 수 있다.

첫째, 평생·능력 교육. 이것은 성인이 된 이후에도 자신의 능력을 개발하기 위해 청소년기의 학교 교육 외에 평생교육권을 보장하자는 것이다. 그럴 때에만 끊임없이 자신의 능력을 개발해서 가장 적성에 맞고 보람 있는 일을 할 수 있게 된다. 이것은 장기 실업과 그로 인한 빈곤을 예방하는 가장 기본적인 사회적 장치라 할 수 있다.

둘째, 주치의 제도. 이것은 전 국민을 모두 포괄하는 주치의 네트워크를 구축하는 것이다. 그 주요 기능은 질병의 사전 예방에 있다. 경제적인 측면에서 볼 때 질병 예방은 전체 의료비를 줄이는 효과가 있다. 더 나아가서는 전반적인 건강 수준을 높여서 각종 질병으로 인한 생활고의 가능성을 미연에 방지한다.

고용보험에 더해 실업부조제도를 도입한다

다음으로, 보편적 복지를 실현하기 위한 정책들은 무수히 많다. 그 중에서 핵심적인 것만 들자면, 실업부조, 기초연금, 저소득층 보험료 지원, 그리고 보편적 복지 서비스 등이 있다.

먼저 실업부조제도부터 보자. 이 제도는 한국에서 아직 실시되지 않고 있다. 그렇기 때문에 제도의 특징을 이해하기 쉽지 않고 오해도 많이 받는다.

한국에는 이미 실업 대책으로서 고용보험제도가 있다. 고용보험은 일을 하는 노동자가 매달 조금씩 보험료를 내면, 나중에 실업자가 되었을 때(자신이 스스로 그만두지 않았을 경우에만) 3~8개월 정도 실업급여 명목으로 현금을 지원받는 제도다. 여기서 중요한 것은 매달 조금씩 보험료를 낸다는 것, 자발적으로 일을 그만두지 않아야 한다는 것, 3~8개월 동안만 돈을 준다는 것이다.

그래서 보험료를 낸 적이 없는 청년 실업자, 일이 적성에 맞지 않아 그만둔 사람들, 일을 그만둔 지 8개월이 넘은 실업자들은 아무런 현금 지원을 받을 수 없다. 그래서 이들은 생계의 위험에 시달린다. 이런 사람들을 위해 필요한 것이 바로 실업부조다. 실업부조는 청년 실업자, 장기 실업자, 새로운 직장을 찾고 있는 사람들이 기본적인 생활을 유지할 수 있도록 고용보험 가입 여부와 상관없이 일정 금액을 지급하는 제도다.

여기서 한 가지 의문이 들 수 있다. 만약 이렇게 돈을 주면(혹자는 '퍼준다'는 표현을 즐긴다) 이 사람들이 영영 일하길 포기하지 않을까 하는 고민. 이유 없는 고민은 아니다. 하지만 해법이 없는 게 아니다. 실업부조를 받는 사람들이 평생·능력 교육 프로그램에 참여해 자신의 능력을 향상시키도록 하고 그들의 취업 활동을 적극 지원한다면, 장기 실업 상태에 안주하는 일은 드물 것이다.

실업부조의 의의는 청년 실업자와 장기 실업자가 기본 생존을 유지할 수 있도록 돕는다는 데 있다. 그래야만 복지제도의 사각지대를 최대한 줄이고, 이에 따라 복지제도에 대한 신뢰도 높일 수 있다.

국민연금에 더해 기초연금제도를 도입한다

둘째로 기초연금제도가 있다. 기초연금은 국민연금 가입 여부와 상관없이 모든 노인에게 일정 금액을 매달 연금으로 지급하는 제도이다. 기초연금의 의의는 현재 국민연금에 가입하지 못한 비정규직 노동자들이 나중에 노인이 되었을 때 이들의 기본생활을 보장한다는 데 있다. 그래서 민주노동당은 그동안 계속 기초연금제의 도입을 주장해 왔다.

실제로 '기초연금'을 제목으로 단 법안(기초노령연금법)이 17대 국회에서 통과되어 곧 실시될 예정이다. 하지만 그 금액이 너무 적다. 더구나 기초노령연금 도입의 대가로 국민연금에서 받는 돈을 줄여 버렸다. 즉, 이제까지 국민연금은 현재 100만 원 버는 사람이 나중에 노인이 되어 60만 원을 받을 수 있도록 40년 가입시 소득대체율을 60퍼센트에 맞추었다. 그런데 정부는 기초노령연금을 도입한다면서 국민연금의 소득대체율을 40퍼센트로 낮춰 버렸다. 현재 100만 원 버는 사람은 국민연금으로 40만 원만 받게 되는 것이다. 게다가 기초노령연금법은 국민연금을 받는 사람은 기초노령연금을 받지 못하도록 규정하고 있다.

이런 이유 때문에 기초노령연금법은 연금제도의 '개악'이라고 비판받는다. 이런 방식으로 기초연금제의 시늉만 낸다면, 노인들의 노후 생활은 더욱 더 불안해질 수밖에 없다. 기초연금액도 적을 뿐만 아니라 어렵게 국민연금에 가입해 보험료를 내도 정작 받을 수 있는 돈이 너무 적기 때문이다.

그럼 어떻게 해야 하는가? 그 방향은 기왕에 도입한 기초연금제도가 좀 더 내실 있는 보편적 복지제도로 작동하도록 만드는 것이다. 먼저 기초연금액 수준을 인상해야 한다. 그래야 국민연금에 가입하지 못한 계층도 기초연금의 도움으로 노후에 최소한의 기본 생활을 유지할 수 있게 된다. 다시 한 번, 문제는 복지제도의 사각지대 해소다.

그리고 국민연금에 가입했다 하더라도 기초연금을 함께 받게 해야 한다. 그래야만 국민연금 가입자들도 기초연금제도를 신뢰하고 이 제도를 적극 지지하게 될 것이다.

셋째로는 저소득층 보험료 지원이 있다. 이 책 2장에서 제안한 일자리 정책들이 실현된다면 비정규직 노동자들은 정규직으로 전환될 것이고, 그럼 국민연금을 비롯한 사회보험 가입률도 획기적으로 높아질 것이다. 허나 이렇게 되기까지는 일정한 시간이 필요하다. 그리고 만약 상당수의 비정규직 노동자가 정규직으로 전환한다고 할지라도 여전히 적지 않은 수의 저소득층이 존재할 것이다.

비정규직 노동자가 정규직으로 전환되는 기간 동안에는 비정규직 노동자 중 다수가 계속 사회보험의 바깥에 머물러 있을 수밖에 없다. 당장의 현금 소득이 아쉬운 처지이기에 보험료 납부가 부담스럽기 때문이다. 저소득층 역시 마찬가지다.

그래서 이렇게 소득이 낮아 사회보험에 가입하지 못한 계층을 위해 정부가 보험료를 대신 납부해 줘야 한다. 저소득층 보험료 지원 정책은 당연히 복지제도에 대한 저소득층의 신뢰와 지지를 높일 것이다. 동시에 저소득층과 중간층 사이의 양극화를 막을 방법이기도 하다.

보편적 복지의 첫 토대는 복지 서비스의 구축

마지막으로 보편적 복지 서비스 체계의 구축에 대해 설명할 차례다. 어쩌면 지금 시점에서는 이것이야말로 한국 사회에 보편적 복지의 토대를 놓는 데 가장 중요한 요소일지 모른다.

이제까지 정부는 건강보험을 제외하고는 전 국민을 대상으로 하는 보편적 복지 서비스를 실시해 본 적이 없다. 그래서 복지 서비스가 도대체 어떤 것인지 상상이 잘 안 된다. 복지 서비스는 연금이나 고용보험과는 달리 현금을 지급하는 것이 아니라 직접 서비스를 제공하는 제도들을 말한다. 예를 들어, 아이를 맡아 줄 사람이 필요한 경우 돈을 주는 것이 아니라 보육 서비스를 제공하는 것이다.

이렇게 돈이 아니라 서비스를 제공하면, 여러 가지 장점이 있다. 우선 돈이 많건 적건 간에 질 좋은 서비스를 받을 수 있다는 점이다. 현금을 지원하면 돈 많은 사람들은 여기에다가 자기 돈을 더하여 고가의 보육 서비스를 이용하게 된다. 중간층은 아마 고민을 좀 할 것이다. 부자들처럼 돈을 더 들여서 비싼 보육 서비스를 구매하느라 속된 말로 가랑이가 찢어질지, 아니면 보조받은 돈에 맞춰 시장에서 좀 질이 낮은 보육 서비스를 선택할지. 빈곤층은 더 말할 것도 없다. 후자 외에는 다른 길이 없다. 현금 지급 정책만 실시하게 되면, 이렇게 부자·중간층·빈곤층이 받는 서비스의 질이 양극화된다.

그러나 직접 서비스를 제공할 때는 그렇지 않다. 질 좋은 보육 서비스를 제공하는 국·공립 보육시설을 확대한다면, 어떻게 될까? 보육 서비스가 필요한 사람 누구나 쉽게 이용하게 되고, 소득에 따른 서비스 질의 양극화도 사라지게 된다. 더구나 아이를 담보로 돈만 벌려는 사람들, 아동 학대 전력 등 자격이 없는 사람들에게 아이를 맡길까봐 노심초사 하지 않아도 된다. 정부가 정한 자격을 충족시키는 사람들만 보육 교사가 될 수 있고 교사의 보수교육 등을 통해 보육 서비스의 질을 지속적으로 관리하기 때문이다.

보육은 하나의 예일 뿐이다. 그 외에도 산후조리, 노인요양, 간병 등이 있다. 이것들 모두 우리 일상에서 꼭 필요한 돌봄care 노동들이다. 이런 서비스를 모든 시민들에게 보편적으로 제공한다면 어떤 변화가 생길까? 사회복지에 대한 체감도가 확실히 달라질 것이다. 이것은 다시 광범한 대중을 복지 동맹으로 결집시킨다.

이 대목에서 마지막으로 연대적 복지국가의 또 다른 가치인 공공적 복지 이야기를 해야겠다. 이미 몇 차례 지적한 바 있듯이, 보편적 복지 서비스는 반드시 공공적 성격을 지녀야 한다.

만약 복지 서비스를 민간 기관에만 맡겨둔다면 어떻게 되겠는가? 돈을 벌기 위해서 노인요양시설을 만드는 사람, 보육시설을 짓는 사람들이 판을 치게 된다. 그러면 아무리 법률 조항으로 보편적 서비스의 의무를 규정해 놓는다 하더라도 저소득층은 여전히 질 낮은 서비스를 받게 될 것이다. 지금 우리의 의료 제도가 바로 그 극명한 사례다. 같은 건강보험 가입자라도 특진 비용이나 비싼 입원비를 댈 수 있는 사람들은 재벌 병원의 문을 두드리고,

그렇지 못한 사람들은 각종 비급여 항목 때문에 병원 가기를 두려워한다.
 의료 외의 서비스 영역에서는 이런 가능성을 미연에 차단해야 한다. 즉, 처음부터 공공부문이 서비스 공급의 중심에 서야 한다. 보편적 복지 서비스가 정말로 '보편적'이려면 결국 '공공적'이어야만 하는 것이다. 민간 법인에게 서비스 공급 역할을 일부 맡긴다 하더라도, 공공 당국과 지역 시민사회가 나서서 이들이 서비스 기준을 지키고 있는지, 착복이나 인권침해는 없는지, 철저히 관리·감독해야 한다.

5. 연대적 복지국가, 어디서 어떻게 시작할 것인가?

 위에서 보편적 복지의 첫 토대가 복지 서비스를 구축하는 일이라고 주장했다. 즉, 연대적 복지국가의 출발점은 보편적·공공적 복지 서비스 체계를 만드는 것이다. 왜 그러한가?
 한국 사회에는 이미 사회보험에 가입한 사람들이 많다. 그리고 각종 생명보험 상품들 같은 민간보험이 성장해 있다. 이런 상황에서 복지국가의 체계를 완성하기 위해서는 복지제도에 대한 사람들의 신뢰부터 회복해야 한다. 그리고 이를 바탕으로 복지동맹을 튼튼히 구축해야 한다. 그러자면 아무래도 보편적·공공적 복지 서비스만큼 좋은 출발점이 없다.
 첫째, 전 국민이 정책 대상이라는 점에서 그렇다. 살아가면서 누구나 한 번은 경험하는 출산, 아동기, 청·장년기, 노령기에 필요한 서비스를 보편적으로 제공하기 때문에 거의 대부분의 시민이 이용 경험을 갖게 된다.
 둘째로 빈곤층, 비정규직, 중간층 모두에게 이득이 된다는 점에서도 그러하다. 중간층이라고 해서 모두 민간 보육시설에 가고 일류 병원에 가는 것은 아니다. 중간층 역시 아이들 보육 문제, 의료비 문제로 고민한다. 이들에게 보편적 복지 서비스를 제공하게 되면 실제 생활비가 감소할 뿐만 아니라 가족 내에서 담당해야 했던 여러 가지 돌봄 노동의 부담이 줄게 된다.

반면 고소득층은 더 많은 부담을 져야 한다. 보편적·공공적 복지 서비스를 확대하자면 재정이 투입되어야 하고, 그것은 결국 고소득층의 더 많은 조세 부담으로 해결할 수밖에 없기 때문이다. 즉, 고소득층과 나머지 다수 대중 사이에 이해관계의 대립선이 그어진다. 반대로 빈곤층·비정규직·중간층 사이에서는 광범한 연대(복지동맹)가 형성된다.

마지막으로 일자리 창출 효과를 지적해야겠다. 전국의 수많은 아이들에게 보육 서비스를 제공하자면 보육 교사가 필요하고, 노인요양 서비스를 위해서도 다수의 인력이 필요하다. 이것은 자연스럽게 일자리 창출로 이어진다.

게다가 공공부문이 복지 서비스를 맡기 때문에 이 영역의 새 일자리는 안정된 일자리가 될 것이다. 정부가 서비스를 제공할 자격이 없는 사람들을 고용한다면 국민들의 원성이 자자할 수밖에 없고, 자격이 있는 사람들을 비정규직으로 고용하기는 어렵기 때문이다. 더구나 2장에서 제시한 일자리 공 개념에 따라 '좋은' 일자리 창출이라는 명확한 정책 목표를 견지한다면, 고용의 질은 분명히 보장될 것이다. 이런 방식으로 질 좋은 일자리 100만 개 이상을 창출할 수 있는 게 바로 이 복지 서비스 영역이다.

재원은 어떻게? : 부유세 정신의 확대

지금까지 이야기한 정책들을 실시하자면 많은 돈이 필요하다. 공공적·보편적 복지 서비스, 이것 하나만으로도 적지 않은 재정이 필요하다. 초기에 국·공립 어린이집을 새로 지어야 하고, 국·공립 지역 거점 병원의 시설도 개·보수해야 한다. 거기에다가 노인들에게 요양 서비스도 제공해야 하고,

표 11 | GDP 대비 조세 부담률(사회보장 기여금 포함)

유럽연합 15개국 평균	40.6(%)
스웨덴	50.2
프랑스	44.0
독일	36.0
영국	35.8
일본	25.8
한국	24.4
OECD 평균	36.3

자료: OECD, 2002년.

여성들이 질 좋은 산후조리 서비스를 받을 수 있게 해야 한다.

그럼, 그 많은 돈을 어디서 어떻게 확보할 것인가? 어쩌면 불가능한 것은 아닐까, 의심이 들 수도 있다. 그러나 현재 한국 사회의 재정 여력만으로도 연대적 복지국가는 충분히 실현 가능하며, 또한 실현되어야만 한다.

〈표 11〉을 보자. 한국의 조세 부담률(사회보장 기여금 포함)은 OECD 평균인 36.3퍼센트보다 10퍼센트 이상 낮다. 만약 조세율을 OECD 평균 정도로만 높인다 하더라도, 현재 국가 재정의 절반이 넘는 증가분이 생긴다. 만약 이 증가분을 고스란히 복지 분야에 투입한다면, 사회 국가에 필요한 기본적인 복지제도들을 충분히 갖출 수 있다. 참고로 스웨덴을 보면 조세 부담률이 50.2퍼센트나 된다. 바로 이 강력한 재분배적 조세 체계가 스웨덴 복지제도의 토대다.

다시 말하면, 우리가 돈이 없어 복지국가를 못 만드는 게 아니다. 스웨덴 같은 조세 체계를 실현시킬 수 있을 만큼, 즉 돈을 세금으로 거둬들여 보편적 복지에 쓸 수 있을 만큼 복지동맹의 힘이 강하지 못해서, 그래서 못하는 것뿐이다.

재원을 마련하는 한 가지 방안은 민주노동당이 줄곧 이야기해 온 부유세를 실시하는 것이다. 일정 액수 이상의 자산(부동산, 증권, 사치재 등)에 세금을 물리자는 것이다. 부유세는 자산 소유 계층에게 세금을 걷는다는 점에서 소득 재분배의 성격을 갖는다.

하지만 사실 부유세라는 한 가지 제도만으로 걷히는 돈은 그렇게 많지 않다. 핵심은 부유세 자체라기보다는 '부유세 정신', 즉 부자들로부터 더 많은 세금을 거둬들여 사회복지에 쓴다는 원칙이다.

'부유세 정신'을 구현한 조세 제도는 부유세 외에도 다양하게 존재할 수 있다. 그 중의 하나가 목적세 형태의 사회복지세다. 목적세란 교통세나 국방세처럼 정해진 정책 목적에만 예산으로 투입되는 세금을 말한다. 따라서 목적세 형태의 사회복지세를 도입하게 되면, 이를 통해 확보한 추가 재정은 고스란히 연대적 복지국가의 건설에만 쓰이게 된다. 전체 GDP에서 복지 예산이 차지하는 비중이 너무나 낮은 한국 사회에서는 이런 식으로 복지 예산의 크기를 늘리는 게 효과적일 수 있다.

사회복지세는 당연히 누진세여야 한다. 즉, 모든 사람이 동일한 금액을 내는 것이 아니라 소득에 따라 누진적으로 걷어야 한다. 현재는 소득세와 법인세가 이런 누진세 형태를 띠고 있다. 그래서 돈을 더 많이 버는 사람들이 더 높은 비율의 세금을 낸다. 그런데 이제 소득세와 법인세에 더해 사회복지세라는 또 다른 누진세를 도입한다는 것이다. 이렇게 되면, 정부 재정이 늘어날 뿐만 아니라 조세의 소득 재분배 효과가 더욱 커진다. 사회복지세가 부유세 정신의 연장선 위에 있다는 것은 바로 이런 맥락에서다.

사회복지세로 거둔 복지 재정은 다른 무엇보다 공공적·보편적 복지 서비스의 구축에 우선 투입되어야 한다. 그럴 경우, 조세 저항을 최소화하면서 복지동맹은 더욱 강화하는 효과를 거둘 수 있다. 중간층으로서는 한편으로 사회복지세 때문에 조세 부담이 약간 높아질 수 있지만 다른 한편으로 복지 서비스의 확대 덕분에 이를 상회하는 소득 보전 효과를 누릴 수 있기 때문이다.

부유세 정신의 또 다른 사례는 이미 2장에서도 소개한 바 있다. 사회보험 보험료의 누진화가 바로 그것이다. 국민연금이나 건강보험의 보험료도 고

소득자가 더 많은 보험료를 납부하게 해야 한다.

　이것은 충분히 정당성이 있다. 노인 문제를 예로 들어 보자. 공공복지가 실현되면, 노령화의 충격은 현재보다 낮아진다. 그렇지만 어쨌든 노인 인구가 증가한 만큼 재정 부담은 더 많아질 수밖에 없다. 그리고 그 부담은 누군가 져야 한다.

　두 자식을 둔 노부부가 병에 걸렸다고 가정해 보자. 첫째는 비정규직에 소득이 적어 겨우 자기 식구의 생계만을 유지하고 있다. 그러나 둘째는 대기업 관리직이어서 소득이 첫째보다 훨씬 많다. 집도 있고, 차도 있으며, 상대적으로 여유 있는 생활을 누리고 있다. 그렇다면, 노부부의 병원비를 누가 부담하는 것이 합리적일까? 소득이 적더라도 첫째가 내야 하는 것일까? 아니면 첫째, 둘째가 똑같이 부담해야 하는 것일까? 가장 합리적인 방법은 소득이 많은 둘째가 첫째보다 더 많이 부담하는 것이다. 그래야 첫째의 생계를 위협하지 않으면서도 노부부의 병원비를 확보할 수 있다. 이것을 사회 전체의 노인 문제에 대입해 보면, 왜 소득이 많은 사람이 더 많이 부담하는 게 합리적인지 쉽게 이해할 수 있다.

　공공적·보편적 복지 서비스와 부유세·사회복지세의 도입, 사회보험 보험료의 누진화는 연대적 복지국가 건설의 제1단계라 할 수 있다. 이런 제도들을 갖추면, 연대적 복지국가의 밑바탕은 모두 마련되는 셈이다.

　단지 제도적 차원에서만 그런 게 아니다. 연대적 복지국가를 지탱할 사회 연대의 토대를 갖춘다는 점에서도 그렇다. 사회복지세와 연동된 공공적·보편적 복지 서비스의 경험은 재분배 성격의 조세정책 전반 그리고 연대적 복지국가 프로그램 전체에 대한 지지로 이어질 수 있다. 또한 공공적·보편적 복지 서비스의 수혜 대상인 빈곤층, 노동자, 중간층 사이에 복지동맹이 형성되도록 만든다. 다시 강조하건대, 이러한 복지동맹은 연대적 복지국가의 건설에 그 어떤 제도적 장치보다도 더 중요한 요소다.

4장

사회 국가를 뒷받침할 경제 체제 : 사회연대 혁신경제

1. 왜 사회연대 혁신경제인가?

개발 독재는 관료와 재벌 주도의 획일적 성장체제다. 그 한계를 인식한 대중은 자유주의 정부를 선택하여 자신들의 다양한 이해를 실현하고자 했다. 그러나 정부는 카드 대란과 신용불량자 양산, 부동산 가격 폭등, 비정규직 남용, FTA 졸속 체결 등 연이은 경제정책의 실패와 혼란을 초래했다.

그 밑바탕에는 시장지상주의라는 또 다른 극단주의가 자리 잡고 있었다. 한국의 자유주의자들은 국가 간 경쟁 체제를 게임의 법칙으로 받아들이는 경제적 보수주의로 전향했다. 그래서 민주화운동의 이면에 자리한 사회 연대의 열망과 그 에너지를 살려 내지 못하고 시장 효율성을 경제 체제와 동일시하는 철학적 빈곤만을 드러냈다. 근로 빈곤층을 대량 생산하는 경제성장과 사회 양극화의 고착화는 바로 그 결과다.

신자유주의의 대안은 사회민주주의 '모델'을 따라하는 것인가?

신자유주의라 불리는 경제·사회 체제는 시장지상주의를 지향한다. 신자유주의는 시장을 위해 인간이 존재하고 그 결과로 양극화가 상시적으로 유지되는 체제라고 할 수 있다. 기업은 권력화돼서 사회의 부를 독점적으로 관리한다. 반면, 시민이자 노동자인 대중에게는 시민권보다는 노동윤리만을 강조하며 자본 운동 내에서 그 의무를 다해야 한다고 강요한다. 이에 따라 공공성과 행복추구권이라는 공동체적 이상보다는 경쟁과 효율성이 인간을 지배하고, 승자독식 원리로 인해 소득과 자산의 양극화가 점차 확산되고 있다.

반면, 2차 대전 이후 자유주의의 대안으로 형성된 사회민주주의(이하 사민주의)는 자유화보다는 공공성의 원리를 사회 운영 원리로 채택한 경제·사회 체제다. 비록 자본주의 체제의 틀 안에 있지만 말이다. 사민주의에는 다시 대륙식 사민주의(독일, 프랑스 등)와 북유럽식 사민주의(스웨덴, 노르웨이 등)의 두 가지 형태가 존재한다. 그 중에서도 관료주의, 비효율성을 상대적으로 더 극복한 북유럽식 경제 체제가 평등과 연대의 관점에서 더 바람직하다고 알려져 있다.

따라서 신자유주의의 대안으로 북유럽식 사민주의를 추종하는 세력이 한국의 진보 세력 내에서 다수인 것은 자연스러운 일이다. 그러나 우리 경제·사회 현실과 정교하게 비교·평가하지 않고 무조건 따라가려는 것은 또 다른 사대주의가 될 수 있다. 북유럽 여러 나라들은 우리와 역사적 발전 경로가 너무나 상이하며 시민들의 의식 또한 다르다.

무원칙한 제도 수입은 심지어 재벌 체제를 반성이나 대안 없이 손쉽게 인정하는 오류로 나타나기도 한다(장하준 등). 따라서 우리 실정에 맞는 새로운 제도 설계가 필요하다. 그것의 최종 목표는 대안적인 사회 국가의 재설계일 것이다.

사회적 조절은 국가적 조절과 어떻게 다른가?

영국노동당 정부가 추진한 이른바 '제3의 길'은 당초의 기획에 비추어볼 때 실패했다. 복지와 효율성이라는 두 마리 토끼를 좇는다는 애초의 의도와는 달리 복지와 공공성은 축소되고 시장과 경쟁 쪽에 무게 중심이 쏠려 버렸다. 결국 이들은 신자유주의로 투항했다는 비판을 받게 되었다.

제3의 길의 특징 중 하나는 국가적 조절에서 시장적 조절로 이행했다는 점이다. 시장적 조절은 가격 체제와 경쟁 원리를 중심으로 한다. 이것은 수요와 공급의 자동 조절이라는 주류 경제학의 아이디어에서 출발한다. 그러나 현실에서 시장적 조절은 금융자본의 변동성, 자본의 권력화, 양극화의 지속성이라는 한계를 극복하지 못한 채 축적체제의 위기를 불러일으키고 있다.

반면 국가적 조절은, 물론 그 형태는 다양할 수 있으나 대체로 국가의 개입을 통해 수요를 창출하고 국가 재정 지출의 역할을 강조한다. 케인스주의적 복지국가는 그 역사적 성과였다. 국가적 조절은 결코 낡은 게 아니다. 이것은 여전히 공공의 이익을 실현하고 소외계층의 이해를 반영하는 수단이 된다.

그러나 풀어야 할 난제가 있다. 재정 지속의 문제점, 행정 서비스의 경직성, 국가 혁신의 지체 등은 분명히 극복해야 할 점들이다. 요즘은 경쟁 이데올로기에 동화된 대중을 선거 등의 정치과정에서 전통적 복지정책만으로는 쉽게 설득하기 어렵다는 문제도 존재한다.

따라서 국가적 조절은 '사회적' 조절이라는 새로운 측면으로 재해석되어야 한다. 사회적 조절은 시장적 조절을 극복하고 공동체적 가치를 국가 운영의 주요 기조로 삼는 국가적 조절체제의 한 방식으로 볼 수 있다. 그러나 이제 국가의 개입을 정당화하려면 민주적 방식과 결합되어야만 하며, 지속 가능성의 측면을 보완해야 한다. 특히 글로벌 경제 추세 속에서 혁신의 기제를 도입하고 시민사회의 자발적 움직임과 적극 교류해야 한다는 점에서 기존의 국가적 조절과는 달라야 한다.

국가의 개입과 기능은 필수적이지만 이와 더불어 시장 체제market system를 실용적으로 활용해야 한다. 그리고 노동자와 시민의 창의성을 적극 받아들이는 유연한 사회적 조절, 즉 '민주적으로 관리된' 사회적 시장 체제로의 전환을 모색해야 한다.

특히 우리에게 긴급한 정치적 과제는 시장 만능의 시장적 조절과 과거 국가적 조절의 한계를 동시에 극복해야 한다는 것이다. 즉, 신자유주의와 개발독재적 성격을 동시에 탈각하는 것이 필수적이라 하겠다. 한미 FTA 체결 과정에서 우리는 이 둘 사이의 최악의 결합을 보았다. 즉, '개방 만능'이라는 신자유주의와 '비민주적' 정치과정이라는 개발독재적 성격이 혼합된 '글로벌 박정희주의'가 21세기 자유주의 정권에서 탄생하는 모습을 목격한 것이다.

과연 '경쟁력+사회 국가 건설'은 가능한가?

20세기의 사민주의 모델이 사회 국가의 이상을 어느 정도 실현한 것은 분명 사실이다. 특히 북유럽 모델은 노총과 경총 같은 노동과 자본의 정상조직peak organization 간 사회협약을 통해 소득 재분배에 성공한 사례다.

하지만 이러한 노동과 자본 간 휴전이라는 독특한 국민경제적 성장 경로는 1980년대 글로벌 경쟁이 확산된 이후 미궁에 빠져 들었다. 혁신 체제로 전환해야 하는데, 그게 그렇게 성공적이지 못했다. 그 결과 신자유주의적 금융-거시정책을 도입하고 우파의 집권을 수수방관하는 등 갈팡질팡하는 모습을 보여 주었다. 물론 복지 체제는 여전히 유지하고 있다(일부 미세 조정으로 금액을 삭감하는 정도). 하지만 대외지향적 거시경제정책과 금융-외환 규제 완화를 지속적으로 추진하고 있어서 영미식 자본주의로 수렴되고 있다는 평가를 받기도 한다.

그럼에도 불구하고 우리는 북유럽의 역사에서 많은 것을 배울 수 있다. 우리가 개발도상국 시절에 통상적 측면에서 '따라잡기'catch-up에 성공했다면, 이제는 경제 선진국으로서 복지 측면에서도 '제2의 따라잡기'가 필요하다. 문제는 한국 사회가 아직 (미래의) 복지체제에 조응하는 사회 국가의 경제 체제를 갖추지 못했다는 점이다. 이게 가장 큰 난제다. 그래서 제2의 따라잡기는 단순히 복지사회를 건설하는 것뿐만 아니라 그에 걸맞은 경제 체제, 즉 경제민주주의를 안착시키는 과정이어야만 한다.

물론 복지국가의 형태를 유지하면서도 새로운 국가 혁신 체제로 이행하는 바람직한 사례가 전혀 없는 것은 아니다. 시장적 조절에 대응하는 사회적 조절을 유지하되 여기에 진보적인 국가 혁신 체제NIS: National Innovation System 을 결합시켜 능력 있는 사회 국가로 전환한 나라가 있다. 북유럽 나라들 중에서는 핀란드가 대표적이다.

이러한 사례를 잘 분석하여 실패 가능성을 차단하고 제도적 장점을 중심으로 우리 실정에 맞게 도입한다면, 한국에서도 사회적 조절과 진보적인 국가 혁신 체제의 결합, 그리고 사회적 신뢰를 갖춘 '지속 가능한 사회 국가'의 등장을 기대할 수 있을 것이다.

과거의 성장 방식에서 벗어나 사회연대 성장 전략을 취하자

지속 가능성 측면을 놓고 보면, 경제성장은 여전히 쉽게 풀리지 않는 퍼즐과도 같다. 한국 사회에서 성장이란 개념은 분명히 물신화되어 있다. 그 점에서 극복의 대상임에 틀림없다.

그러나 현실의 수단이라는 점에서는 새롭게 혁신해서 써야 할 대상이기도 하다. 급진적 생태주의자들은 제로 성장 등 성장을 폐기하자는 입장을 내놓기도 한다. 하지만 일자리가 줄고 있다는 근본 문제를 무시할 수만은 없다.

따라서 사회 국가에서도 성장 전략은 여전히 폐기될 수 없을 것이다. 사회 연대를 토대로 한 재분배+혁신경제 전략을 추진하되 친환경적 지속 성장이라는 절충적 형태를 유지하는 게 바람직하다. 성장이라는 개념을 아예 폐기하기보다는 이전과는 다른 대안적 성장 방식을 설계하는 데 집중해야 한다는 것이다.

예를 들면, 국민총생산GDP의 증가를 목표로 삼는 게 아니라 '고용률'을 성장 목표치로 삼을 수 있다. 그리고 국가의 역할을 사회정책 우위의 거시경제정책(보편적 복지, 실업부조, 평생교육 등을 통해 경제의 역동성과 안정성을 동시에 추구)에 집중시킬 수 있다. 개발주의에 맞서면서 친환경적 산업정책으로 고용을 창출할 수도 있다. 이와 더불어, 전통적인 사민주의의 긍정적 유산인

고高조세-고高부담 정책을 (조세 체계의 선진화를 전제로) 계승해야 한다.

그럼 대안적 성장 전략은 어떻게 연대적 성격을 혁신과 결합하고 체제 내적으로 제도화할 것인가? 이제 이 물음에 답할 차례다.

2. 사회적 조절 : 시장지상주의에서 '민주적+관리된' 시장으로

시장은 인간의 역사를 풍요롭게 만들었다. 거래 관행과 화폐가 없었다면 아마도 우리의 역사는 이만큼 발전하지 못했을 것이다. 그렇다면 일부에선 왜 시장을 비난하는 것인가? 물론 시장 자체가 욕을 먹는 것은 아니다. '시장'은 시장'주의'와 다르다. '관료'가 관료'주의'와 다른 것처럼 말이다.

사회 국가의 시장 관리 정책은 고용, 산업, 금융, 통상 등 모든 영역에서 국가의 개입과 조정을 실질적으로 확대하여 시장에서 독점화 경향과 자본 권력의 영향력을 해체하는 방향으로 나아가야 한다. 그러나 일상적인 시장 거래는 존중될 것이다. 시장의 가격 조절 기능을 원천적으로 부정할 필요는 없다. 이것마저 국가가 개입한다면, 시장의 장점(신호 signal로서의 가격 기능)마저 훼손하게 되기 때문이다.

시장을 '민수적으로 관리'할 수 있는가가 관건

그러면 과거 개발독재 국가의 국가 개입과 사회 국가의 국가 개입은 어떻게 다른가? 이것이 곧 과거의 조절 방식과 사회적 조절 방식을 명료하게 구분하는 척도다. 과거 박정희주의는 '동의 없는'(민주주의 없는) 관료적 국가 기획, 전략적 대기업 육성 및 수출 드라이브 정책을 기조로 삼았다. 소수 재벌을 수출 그룹으로 육성하기 위해 금융 할당, 노동 희생, 자원의 중앙 집중적 배분을 우선시했다.

반면 사회 국가의 국가 개입은 다르다. 관료와 기업의 시장만능주의를 제한하고 민주주의 원리를 도입하여 시장의 권력을 제한한다. 사회 국가가 가격 기구에 개입하는 것은 자본이 공적 영역(교육, 의료, 환경, 공공재 등)의 가치를 침해하는 것을 막기 위해서다. 공공의 이익과 충돌하는 시장원리는 인정받지 못한다. 주택·부동산 시장이 그 대표적 사례다.

사회 국가는 고용정책에서도 수요-공급의 시장원리보다는 적극적인 개입주의를 추구한다. 산업 부문에서도 재벌 대기업이 아닌 다수의 중소기업들이 경쟁력을 가질 수 있도록 국가가 산업·금융 정책을 펼친다. 재벌 대기업 위주의 과거 국가 개입 방식과는 그 방향이 정반대인 것이다. 다만 관료주의는 대중의 민주적 통제 아래 놓여야 한다.

한편, 새로운 산업전략은 직접적인 자원 할당보다는 정보-지식-기술에 접근할 기회의 배려와 인력 지원에 치중한다. 과거 정부가 관료화된 물신주의에 기반을 두었다면, 이제는 '공동체적 인간'에 모든 정책 목표를 맞춘다.

사회 국가의 경제정책의 첫 단추는 친자본적 경제 관료의 질서를 해체하는 데서 출발한다. 한국의 경제 관료들은 미국식 체제에 경도된 경제학자들과 손잡고 재벌 위주 경제정책을 펼친다. 이 관료들은 때로는 시장지상주의를 주장하지만, 재벌 문제에서는 애국심에 호소하며 총수를 비호하기도 한다. 이러한 이중적 행태는 상호 충돌하기도 하지만 그것은 외국 자본과 국내 자본 간 경쟁에 따른 결과로서 어쨌든 다수 서민의 이익과는 무관한 것들이다.

구체적으로는 재정경제부를 해체하고, 금융감독위원회, 산업자원부, 건설교통부를 새롭게 재편해야 한다. 이에 대해서는 전체적인 정부 개편 방향을 다룬 7장에서 좀 더 자세히 다루겠다. 다만 재편의 기본 방향만을 분명히 하면, 재경부는 조세 기능과 금융 기능, 그리고 경제기획 기능을 분리·해체하는 방향으로 재편해야 한다. 금감위는 소극적 금융 감독을 적극적인 것으로 강화하고 서민금융 기능을 발전시키는 방향으로 뜯어고쳐야 한다. 건교부는 그동안 한국 사회에 토건국가의 오명을 씌우는 데 앞장서 왔는데, 그런 역할은 이제 국가기구의 권한 안에서 폐지해 버려야 한다.

GDP 증가 중심의 경제정책을 '고용' 중심 정책으로

다음으로 경제 지표를 GDP 성장률에서 '고용률(피고용자 수/경제활동인구의 비율)'로 대체하는 것이 중요하다. 연일 방송되는 경마 중계식 보도로 사람들은 GDP의 상승과 하락에 자신의 삶을 연동시키는 형편이다. 그러나 사실 GDP라는 것은 총량적gross 개념으로서, 한 나라가 국내에서 생산한 것들의 총합일 뿐이다. 개인의 소득과 자산에는 큰 영향을 미치지 않는다.

GDP는 주로 재벌기업들이 주도하는 수출 증가 추세로부터 가장 큰 영향을 받는다. 그런데 수출이 개인의 직업이나 소득에 미치는 효과는 갈수록 떨어지고 있다. 따라서 GDP라는 개념을 경제정책의 지표로 삼는 것은 매우 부적절하다.

이제는 고용률이 그 자리를 대신해야 한다. 사회 국가는 사람들이 얼마나 고용돼 있고 어떻게 일자리를 만들어야 하는지에 대한 정확한 지표와 수단을 보유하고 있어야 한다.

지금도 통계청에서는 고용률 지표를 발표하고 있다. 국내 지표로는 고용률이 60퍼센트 정도, OECD 기준으로는 약 64퍼센트 정도라고 한다. 이 지표를 5년 내에 OECD 기준 70퍼센트 수준으로 높이고 장기적으로는 75퍼센트 수준에 도달해야 안정된 '고용지향적' 사회라고 할 수 있을 것이다.

이를 뒷받침할 적극적 고용 수단으로는 우선 국가가 공공부문 일자리를 직접 제공해야 한다. 그리고 노동시장 탈락자에게 기회를 부여하되 직업훈련과 실질적인 생활 보조를 동시에 병행해야 한다.

정부의 복지 서비스 고용을 20퍼센트대까지 확대하여 민간부문이 만들어주지 못하는 일자리를 공공부문이 대신 제공한다. 이것은 시장(경기)변동에 따른 실업의 완충지대를 만든다는 의미도 갖는다. 현실에서는 청년과 여성에게 당장 일자리를 제공하는 게 가장 중요하면서도 우선적인 정책 목표다.

실업자에게는 단기보다는 중장기적으로 새로운 산업 전환에 따른 기술 교육훈련을 제공한다. 2~3년간 실질적인 실업수당을 받으면서 새롭게 등장하는 산업 추세에 적응하는 직업훈련에 참여할 수 있어야 한다. 이것이 지속가능한 '고용 중심' 사회 국가의 기본 방향이다.

카지노casino 자본주의는 퇴출해야 한다

사회 국가의 가장 큰 난제 중 한 가지는 시장의 불규칙한 변동성을 최대한 억제해야 한다는 점이다. 개입주의적 케인스주의를 표방한 과거 사민주의 체제에서도 가장 큰 곤란을 겪은 것이 바로 자본의 이동성(즉 변동성)에 따라 항상 투기의 위험에 놓일 가능성이었다.

시장에서 벌어지는 투기 행위가 일단 수요와 공급의 자동 조절이라는 정상적인 형태(투자)로 추인 받게 되면, 사회 전체가 투기적 관행에 빠져드는 도덕적 해이moral hazard의 함정에 걸려든다. 결국 건전한 노동 국가에서 투기적 시장 국가로 전락하고 마는 것이다. 한국에서 일상의 풍경이 되어 버린 주식 투기와 부동산 투기가 그 대표적인 예다.

투기를 인정하는 사회는 아무런 도덕적 제지도 받지 않게 된다. '주가가 오르느냐 내리느냐'에 따라 개인의 인생이 크게 좌우되며, 노동 의욕도 '그에 따라' 변동한다. 주식시장에 대한 과도한 집착은 산업자본이 지속 가능한 투자를 하는 데 방해가 된다. 주식변동성에 따른 직접금융의 불안정성 때문에 산업자본가들은 비정상 이윤(주가의 단기 급등을 위한 경영자의 도덕적 해이와 M&A 위주의 기업 결합을 통한 차익 남기기 등)에 대해 그릇된 기대를 갖게 된다. 한편 노동자이면서 동시에 투자자가 된 다수의 대중은 자기 노동의 가치를 저평가하게 되고 일확천금의 투기 행위로 자신의 삶을 소진하고 만다.

은행과 기업 사이의 장기 신용거래에 기반을 둔 '관계 금융'은 이와 다르다. 관계금융은 산업자본에게 지속적인 투자와 경영의 안정성을 부여한다. 그리고 기업에 대한 은행의 경영 감시 활동monitering 등을 통해 기업이 투명성과 도덕성을 유지하도록 강제하는 효과가 있다.

따라서 사회 국가는 은행이 지속적인 산업투자 특히 중소기업에 대한 안정적인 투자에 치중하도록 유도해야 한다. 이를 위해서 '당근'(한국은행 유동성 지원과 금리 혜택)과 '채찍'(미국의 지역재투자제도CRA와 같이 지역금융에 게으른 금융기관에 제도적 불이익을 부여하는 방안)을 동시에 사용할 필요가 있다. 그래야만 금융기관이 자신의 본래 역할에 충실하게 될 것이다.

부동산 시장도 마찬가지다. 토지의 공적 소유(토지선매제를 통한 국유지 확대)와 공적 활용(공적 개발을 통한 공공 주택의 공급 확대)을 통해 투기의 대상 자체를 차단해야 한다. 이와 함께 잉여자금이 부동산 시장으로 흘러들어가는 것을 막기 위해 금융 규제를 지속적으로 실시해야 한다.

부동산 시장을 통제하게 되면 잉여자금은 은행을 통해 산업자본으로 흘러들어가기 마련이다. 그럼, 자금 공급이 확대되고 금리가 낮아진다. 이것은 신규 창업과 일자리가 늘어나는 효과를 낳는다.

결국 토지와 주택에 대한 공적 규제, 불로소득에 대한 철저한 과세(주식양도차익과세 등 자본이득세 강화), 그리고 경제사범에 대한 엄벌로 투기적 행위는 결코 용납될 수 없다는 것을 분명히 해야 한다. 그래야 건전한 노동 국가의 토대 위에서 사회 자체가 존립할 수 있다.

3. 사회적 조절을 위한 또 다른 과제 : 그럼 재벌은 어떻게 할 것인가?

재벌 없는 한국을 상상할 수 있을까? 혹자는 재벌기업을 국민기업이라고 혹은 민족기업이라고 생각할지도 모르겠다. 그러나 '재벌'이란 말이 기업 단위를 뜻한다고만 이해한다면, 그것은 한국에서 재벌이 차지하는 위치를 잘못 이해하는 것이다.

이미 삼성 X파일 사건에서 드러났듯이, 재벌은 정치권력을 배후에서 통제하고 있다. 나아가 국민들의 인식 속에 일종의 지배자로서 자리 잡고 있다. 이러한 재벌을 극복하지 않고서는 그 어떤 경제·사회 개혁도 무위로 그치고 말 것이다. 그렇다면, 그 개혁의 주체는 누구인가?

재벌은 해체해야 한다

재벌을 흔히 대규모 기업집단으로 정의하곤 한다. 그러나 이런 식의 정의는 기업집단이라는 측면만 부각시키고 그 내부의 봉건적 기업 경영은 짚지 못하는 한계를 지닌다. 한국 사회에서 재벌은 이미 경제 권력을 넘어 사회 권력화하고 있다. 사회 국가의 건설 과정에서 가장 심각한 극복 대상인 셈이다.

따라서 지금 우리가 가장 먼저 해야 할 일은 재벌그룹의 독점 권력을 해체하여 기업을 정상화하는 것이다. 그리고 모든 기업이 가능한 한 공정한 규칙의 범위 안에서 경쟁해야 한다는 것을 명확히 제도화해야 한다.

이른바 문어발식 재벌체제가 성장에 유효하다는 일각의 주장이 여전히 존재한다. 일부 학자들은 스웨덴식 재벌 주도 성장을 바람직한 모델로 제시하기도 한다. 하지만 이것은 각국이 처한 경제·사회적 상황을 무시한 것으로서, 성장 전략 차원에서도 매우 위험한 주장이다. 그 이유는 이렇다.

첫째, 다각화에 의한 범위의 경제economy of scope라는 외피를 두른 재벌의 선단식 경영은 내부거래를 통해 경제 전체에 나쁜 영향을 미치고 공정한 경쟁을 해친다. 재벌회사 간 '재산 빼돌림'이나 '묻지 마 계열사 지원'이 그 사례들이다.

둘째, 재벌 옹호론자들 중에는 국적자본(그들은 재벌이 그 대표라 본다)의 선단식 성장이 일자리 창출의 원동력이 된다고 보는 이들이 많다. 하지만 현재 재벌은 많은 일자리를 만들어 내지 못하고 있다. 이것은 현실과 거리가 먼 주장일 뿐이다.

셋째, 재벌 옹호론자들은 한국에서 재벌의 권력이 시장을 넘어 국가로 침범하고 있다는 것을 애써 무시한다. 즉, 국가와 기업 사이의 경계가 무너지고 있는 것이다.

재벌은 해체되어야 한다. 경쟁력 있는 전문기업군으로 재탄생해야만 한다. 그 해법은 금산분리(금융자본과 산업자본의 분리) 규제를 강화하고 순환출자(A → B → C → A와 같은 계열사 간 순환 방식의 지분 출자)를 해소하는 데서 출발한다.

이런 방식으로 현재의 재벌체제를 해체하고 새로운 기업체제로 재구성해야 국민경제 전체의 건강한 성장이 가능하다. 무분별한 문어발식 출자(이른바 사업 다각화)는 경제를 독과점화하여 중소기업이 발을 못 붙이게 한다. 이것은 대기업군 자체의 지속성과 안정성 측면에서도 결코 바람직하지 않다.

개별 기업 활동의 자유를 최대한 보장하되 권력화된 재벌그룹은 별도의 규제법(독일의 콘체른법과 같은 기업집단법)으로 국가가 통제해야 한다. 그래야 시장에서 공정한 거래와 경쟁이 가능하다. 특히 하도급과 관련된 불법, 탈법 행위는 재벌 총수에게 엄중히 책임을 물어야 한다. 그러지 않고서는 재벌의 경제 권력이 중소기업을 옥죄는 것을 차단할 수 없다.

요컨대 현재의 재벌체제를 해체하여 전문기업군으로 재편하는 수단은 순환출자 금지와 금산분리 원칙의 강화다. 더 나아가 대기업군이 지주회사 형태로 전환한 뒤에도 규제와 감독을 철저히 하여 대기업의 경쟁력과 투명성을 제고해야 한다.

하지만 이것만으로는 아직 부족하다. 또 다른 중요한 요소가 하나 더 마련되어야 한다. 그것은 바로 공동 결정제와 같은 경제민주주의의 작동이다.

경제민주주의의 당면 목표는 공동 결정제

한국에서 민주주의의 실질적 달성은 곧 경제적 민주화의 실현을 뜻한다. 절차적 민주주의는 어쨌든 진전되었다. 이제 문제는 경제 영역의 민주주의다. 이때 민주주의란 시장원리인 1원1표의 원리가 아니라 1인1표의 원리가 작동한다는 것을 뜻한다. 기업이 소유자 기업이 아닌 이해관계자 기업이 되어야 하고, 노동과 자본의 공동 경영이 이뤄져야 한다. 물론 기업 상황에 따라 노동과 자본 외에도 여타의 이해관계자들(지역사회 대표 등)이 참여할 길이 열려 있어야 할 것이다.

한때 재벌 문제의 대안으로 주주행동주의(소액주주운동)가 등장하기도 했다. 그래서 사외이사제가 강화되기도 했다. 하지만 이것은 우리 실정에서 한계가 있다. 삼성의 편법 상속과 노동 탄압, 현대의 회사 기회의 편취와 유용 등에서 드러나듯이, 사외이사제만으로는 재벌을 제대로 감시할 수 없다.

결국 근원적인 대안은 기업 내부의 (계급)이해 갈등에서 찾아야 한다. 즉, 노동이 내부 감시의 역할을 맡아 기업 투명성과 투자-고용창출 역할을 강화하고 더 나아가 중소기업에 대한 불법 하도급 문제에까지 개입해야 한다. 그렇게 되면 결국 그 효과는 사회 전체의 이득으로 돌아갈 것이다.

노사 공동 결정의 효과는 이것만이 아니다. 경영 조직의 명령과 지시에 종속되는 노동의 소외(개인의 자발성, 창조적 기여, 조직에 대한 헌신성 등의 상실)도 점차 극복할 수 있다. 그리고 해외 공장 이전 등 고용문제에도 노동이 적극 개입할 통로를 마련하게 된다.

공동 결정제가 더욱 발전하면, 유연한 다기능 기술자들이 작업현장에 참여하고 기업의 최고의사결정에 참여하게 된다. 그리고 기업이윤에 대한 청구권(이익균점권)을 행사해서 소득 분배도 더욱 개선된다. 바로 이게 사회 국가가 지향하는 노사관계다.

그럼 현행 법체계에서 어떤 방식으로 공동 결정제를 도입할 수 있을 것인가? 주주총회가 전적인 선출 권한을 행사하는 이사회에 추가로 노동 측이 선출하는 이사를 포함시키면 된다. 또한 주주총회가 역시 전적인 선출 권한을 행사하는 감사(또는 감사위원회 위원) 가운데에도 노동 측이 선출한 감사(또는 감사위원회 위원)를 포함시키면 된다. 그럼, 현행 주식회사제도 안에서도 공동 결정 제도의 취지를 제도로 실현하는 게 가능하다.

기존의 상법과 증권거래법은 주주총회(자본)에 의한 이사와 감사(감사위원) 선출 방법만을 규정하고 있다. 따라서 노동 이사·감사의 독자적인 선출 방법은 특별법(노사 공동 결정 제도 도입에 관한 법률)으로 정해야 할 것이다.

노사 공동 결정제는 독일 등 선진 유럽에서 흔히 찾아볼 수 있는 보편적 제도다. 독일의 기업 이사회는 경영이사회와 감독이사회로 나뉘는데, 그 중 감독이사회에 노동이사가 참여한다. 노동이사가 동의하지 않고서는 노동 측에 불리한 결정을 내릴 수가 없다. 감독이사회가 노사 공동 결정 구조의 주축 역할을 하고 있는 것이다.

이런 이원화된 이사회 구조에는 많은 장점이 있다. 경영을 책임지는 이사회와 이를 임면하고 감시하는 감독이사회가 따로 존재하기 때문에 경영진의 일탈을 감시할 수 있다. 그리고 감독이사회는 단순한 감시 역할을 넘어서 다양한 이해관계자들의 이해를 조정하는 네트워크 역할도 한다. 감독이사회는 주주·노동자·채권단 등 이해관계자로 구성된다. 이렇게 구성된 감

표 12 | 공동 결정제 실시 기업과 노동 파견 이사 및 감사의 수

단위 : 명

종업원 규모	노동이사 정원	노동감사 정원	비고
300 이상 1,000 미만	1	1	
1,000 이상 5,000 미만	전체 이사 정수의 3분의 1	1	
5,000 이상	전체 이사 정수의 2분의 1	1	이사회 의장은 노사협의로 지정

독이사회는 구성 원리상 소수 지배주주의 비합리적 투자와 고용 관행을 저지할 수 있다는 장점이 있다. 또한 기업의 투자와 고용이 노동과 자본 측뿐만 아니라 국민경제 전체에 기여하도록 이끌 수 있다는 장점도 있다.

현재 한국은 단일 이사회제다. 따라서 독일과는 많이 다르다. 그러나 기업 규모별로 단계적으로 접근한다면, 한국에서도 이사회를 통해 노사 공동 결정 구조를 만드는 게 어렵지만은 않을 것이다. 3백 명 이상 대기업 사업장에선 예외 없이 노동(파견)이사를 두게 하고, 특히 5천 명 이상 초대형 사업장을 보유한 글로벌 기업에선 전체 이사 수의 50퍼센트를 노동이사로 두게 하는 것이다(〈표 12〉 참조).

이 대목에서 이런 우려의 목소리가 나올 수 있다. '과연 노동자들이 기업을 경영할 수 있을까?' 아주 현실적인 문제다. 그 해법은 여러 가지가 있을 것이다. 우선 노동자들이 '지식화'된 상태라면 공동 결정제의 실질적 작동이 충분히 가능할 것이다. 이에 더해 수시로 외부 전문가의 조력을 받을 수도 있다.

비록 이 정도로까지 노동의 역량이 성숙되지 않은 단계라 할지라도, 우회적 방안을 통해 공동 결정제의 첫 단추를 꿸 수 있다. 노동이 진보적 지식인(단체)에게 자신의 권리를 위임하고 이를 감시·통제할 수 있는 수단을 갖추는 것이다(일종의 주인-대리인 체제). 어차피 노동이사도 전체 노동자들의 통제(연임투표, 소환제 등)를 받아야 한다. 따라서 대리인 체제라도 노동자들

의 아래로부터의 통제 메커니즘만 작동한다면, 충분히 공동 결정(경영)의 성격을 띨 수 있다.

아무튼 이렇게 공동 결정제가 뿌리를 내리기 시작하면, 대기업(집단)은 사회 국가의 민주적 통제 아래 놓이게 되고, 따라서 국민의 이해와 충돌하지 않는 범위 안에서 영리를 추구하게 될 것이다. 공동체의 전체 이익에 부합하는 기업조직으로 거듭나는 것이다.

사회협약, 필수인가 선택인가

지금 우리는 재벌과 관련하여 민감한 정치적 선택에 직면해 있다. 흔히 '사회적 대타협'으로 일컬어지는 '사회협약'의 문제가 그것이다. 과연 사회협약은 경제발전에 필수적인가? 아니면 각 나라의 조건에 따라 다른가? 이 물음에 대한 답을 준비해야 한다.

외국의 사례를 보면 사회협약이 무슨 필수 사항 같지는 않다. 사회협약 없이도 지속 가능 성장과 거시경제 안정을 누리는 유럽 선진국들(프랑스, 이탈리아 등)이 다수 존재한다.

반면, 사회협약을 체결한 북유럽 사민주의 국가들은 인구 규모가 적고(500만~1,500만 명 사이), 지리 및 천연자원 조건이 좋지 않다. 또한 산업 편제가 비교적 단순하여 노동과 자본의 정상조직(노총과 경총) 간 대화(중앙-산별)가 쉽다. 이에 더해 정치적으로 강력한 노동자정당이 폭넓은 지지를 받고 있다. 이들 나라에서 사회협약은 과거 소련의 사회주의 혁명에 대한 대응이라는 역사적 성격도 지녔다.

그런데 우리의 경우는 어떤가? 역사적으로 타협의 경험이 전혀 없다. 특히 국가와 자본의 노동 배제 정책 때문에 재벌은 타협의 동기를 전혀 갖고 있지 않다. 또한 재벌은 막강한 정치경제 권력을 갖고 있는 데 반해, 노동은 낮은 조직률(10퍼센트대)과 약한 협상력으로 고통받고 있다. 더구나 민주노동당의 힘도 아직은 그렇게 강하지 못하다. 약한 진보정당은 대타협의 리더십을 발휘할 수 없다. 타협의 정치사회적 조건이 전혀 성숙돼 있지 못한 것이다.

사회협약이 필요하다고 해서 그것이 무작정 가능한 게 아니다. 세력 간 균형이 갖춰져서 각 세력이 대타협의 필요성을 충분히 인정한 뒤에야 사회협약은 실현될 수 있다. 이를 무시한다면, 오히려 역효과만을 내고 불공정 협상 때문에 갈등의 골만 더 깊어질 것이다.

만약 지금 사회협약이 절실히 필요하다고 국민들이 느끼고 있다면, 일단 노동과 자본 간에 '힘의 균형'이 이뤄져야 한다. 노동에겐 비정규직을 포함한 조직력과 응집력이 관건이며 주요 전제조건이다. 다른 전제조건으로 자본의 노조 인정(파트너로서의 인정)과 경영 참가의 제도화, 시민단체의 대對재벌 압박 등이 필요하다. 여기에 진보정당의 정치 리더십이 더해진다면, 그 실현이 더욱 가속화될 것이다.

이러한 전제조건들이 성숙되는 상황이 온다면, 무엇이 의제가 되어야 하는가? 노동은 '경제민주주의'(투자-고용-공장 이전 등 핵심 경영사안의 공동 결정, 이윤배분 참여, 불법 하도급 통제 등)를 요구해야 한다. 자본은 아마도 그 교환조건으로 글로벌 경쟁력에 유리한 '유연한 고용-임금 조정권, 생산성 강화, 산업평화'를 요구할 가능성이 높다.

그러나 위에 제시한 전제조건들은 지금 당장 실현될 수 없는 것들이다. 따라서 일단 당분간은 노사대립 구도가 그대로 지속될 수밖에 없으리라 전망된다. 이런 상황에서는 '실현 불가능한' 사회협약을 주문처럼 되뇔 게 아니라 그 전제조건들을 하루빨리 실현하기 위해 노력하는 게 더 바람직하다.

장하준의 '사회대타협론', 무엇이 문제인가?

첫째, 장하준(케임브리지 대학 교수, 경제학)은 "사회대타협의 주체가 재벌-국민"이라고 주장한다. 전통적인 북유럽식 타협모델은 그 당사자가 재벌(대자본)과 노동(전국노조)임을 간과하고 있고, 따라서 한국에서 노동의 역할을 무시하고 있다. 이러한 주장에는 다음과 같은 물음을 던질 수밖에 없다. 계급 주체가 아닌 국민이라는 추상적 개념이 어떻게 실체 있는 협약에 서명을 한단 말인가? 그것의 규정력은 어떻게 조직하고 통제할 수 있나?

사실 북유럽 사회대타협의 기저에는 강한 조직노동이 있었으며, 이를 지지하는 노동자정당이 있었다. 이것은 거래의 조건이 아닌 전제조건이며 협약 형성의 사회적 배경이기도 하다. 장하준은 이러한 진실을 지워버리면서 국민과 재벌 사이의 타협이라는 불가능한 게임 방식을 주장하고 있다. 이것은 사회대타협이 갖는 진보적 성격을 훼손하는 것일 뿐만 아니라 그것을 결코 실현될 수 없는 게임 틀에 가두고 마는 오류다.

둘째, 장하준은 사회대타협의 내용이 "재벌들의 경영권을 안정시켜 주고 투자, 고용, 노사관계, 복지국가를 요구하는 것"이 되리라고 예언한다. 순진하게만 느껴지는 이러한 주장에 이런 질문을 던져 본다. '재벌이 왜 사회협약에 나서겠나?'

장하준의 결정적 문제점은 재벌을 끄는 유인(incentive)이 없다는 것이다. 현재도 재벌은 4~9퍼센트 수준의 관련 지분(총수지분은 1% 미만)으로 40%대의 투표권을 갖고 있으며, 이를 토대로 그룹의 경영을 독단적으로 처리하고 있다. 그런 한국의 재벌이 왜 약한 노동과 실체 없는 국민을 대상으로 대타협을 하려 하겠는가? "재벌들은 우리 사회에 뿌리가 있고 국민들에게 역사적 빚을 지고 있기에 우리 사회의 다른 세력들과 '타협'을 할 동기가 더 강하고 그러한 압력에도 더 약하기 때문"이라는 장하준의 지적은 전적으로 오해이며, 대자본을 국민자본이라고 규정하는 전제의 오류일 뿐, 사실도 아니며 가능성도 낮다.

셋째, 장하준은 핀란드 등 북유럽과 비교하면서 선진국도 재벌에 의한 사업 다각화를 한다고 주장한다. 이것은 재벌이라는 개념의 과도한 일반화를 통해 각국 자본 간의 차이점과 특수성을 애써 무시하는 일반화의 오류일 뿐이다.

한국의 재벌체제는 북유럽 재벌체제와는 전혀 다르다. 무엇보다도 지배구조와 정치사회적 환경이 그렇다. 낮은 지분, 순환 출자, 탈법 상속, 형식적 이사회, 노조 불인정 또는 탄압 등.

그리고 선단식 경영(사업다각화)이 선진 경제 체제에 반드시 적합한가에 대해선 논쟁의 여지가 있다. 독점화의 가능성이 매우 높기 때문이다. 따라서 첨단산업부터 소매유통업까지 장악하는 것이 재벌체제의 장점이라는 데 대해서는 회의적이다. '재벌 개혁 후' 선단식 경영을 해체하고 전문기업군(과도기적으로 규제된 지주회사 체제)으로 재편하는 게 국민경제의 지속 발전에 더욱 바람직하다(장하준, 「민주화 20년, 경제민주주의 그리고 사회적 대타협」, 『프레시안』, 2007년 8월 22일자 참고).

4. 진보적 혁신경제의 요체, 노동의 지식화

지식경제에서 어떻게 자본의 우위를 극복하고 노동과 시민의 통제력을 확보할 수 있을 것인가? 이것이 21세기의 중요한 과제로 떠오르고 있다. 이 현실적인 문제를 외면한다면, 사회 국가의 비전도 균형감각과 정치적 헤게모니를 확보할 수 없다. 따라서 반대anti를 위한 고립된 진보가 아니라 국가를 운영하려는 대안적 진보라면 미래의 경쟁과 위험에 대처할 방안을 갖추어야 한다.

지식노동이란 단순히 화이트칼라만을 의미하는 것이 아니다. 노동의 지식화로 생산 통제를 강화하고 노동의 소외와 배제를 극복하려는 대안적 기획으로 보아야 한다. 작업장에서 나타나는 지식정보화 추세는 구상構想노동과 실행實行노동의 '분리'라는 자본의 기획에 맞서는 방향으로 이루어져야 한다. 이러한 맥락에서, 교육훈련을 강화하고 평생교육의 기회를 보장해야 한다는 점을 강조해야 한다.

구조조정, 회피할 것인가 대안을 제시할 것인가?

문제는 자본 측에서도 생산성 제고를 위해 이런 주장들을 한다는 것이다. 따라서 진보적 입장에서 이에 맞설 수단을 확보하는 게 관건이다. 제도적인 측면에서 보자면 우선 지식화된 노동의 민주적 경영 참가가 필요하다. 아울러 노동이 혁신 과정에서 주도권을 잡고, 이를 통해 다수 대중의 신뢰를 받는 노동(운동)이 되어야 한다.

그렇지 않고 지식, 정보, 혁신을 도외시한 채 단기 이익만을 추구한다면 지속성 측면에서 전혀 인정을 받지 못하게 될 것이다. 계속 고립된 소수로서 제한된 역할에 머물고 마는 것이다. 이제 노동도 생산성 향상에 대한 거부감을 떨쳐 내고 혁신 주도권의 경쟁 세력으로 진입해야 한다. 그래야 노동이 주창하는 사회 개혁도 그 정당성을 인정받을 수 있다.

생산성 경쟁에서 실패한 기업은 정리되고 새로운 기업이 시장에 등장한다. 이것이 구조조정이고, 사람들은 이것을 시장 경제의 자연스러운 과정으로 받아들인다. 그러나 현실세계에서는 구조조정도 자본의 운동 방식에서 파생된 자본 및 국가의 기획의 산물이다. 지속적으로 이윤을 확보하려면 새로운 이윤 발생처가 필요하게 되고, 이를 위해서 구조조정이란 이름 아래 한계 기업과 한계 노동을 방출해 내는 것이다. 즉, 경제학에서 말하는 청산clearing이란 현실 세계에서는 자연적 퇴출이 아닌 강제적 과정이다. 노무현 정부의 한미 FTA 강행도 바로 이러한 기획의 일환이다.

한국 경제가 직면한 위기는 자본만의 문제는 아니다. 그 피해는 노동과 한계 부문의 대중에게 고스란히 돌아간다. 따라서 진보적 차원에서 '구조 전환'의 대안이 필요하다. 다른 무엇보다도 비정규직과 영세 자영업자가 1,500만 명에 이른다는 사실이 사태의 심각성을 웅변하고 있지 않은가? 지금 국가와 자본의 기획은 한미 FTA를 통해 한국 사회를 통째로 구조조정하겠다는 것이다. 그럼 우리는 어떠한 대안으로 이에 맞설 것인가?

자본가들은 산업구조조정의 방식으로 다운사이징downsizing: 규모 삭감이나 아웃소싱outsourcing: 외주을 선호한다. 이러한 방식들은 모두, 산업예비군(실업 인구)을 양산하고 만다. 그러나 현재 한국의 복지 체제는 이를 수용할 준비가 되어 있지 않다. 거대한 산업예비군 부대를 수용해서 교육하고 생활 보조금을 지급하며 새로운 직업으로 이전하도록 돕는 시스템이 없다. 이런 상태에서 구조조정은 결국 과잉 업종에서의 무한경쟁 아니면 자살 일보 직전의 한계적 삶을 낳을 뿐이다.

국가 혁신 체제는 진보적일 수 있는가?

사회 국가는 이런 방식의 구조조정이 아니라 생산성-임금 '동반' 상승을 기획하고 이를 통해 한계 기업의 '산업 전환'을 준비한다. 전자는 곧 국가의 과학기술 지원체계를 강화하고 그 예산을 획기적으로 증액하며 미래의 지식노동을 준비하는 것이다. 산학연 클러스터cluster와 이를 주도하는 지역개발기구RDA: Regional Development Agency도 이러한 기획의 일부가 될 수 있다.

후자, 즉 한계 기업의 전환은 사전에 준비된 국가 기술의 민간 이전transfer과 상용화를 통해 중·소 규모 기업 창출을 적극 지원하자는 것이다. 그리고 국가가 복지 서비스 일자리를 창출하여 잉여 인력의 상당수를 직접 수용하자는 것이다. 그러자면 물론 적극적 고용정책도 함께 병행해야 한다. 즉, 민간 일자리와 정부 일자리, 그리고 예비 인력의 교육훈련 지원 사업을 동시에 추진해서 혁신 경제 체제와 안정된 국가 고용 체계를 함께 정착시켜야 한다.

물론 시장 체제에서 한계 기업은 퇴출되는 게 원칙이다. 그래야 체제가 경쟁 지속성을 갖는다. 그리고 시장에서 자연스럽게 새로운 중소-벤처기업이 등장해야 한다. 허나 이것은 공정거래를 전제로 했을 때의 이야기다.

현재와 같은 재벌독점체제에서는 왜곡된 형태의 구조조정이 일어나 '역선택'adverse selection을 초래할 가능성이 높다. 불법 하도급과 같은 수요독점적인 재벌 기업의 불공정거래를 제거하지 않는다면, 한계 기업 퇴출만을 주장해서는 '패자의 동의'를 얻을 수 없을 것이다. 결국 재벌체제의 개혁이 선행되어야만 하는 것이다.

궁극적으로 국가가 산업정책을 복원해야 한다. 그래서 전략산업을 정하고 정부와 기업, 대학 및 연구기관의 전략적인 장기 투자를 추진해야 한다. 즉, 노동과 시민사회가 주도적으로 관리하는 국가 혁신 체제의 정교한 설계 (국가 산업전략 + 국가 R&D + 인력 양성 + 지역/중소기업 지원)를 동반해야만, 경

문국현 솔루션, 기업 경영 전략인가 국가 운영 방안인가?

첫째, '일자리 500만 개 창출'이라는 문국현의 장밋빛 비전은 현실 적합성이 떨어진다. "성장률 8퍼센트와 일자리 500만 개"라는 의지만 있을 뿐 실현 가능한 방법을 함께 제시하지 않는다. 지식, 관광 등 서비스 일자리 350만 개의 대량 창출도 도대체 어떤 경로를 통해 실현하겠다는 것인지 구체적 비전이 없으며, 나아가 서비스와 제조업 간 연계성에 대한 인식도 없다.

물론 근무시간 단축을 통한 일자리 나누기(200만 개의 일자리 창출)는 바람직한 방향이다. 그러나 국민경제의 운용은 기업 경영과는 다르다. 반드시 이해 갈등의 조정 방식을 포함하고 있어야 한다. 이런 점에서 보면, 문국현 솔루션에는 '어떻게 기업 내의 자본과 노동의 이해와 주장을 조화롭게 조정하면서 노동시간 단축과 일자리 나누기를 무리 없이 관철시킬 것인가?'에 대한 로드맵과 조정안이 없다. 이게 없다면, 아무리 좋은 이야기를 해도, 그저 선량하고 예쁜 그림에 불과하다. 정치는 단지 선의로 하는 게 아니다. 구체적 경로를 제시하고 계급 간 대립을 조정할 수 있는 리더십이야말로 정치의 요체다.

둘째, 한국에서 재벌체제를 개혁하지 않고 모든 기업을 유한킴벌리로 만들 수는 없다. 한국의 노동자들이 자본에 적대적이고 단기 이익(정규직 위주의 임금 인상)에 매진할 수밖에 없었던 데는 다 이유가 있다. 1997년 IMF 구제금융 이후 자본이 재무적 경영으로 전환하고 주주 중심의 경영을 통해 이윤 뽑아 먹기(주주 배당 강화, 과도한 스톡옵션, 자사주 소각으로 지분을 강화하고 주가 올리기 등)로 일관했기 때문에 이에 맞서야 했던 것이다. 따라서 재벌 대기업의 적대적 노사관계를 단기간에 유한킴벌리처럼 협조적 노사관계로 전환하자면 재벌체제 개혁의 구상이 있어야 한다.

한데 문국현 솔루션에는 이것이 빠져 있다. 물론 "사회적 대타협하는 법을 만들고, 시민사회의 훌륭한 분들이 힘을 합해서 지도자들이 신뢰의 상징이 되도록 노력하면 노사분규는 사라진다"(79-80쪽)고 주장하지만 사회대타협이 법 제정으로 이뤄질 수 있다고 보는 시각은 한국의 적대적 노사 대립 관계를 애써 외면하는 것에 불과하다. 모든 경영자가 '착한' 경영자가 될지도 의문이지만 다운사이징, 글로벌 아웃소싱, 비정규직 고용, 하청기업 단가 인하 등을 추진하는 장본인인 '지배 주주'들(또는 다수 주주)을 어떻게 설득하겠다는 것인지 아리송하기만 할 따름이다.

셋째, 기업 중심인인 문국현 솔루션은 국가 운영에 적용하기 어렵다. 문국현 솔루션에는 국가 전체의 솔루션이 없다. 기업 경영과 국가 운영은 틀 자체가 다르다. 기업 경영은 수익 추구라는 효율성 원리 아래에서 이뤄지지만, 국가 운영은 이해 갈등의 조정이라는 안정성 원리 아래에서 이뤄진다. 이 과제를 해결하겠다는 국가 비전(지도자 원리)이 없다면, 이명박이든 문국현이든 대중의 눈에는 똑같은 CEO 출신 정치인에 불과하다.

실업부조(북유럽 일부 나라에선 기존 연봉의 80퍼센트까지 2~4년간 생활 보조)와 같은 생계 지원 방식과 평생교육을 결합하려면, 엄청난 재원이 필요하다. 이것은 일회적인 재정지출 조정만으로 될 일이 아니다. 대다수 선진 유럽에서 하는 것처럼 사회 연대적인 방식으로 조세 부담을 늘려야 한다. 그런데 문국현에게는 이에 대한 아무런 비전도, 대안도 없다.

이것이 없는 문국현에게는 기업 경영은 있어도 국가 운영은 없다고 볼 수밖에 없다. 중소기업 중심의 경제를 만들겠다고는 한다. 하지만 그것을 실현하기 위해 필요한 실업 대책, 보편적 복지정책, 증세를 통한 지속적인 재원 확보 방안이 없다. 따라서 우리는 문국현 솔루션이 '기업' 솔루션의 한계를 넘어서지 못한다고 평가하지 않을 수 없다.

쟁력 있는 사회 국가가 탄생할 수 있다.

특히 대학의 역할이 중요하다. 이것은 프랑스(국립과학연구센터CNRS)의 사례를 보면 쉽게 알 수 있다. 프랑스에서는 국가가 혁신의 재원을 지원하고 연구원을 공무원으로 채용하여 각 대학에 배치한다. 그래서 대학과의 공동 기초연구가 장기적으로 안정되게 운영된다. 프랑스는 그 연구 성과들을 상업화해서 우주항공, 생명공학, 첨단수송기계(TGV가 대표적) 등 첨단산업의 강국으로 부상했다.

연구 개발 능력을 공공화해서 사회발전의 동력으로 활용하고 국가 고용도 늘리는 이러한 지혜는 우리에게 타산지석의 모범이 된다. 진보 세력으로서는 거부할 하등의 이유가 없다. 시장과 기업이 외면하는 능력을 공공부문이 기획한다는 것이고, 이를 통해서 고용 창출의 효과까지 본다는 것이니까 말이다.

한편 장기적인 대안 산업전략이 필요하다는 목소리도 분분하다. 이념의 좌우를 떠나 경쟁적으로 여러 가지 제안들이 나오고 있다. 한 가지 분명한 것은 중화학공업을 넘어서 또 다른 특화된 산업을 개발하는 미래산업 정책이 있어야 한다는 점이다.

진보적인 방향에서 미래산업 정책을 추진하자면 역시 국가가 주도적인 역할을 해야 한다. 그래야 고용 '있는' 성장을 실현할 수 있다. 신용보증기금과 기술신용보증기금 등 일부 제한된 금융 지원에 그치는 소극적인 전략에서 탈피해서 정부가 미래산업을 적극 육성하고 그 고용을 관리해야 한다. 미래산업을 통한 일자리 창출과 공공복지 서비스 확대를 통한 일자리 창출을 함께 병행해야만, 두 정책 모두 지지와 동의를 얻을 수 있다.

우리의 전략은 산업 고용의 선략적 방향과 지원 방법을 강하게 규정해서 그 틀 안에서 자본과 국가가 경쟁하게 하자는 것이다. 국가와 자본이 고용 주도권을 공동으로 형성해 나가게 만들자는 것이다.

미래산업의 전반적 방향은 친환경적이어야 하고, 지구 온난화에 대한 적극적 대처 방안을 포함해야 한다. 이 측면이 사라지면 자본의 이윤 추구형 에너지산업과 차이가 없게 된다. 지구 온난화('기후 변화'라는 말은 미국 보수파에서 만든 중립적 언어다)에 적극 대처하는 한편 그 과정에서 관련 산업을 육성·발전시켜야 한다.

국가가 미래산업 개척을 위해 R&D에 적극 개입하고 조정하는 과정에서 연구 개발 과정의 장기적 혁신과 정부 직접 고용의 확대도 함께 도모할 수 있다. 특히 새로운 업종의 중소기업 비즈니스 모델을 정착시키고, 고용-훈련-금융 지원 등 정부의 전 방위적인 지원 육성책을 마련해야 한다. 이러한 과업을 수행하기 위해서 산업자원부는 중소기업부로 재편하는 게 바람직하다(이 책의 7장 참고).

5. 전략적 개방 경제와 통상민주주의

한미 FTA가 개방 문제의 핵으로 떠오른 것은 이것이 단순한 통상 협정이 아니기 때문이다. 한미 FTA는 경제성장뿐만 아니라 구조조정과 사회 관행 변화까지 포함하는 사회구조의 총체적 변화를 지향한다. 그럼 개방에 대한 진보적 대안은 무엇이고, 지금 우리는 무엇을 준비해야 하는가?

노무현 정권의 '개방 대 쇄국' 논리는 유치하기 이를 데 없다. 하지만 대중들 사이에 널리 유포되어 있고 일정한 지지도 받고 있다. 어느 누구도 한국이 통상국가라는 현실을 부정하지는 못한다. 박정희의 공과에 대한 평가를 떠나서 한국인이면 누구나 수출이 줄어들어 국제수지 적자가 늘어나면 나의 소득과는 무관하게 불안감을 느끼곤 한다.

이 같은 현상에는 진보 세력의 책임도 있다. 이슈를 재생산하는 '틀거리', 즉 프레임이 진보 세력에게 불리하게 설계되어 있는데도 이것을 타파하지 못하고 있기 때문이다. '진보=개방이고 반대=쇄국'의 논리는 어느 정도는 우리 스스로 만들어 낸 것이기도 하다.

'개방 대 쇄국' 논란에서 '무차별 개방 대 전략적 개방' 구도로

이런 식의 구도는 이제 '전략에 입각한 개방이냐 아니냐로 바뀌어야 한다. 무차별한 개방을 통한 구조조정은 위에서 살펴본 것처럼, 실업예비군의 대량생산과 유치산업infantry industry의 실패로 이어질 가능성이 높다. 따라서 전략적 준비와 국가적 지원이 마련되어야 한다.

더욱 중요하게는 국민국가 안에서 '개방 로드맵'에 대한 국민적 동의가 필수 불가결하다. 개방은 산업구조뿐만 아니라 공공재의 침해, 사회 제도의 왜곡, 국가 기능(입법, 사법, 행정)의 축소 등 사회 전반에 심대하고 지속적인 영향을 미치기 때문이다. 사회 국가의 개방 전략은 당연히 민주주의의 원칙 아래에서 국민의 동의를 얻어 형성되어야 한다.

나아가 세계 선진 체제가 경험한 세계화의 경험들을 자기 것으로 흡수해야 한다. 그런 의미에서 서유럽 복지국가들이 세계화에 어떻게 대응하고 있는지에 대한 개방적인 모델 학습이 필요하다.

세계화의 여파를 우리만 겪는 것은 아니다. 복지국가의 모범처럼 여겨지는 스웨덴은 1970~80년대 복지 체제와 세계화의 부조응으로 인해 경제위기를 겪은 바 있다. 스웨덴은 전형적인 수출 중심 개방국가 체제로서 우리와 같이 소수 대기업 집단이 고용 및 생산의 결정권을 좌지우지하고 있었다. 물론 스웨덴의 발렌베리 재벌은 삼성 이건희 재벌과는 다르게 계열사(지주회사의 자회사)의 독립 경영에 간섭하지 않는다. 또한 높은 소득세 등 사회적 책임을 이행하고 있기 때문에 국민들로부터 어느 정도 신뢰를 받기도 한다.

그러나 세계화 이후 스웨덴도 자본 이동의 증가와 경쟁력 약화에 직면하지 않을 수 없었다. 당시 스웨덴 정부는 여전히 보편적 복지정책과 완전고용을 상수로 두는 강한 사민주의 기조를 유지하고 있었다. 그러면서도 정부지출 증대를 통한 경기부양 정책, 수출지향적 평가절하 정책, 높은 세율과 보조금 지원 정책에 의존한 탓에 정책 효율성에 제약을 받았다. 결국 정부 부채가 증가했고 이것은 금융 위기로 이어졌다. 이를 두고 경제학자들은 스웨덴이 산업구조 전환 없이 수출 편향적 전략에만 의존한 탓이라고 평가한다.

한편, 크로네 화貨의 평가질하를 통한 경기 부양, 민간 금융기관의 여신 공급 규제 해제 등으로 인해 은행 여신의 상당 부분이 부동산 부문으로 흘러갔다. 그런데 1990년 하반기부터 불황이 본격화하면서 이것이 회수 불능 상태에 빠졌다. 스웨덴 정부가 추진한 금융 자유화 및 신용-외환시장의 규제 완화로 생산적 투자에 대한 신용 할당 및 통제도 점점 더 어려워졌다. 자유화와 세계화의 급류에 휩쓸리기 시작한 것이다.

물론 스웨덴 등 북유럽의 복지체제는 정권교체의 영향을 덜 받는다. 제도의 경로의존성path dependency 탓에 '일거에 뒤집을 수 없는' 체제인 것이다. 반면 금융정책은 친개방 쪽으로 급선회했다. 재정 압박을 금융체제 개방으로 돌파하려 했다. 스웨덴은 그 전부터도 개방도가 높은 나라였다. 그런데 여기에 금융개혁이 추가되어 개방의 정도가 더욱 높아지자 재정 구조까지도 영향을 받지 않을 수 없었다. 만약 경제구조가 지속 가능한 혁신적 체제로 재편되었더라면 재정 축소 없이도 기존 사회체제는 유지될 수 있었을 것이다.

이처럼 규제 완화를 적절한 속도로 통제하지 못한다면, 스웨덴과 비교도 안 될 정도로 취약한 한국의 복지-재정 구조는 일거에 무너질 수 있다. '취약한' 사회복지체제는 거시·금융 경제의 실패에 큰 영향을 받기 때문에 거시·금융 체제의 안정성을 지속적으로 관리하는 것이 중요하다. 그러나 더욱 중요한 것은 글로벌 개방경제 아래에서는 과감한 경제의 혁신을 통해 적시에 경쟁력 있는 산업·고용 체제로 '전환'해야만 개방의 '방향 조절'과 '속도 조절'이 가능하다는 교훈일 것이다.

통상 전략의 민주화가 관건이다

한국 경제의 구조상 개방 경제는 불가피하다. 그러나 개방은 수단이지 목적이 될 수 없다. 이것이 전도되면 유시민 전 보건복지부 장관과 같은 숙명적 개방주의, 즉 21세기 글로벌 박정희주의에 빠져 들고 만다. 더구나 소수 엘리트가 개방 전략의 결정권을 독점하면, 다수 서민의 이해를 반영하지 않아 개방의 피해는 더욱 극심해진다. 그 결과 사회 갈등은 유례없이 고조된다.

따라서 현 단계에서는 통상 전략의 민주화가 관건이다. 새로운 무역개방 체제를 졸속으로 제안하는 것보다는 현재 진행되는 무역체제에 지혜롭게

유시민의 '선진통상국가론' : 통상독재의 협박

첫째, 유시민이 개방을 주장하는 근거는 합리적이라기보다는 '운명적'이다. 박정희의 수출정책 이후 한국에서 무차별적 개방은 이미 대세라면서, "피할 수 없으면 즐기라"는 체념 상태를 권고한다.

그는 "노동, 금융, 경쟁 분야에서 글로벌 스탠더드를 갖추고 적극적 해외투자와 외국인투자 유치를 통해 글로벌 네트워크를 구축한 국가"를 꿈꾸며 "세계의 선진국들이 믿고 거래하고 투자할 수 있는 나라, 주요 산업분야에서 지구촌을 무대로 한 경쟁에서 승리할 수 있는 실력을 가진 나라"(41쪽)를 희망한다. 글로벌 스탠더드가 무엇인지에 대한 합의가 불투명한 것은 제쳐두더라도, 그는 우리 사회가 이미 그가 바라는 영미식 구조로 전환되고 있음을 애써 무시하고 있다. 이미 한국의 비정규직이 OECD 평균의 두 배로, 노동유연성이 매우 높다는 사실은 애써 외면한다.

외자 유치도 선진국의 척도가 될 수는 없다. 이런 식이라면 중국이 세계 최강국이라는 이야기가 된다. 기업 경쟁력을 갖춰야 한다는 데 동의하지만, 그 전제 조건이 무차별적 개방이라는 주장은 아무런 설득력도 인과관계도 없다. 유시민은 '미-일' FTA가 없는 상태에서 도요타 자동차가 어떻게 미국 시장과 세계 시장을 재패했는지에 대해 답을 할 수 없다.

둘째, 유시민이 주장하는 '선진통상국가'와 '사회투자국가'는 양극화·빈곤화를 저지하지 못한다. 유시민은 선진통상국가에서 양극화 경향을 저지하지 못함을 잘 알고 있다. 그래서 그가 제시하는 게 사회투자국가다. 아동이나 여성에 대한 교육, 자산 형성 지원을 통해 미래의 숙련노동자를 양성하겠다는 것이다.

그러나 유시민은 사회투자정책의 확대를 위한 증세 방안에 대해서는 이야기하지 않는다. 예산이 제약된 상태에서 사회투자정책의 재원을 마련하겠다는 것은 결국 보편적 복지에 쓸 예산을 줄이는 결과로 나타날 수밖에 없다. 보편적 복지의 축소는 사회투자의 효과마저 감소시킬 것이다. 가난한 부모 밑에서 자란 아이들에게 교육의 기회를 제공하는 것만이 능사는 아니다. 따라서 사회투자정책만의 일방적 강조는 양극화·빈곤화에 맞서는 대응책으로 부적합하다.

셋째, 유시민식 개방과 민주주의는 양립 불가능하다. 유시민의 선진통상국가는 단순한 수출 전략이 아니다. 제도까지 미국식으로 바꾸자는 것이다. 이러한 졸속 개방의 밑바탕에는 관료주의의 과두적 결정에 기댄 대통령과 정권 실세들의 무원칙한 태도가 도사리고 있다.

유시민은 물론 "이것은 노무현 대통령의 선택이자 참여정부의 선택"이라며 "이것이 국민의 선택이 되려면 국민대표 기관인 국회의 비준 동의를 받아야" 한다고 이제야 절차적 타당성을 제시한다. 그러나 "FTA를 반대하는 진보 세력이 좋든 싫든 대한민국 앞에 놓인 길이 하나뿐임을 인정하고, 비판할 것은 비판하되 큰 틀에서는 이와 같은 국가발전전략을 수용하고 협력하는 결단을 내려 주"(42쪽)기를 바라면서, 끝내 민주주의의 원리보다는 지도자의 선택을 강조하는 군주제적 실체를 보이고 만다.

'발전 전략을 토의하고 협의하고 결정하는' 민주주의의 제1원리는 개발주의 앞에서 온데간데없이 사라지고 만다. 유시민이 사회자유주의 수준의 개혁적 입장조차 포기하고 시장만능의 경제적 신자유주의로 돌아섰음을 여실히 보여주는 대목이다(유시민, 『대한민국개조론』, 돌베개, 2007 참고).

대응하는 것이 바람직하다. 미국식 FTA 체제처럼 사회 공공성(교육, 의료가 대표적)을 해치는 개방과 상업화는 사회의 기초를 무너뜨리므로 전혀 고려의 대상이 될 수 없다.

대안으로 흔히 다자간 무역협정을 호혜적으로 추진하자는 주장을 제출하지만, 그것의 형태가 WTO 체제와 어떻게 다를 것인지 구체적으로 설명해야 한다. 만약 새로운 제도의 설계가 불가능하다면, 지금의 제도(WTO 체제와 같은)를 실리적으로 활용하는 게 더 합리적인 선택이다. 이것마저 부정할 수는 없다. '반대를 위한 반대'만을 지속한다면, 대외 경제 전략은 공백으로 남게 된다.

한편 진보 진영 내에서도 동아시아 또는 동북아시아 차원의 경제블록(경제협력체)을 건설하자는 제안이 나오고 있다. 그러나 결론부터 말하면, 이러한 주장은 지금 단계에서는 비현실적이다.

그 이유는 첫째, 지역블록을 추진하려면 참가국들이 '상호 배타적이지 않아야' 한다는 전제가 필요하고, 다음으로 '리더십 있는 경제 주축국'이 있어야 한다. 특히 미국의 영향으로부터 자유로운 나라가 있어야 한다. 이것은 일본이 한때 아시아통화기금AMF을 시도했으나 미국의 입김 때문에 무위로 그친 사례를 보면 알 수 있다. 유럽연합처럼 지역경제통합의 주축국(프랑스, 독일)이 '경제 규모와 리더십'을 갖추지 않는 이상 (동)아시아 경제블록은 한낱 꿈에 그치고 말 것이다.

둘째, 만약 진보적인 지역경제블록을 추진한다면, '민주화된 경제 체제' 간의 호혜적 (다자) 협정만이 그 논의 틀이 될 수 있을 것이다. 이런 조건을 갖추지 못한 현 상태에서 무리하게 지역블록을 추진한다면 어떻게 될까? 각 나라가 자국만의 배타적 이익을 주장하기 쉬울 것이다. 상호 불신 상태에서 게임을 하게 되면 최적의 상태보다는 '최적 이하의 상태'에 도달하게 된다는 '죄수의 딜레마'prisoner's dilemma와 같은 상황에 봉착할 수 있다는 것이다.

따라서 지금 가장 먼저 해야 할 일은 이미 개방돼 있는 경제부문을 질서 있게 관리하는 한편 투기 자본을 통제할 기구와 제도를 수립하는 것이다. 산업 전환이 진척돼서 국내 산업과 이해관계자의 수용도가 높아지기 전까지는 추가적인 대외 개방은 금물이다. 다시 한번 강조하지만, 역시 가장 중요한 것은 대외경제협정을 추진할 때에는 통상민주주의를 절대적인 원칙으로 삼아야 한다는 점이다.

6. 모두를 위한 성장은 가능하다 : 사회연대 성장 전략

성장과 분배를 둘러싼 담론 싸움은 이전에도 있었고 앞으로도 그럴 것이다. '닭이 먼저냐 달걀이 먼저냐'에 버금가는 이 입씨름에서 가장 지혜로운 입장은 어느 하나를 선택하는 게 아니라 두 측면 사이의 관계를 새롭게 해석하는 것이다.

성장이 분배를 결정하는 게 아니라 분배가 성장을 결정한다

경제학자들의 연구결과에 따르면 성장은 '분배 중립적'이다. 즉, 성장을 아무리 해 봐야 분배는 그만큼 늘어나지 않는다는 이야기다. 이 사실은 계량적 연구가 아니라 직관에 의존해도 금방 알 수 있다. 성장의 과실이 누구에게 돌아가는지는 흔히 노사 간의 교섭력에 따라 좌우된다. 이것을 보면 분배가 성장만큼 자동적으로 늘어나지 않음을 알 수 있다. 즉, 성장에 따라 떡고물이 '흘러내리는'trickle down 효과는 자동적인 게 아니라 분배 구조와 계급·계층 간 협상력에 따라 결정되는 것이다.

그럼 역으로 분배가 성장에 미치는 효과는 어떠한가? '장기적으로' 성장에 영향을 미친다는 것이 경제학자들의 결론이다. 우리는 교육이 미치는 영향력을 통해 이러한 효과를 쉽게 확인할 수 있다. 요즘 유행하는 '사람' 중심 성장론도 그러한 것이고 '노동' 중심 성장론도 이것과 다르지 않다. 사람이 태어나서 교육받고 일자리를 찾기까지 사회와 정부가 도움을 준다면, 분명 그렇지 않을 때보다 훨씬 더 나은 결과를 가져올 것이다.

우리가 알고 있는 신자유주의 나라들, 예컨대 미국이나 영국도 비록 사회복지는 제한적이지만 교육, 특히 빈곤가정 아이들에 대한 교육 지출은 아시아 국가들보다 훨씬 높다. 이것은 아이들에 대한 투자나 보호가 미흡하면 장기적으로 성장에 좋지 않은 결과를 가져온다는 것을 체득하고 있기 때문이다. 노동의 질 제고라는 경제적 측면에서도 그러하고, 범죄나 사회갈등의 감소라는 사회통합의 측면에서도 그러하다.

따라서 성장 문제는 분배 구조와 같이 논의되어야 하는 것이지 별개의 사안이 아니다. 사회 성원 전체가 합리적으로 토론하고 합의해야 할 문제인 것이다. 결국 정치의 영역이라는 말이다.

따라서 한 사회의 성장 전략과 분배 전략은 한 묶음으로 이해되고 실행되어야 한다. 다만 분배 자체가 갖는 지속성의 한계를 굳이 부정할 필요는 없다. 우리가 '어느 정도까지'의 고용 수준과 복지 재원을 마련하기 위해서는 불가피하게 '일정 정도'의 성장은 해야 한다. 바로 이 점 때문에 미래산업의 비전이 있어야 하는 것이다.

'고도' 성장이 아니라 '바람직한' 성장을 이야기하자

자본주의 경제는 일단 어느 한 추세에 휩쓸리게 되면, 특히 불황기에 접어들면, 그 추락을 쉽게 돌이키기 어렵거니와 즉효약도 없다. 1930년대 미국의 대공황을 구제한 것도 알고 보면 케인스주의적 뉴딜 정책보다는 2차 세계대전을 통한 경기회복이라고들 한다. 최근 사례로는 일본이 10년 동안 장기불황에 허우적거린 경험을 들 수 있다.

우리도 예외는 아닐 것이다. 1997년 IMF 구제금융 이후 기업의 단기 재무경영, 내부유보자금의 증가, 비정규직 중심 고용, 650만 자영업자 간 과잉 경쟁 구조는 한국 경제를 '미라' 경제로 만들어 버렸다. 즉, 구조적 위기에 봉착한 것이다.

최근 10년간 한국 경제에서는 노동과 자본 투입의 역할이 크게 줄어들었다. 생산요소별 잠재성장률(노동과 자본을 모두 투입했을 때 가능한 최대 성장치) 기여도 추이를 보면 그 구조를 알 수 있다. 노동과 자본 대신 총요소생산성(TFP: 노동과 자본 투입 이외 성장 기여 부분. R&D가 대표적이다)의 기여도가 높아지고 있다. 특히 노동의 기여도는 2000년까지 1퍼센트를 상회했으나, 2001년부터는 마이너스 상태를 보이고 있다. 즉, 성장에서 노동과 자본의 역할이 급속히 퇴조하고 그 공백을 지식경제와 연구 개발 효과가 메우고 있는 것이다.

그 근본적인 이유는 노동과 자본의 구조조정이 지속되고 있기 때문이다. 김영삼 정권 이후 지속된 시장 개방도 그 주요한 요인이다. 제조업이 IT업종으로 쏠린 것도 한몫했다. 그 밖에 경제의 서비스화도 진행되고 있고, 대^對중국 투자 급증 등 투자 경향의 변화에 기인한 바도 크다.

저성장 기조는 중소기업의 고용 문제와 자영업자의 문제를 급속도로 드러내고 있다. 이 문제는 고도성장 시기에는 재벌 대기업 위주 성장의 이면에 가려 잘 보이지 않았다. 자영업자가 전체 고용에서 차지하는 비율은 한국이 일본과 영미식 체제에 비해서도 훨씬 높게 나타난다. 한국이 34.0퍼센트(2004년)인 반면, 일본이 15.9퍼센트(2002년), 미국 7.2퍼센트(2002년), 영국 11.3퍼센트(2002년)로 우리의 절반에도 미치지 않는다.

흔히 민생경제의 어려움을 말한다. 그것은 다름 아니라 수출 대기업의 돈이 이러한 불안정-중소기업 노동자와 자영업자의 호주머니로 들어가지 않는다는 것을 뜻한다. 즉, 돈이 '돌고 돌지' 않는다는 말이다.

고도성장에 대한 향수는 이제 추억으로만 남아야 할 때가 되었다. 선진 경제로 접근하면 할수록 높은 성장은 기대하기 어렵다. 더구나 밀어내기식 수출에 의한 성장은 바람직하지도 않다.

자연을 파괴하지 않으면서 현 수준의 잠재 성장 능력에 걸맞은 성장 방식을 개발하는 것이 중요하다(그 이상은 거품 성장). 그리고 미래의 성장 동력인 인간의 잠재력을 키우는 사회 제도가 필요하다(경제정책과 사회정책의 연계). 이런 전제 아래에서, 노동과 자본이 아닌 기술에 의한 성장이 중요해진 현 추세 속에 잉여 인력인 '인간'을 어떻게 배려(배치가 아닌)할 것인가를 논의해야 한다. 이것이 성장에 대한 진보적 관심의 요체다.

진보적 성장 모델 : 노동의 주도성과 교육·복지 개혁이 만나게 하자

진보 세력에게도 개발주의적 성장과는 다른 새로운 성장 모델이 필요하다. 6~8퍼센트 이상(매년!)의 고도성장을 주장하지 않는 이성적인 사람이라면, 당연히 다음과 같이 생각할 것이다. 새로운 성장 모델은 지식노동의 적극적이고 창조적인 역할(기업적 측면), 친환경 미래산업의 발굴과 육성(산업정책적 측면), 일자리의 공공적 창출(사회정책적 측면)을 기초로 삼아야 한다고. 즉, 자본, 노동, 기술 중 가장 기여도가 낮은 노동에 '새로운 역할'을 부여해야 한다. 이것이 '진보적이고 인간적'이라고 불릴 수 있는 핵심 내용이다(그렇다고 해서 기술의 능력을 폄훼하는 것은 아니다. 기술을 물신화하기보다는 기술을 이용할 수 있는 인간을 육성하자는 것이다).

기업가 정신이 희미해진 요즘 같은 세태에는 자본가들에게 과거의 장기적 투자 행태를 기대하기 어렵다(물론 과거엔 개발독재가 이윤을 보장한 탓도 있지만). 따라서 남는 방법은 전통적인 노동을 지식노동으로 전환시키는 것과 경제참여율을 높이는 것, 두 가지다. 굳이 유형화하자면, 전자는 '지식화'된 노동이 직접 기업혁신에 개입하여 생산성과 경쟁력을 증대시키며 자신의 소득을 높여 나가는 방식(독일식)이다. 후자는 '유연화'된 시장에 '안정감'을 부여하는 실업부조(직전 평균소득의 80퍼센트에 달하는 생활비 지급)와 재교육 훈련 확대를 통해 일자리를 제공하는 한편, 전체 고용의 20퍼센트대에 달하는 공공부문 일자리를 만들어 내는 방식(북유럽식)이다. 둘을 혼합하면 이런 결론이 나온다. 제한된 시간에 더 많이 만들어 내되 '더 질 좋은' 상품을 만들어야 하고, 이것이 기업 경쟁력의 원천이 되어야 한다는 것.

물론 쉬운 일은 아니다. 그러나 지금처럼 자본이 노동을 감시하고 배제하는 것보다는 확실히 훨씬 더 낫다. 공동 경영을 전제로 노동자가 생산성 향상에 협력한다면, 기업은 이전과 다른 상승효과를 거둘 수 있다. 학자들은 이러한 성장 방식을 '하이로드'high road형[1]이라 부른다.

기업이 이러한 구상에 따라 지식노동을 받아들이려면 교육제도가 뒷받침되어야 한다. 현재와 같은 입시교육으로는 안 된다. 지식을 체득하고 창조적으로 적용할 수 있는 교육이 절실히 필요하다. 이 책의 2장에서 제시한 것처럼 지금의 교육 체계를 뜯어고치고 공교육을 강화하자면 필연적으로 돈이 많이 든다. 결국 세금을 늘려 국가 재정을 확대하는 수밖에 없다.

지금까지의 논의를 종합하면, '누진적 조세 강화 → 교육·복지 강화 → 지식노동 양산 → 생산성 증대'의 흐름으로 정리할 수 있겠다. 이렇게 사회

---

[1] 문국현의 해법도 바로 이런 방식에서 착안한 것이다. 그러나 우리의 해법과 문국현 솔루션 사이에는 중요한 간극이 있다. 이해 갈등의 조정 방안이 그것이다. 우리는 계급갈등을 공동 결정과 같은 방식으로 기업 내부화하여 이를 제도화할 방안을 설계한다. 반면 문국현의 방식은 고임금, 종신고용, 경영자의 책임감 등 타협의 비용이 많이 들고 사회적 자산(신뢰)을 전제로 하는 일본식 협조적 노사관계를 지향한다. 한국식 갈등 조정에는 적합하지 않은 것이다.

연대적 접근 방식을 성장 전략에 적용하면, 결과적으로 총요소생산성TFP도 증가하여 잠재성장률을 안정적으로 유지할 수 있으며 좋은 일자리도 늘릴 수 있다. 이것이 사회연대 성장 모델의 전체 그림이다.

반대로 하면? '로우로드'low road가 될 것이다. 한나라당에서 주장하는 감세 정책의 경로가 바로 그것이다. 한나라당식의 대안은 '감세 → 교육의 기회균등 악화 → 비정규직 양산 → 생산성 저하'의 흐름을 초래할 것이다.

사회연대적 성장 모델의 5대 핵심 전략

그럼 이제부터 사회연대적 성장 모델의 다섯 가지 핵심 전략을 살펴보자. 첫째, '노사 공동 결정'의 제도화는 '모두를 위한 성장'의 주춧돌이다.

지금까지 경제성장을 주도한 것은 국가와 재벌이었다. 노동의 역할은 배제되고 수단화되어 동원 대상일 뿐이었다. 이러한 성장 패턴을 지속한다면, 노동은 일자리를 얻지 못하게 되고 단기 이익에 대한 욕구로 관성적인 파업만을 반복할 것이다. 자본도 마찬가지다. 반숙련 조립 노동만으로는 국제 경쟁의 압력을 버텨 내기 어렵다.

이제는 기본적으로 지식노동-고용 중심 성장이 되어야 한다. 이때 지식노동은 조직화된 노동(초기업단위 노동조합으로 최대한 조직화)일수록 유리하다. 현재 대부분의 조직노동은 지식화되어 있지도 않고 연대 정신도 미약하다. 10퍼센트(전체 노동자 중 노동조합 가입률) 남짓한 결합으로 공동 결정을 추진하기에는 벅차다. 따라서 노동은 우선 지식정보화에 적극적이어야 하며, 사측에 교육훈련과 평생교육제도를 요구해야 한다. 이것은 중소기업에 다수 몰려 있는 비정규직 고용을 줄이는 것과 동시에 이들이 장기 경쟁력을 보유할 수 있도록 지원한다는 이중경로two track 전략을 의미한다(연대임금정책과 연대숙련정책의 결합).

한편 지식노동이 작업장 혁신의 통제권을 보유한다 할지라도 지식노동의 조직화를 억제하는 일본식 협조주의 방식이 있을 수 있다. 허나 이것은 노동으로서는 받아들일 수 없는 선택이다. 스스로의 통제권을 상실하는 결과를 낳을 것이기 때문이다. 그보다는 북유럽식 복지모델이 바람직하다. 단, 그 정치적 배경에는 강력한 노동조직과 노동자정당이 있었음을 잊어선 안 된다.

따라서 지식화된 조직노동은 비정규 노동, 이주 노동, 여성 노동 등 불완전하며 조직되지 않은 노동자들과의 연대를 제1의 목표로 삼아야 한다. 예를 들어, 노조의 단체교섭이 비조합원에게까지 효력을 미치는 프랑스의 사례를 한국에 적용하여 노동조합의 실추된 신뢰도를 다시 높여 나가야 한다.

기술 개발의 능동적 주체가 되는 것, 비정규직 등의 차별과 소외를 극복할 대안을 연대적 방식으로 찾아 나서는 것, 공동경영(즉 노동이사 및 감사제를 통한 공동 결정)을 통해 기업 발전과 이윤 균점 그리고 공정경제(중소업체에 대한 불법 하도급의 제재)를 위해 적극 나서는 것, 이 세 가지가 지식화된 조직노동의 주요 과제다. 지식노동의 연대적 정신은 사회 전체의 연대적 성장의 출발점이 된다.

둘째, '재생가능 에너지 환경산업' 등의 친환경 미래산업 육성으로 좋은 일자리를 창출해야 한다.

한국 경제는 에너지 다소비 구조다. 화석연료의 과다한 사용은 한국 기업과 경제의 발목을 붙잡고 있다. 환경적 측면에서도 당연히 극복해야 할 대상이다. 그런데 고유가인 현실에서도 이러한 문제는 쉽게 사라지지 않는다. 경로가 굳어졌기 때문이다. 한편 기후변화협약 등 국제사회의 환경 대응도 에너지 다소비적 산업-수출 구조에 엄청난 충격파를 몰고 올 수 있다.

지난 수십 년간 수많은 재생가능 에너지(이하 재생에너지) 기술들이 개발·보급되어 왔다. 최근 들어서는 경제성과 사업성까지 확보되어 많은 투자자와 에너지 산업체가 투자를 서두르는 상황이다. 특히 풍력과 태양광 발전PV, 바이오매스 기술들이 속속 상업화되어 대형 산업으로 성장하고 있음을 주목해야 한다.

독일에서는 재생에너지 산업이 높은 경제 성과(127만 개의 일자리)를 보여 주고 있다. 우리의 경우에도 적절한 사회적 규제와 관행만 마련한다면 일정 정도의 일자리를 창출할 수 있을 것이다. 재생에너지 환경산업은 시민사회와의 마찰 없이 일자리를 지속적으로 확대할 수 있는 블루오션(비경쟁 부문)이라 하겠다.

우리의 경험은 아직 일천하다. 하지만 공공기관에 재생에너지 사용 비율을 높일 의무를 부과한다면, 재생에너지 산업을 충분히 육성할 수 있다. 수출도 가능한 분야여서 신규 기업과 일자리 창출은 그리 어렵지 않다고 본다. 진보정치연구소의 2007년도 연구과제『환경과 재생가능에너지 산업의 고용창출 효과에 관한 연구』에 따르면, '에너지전환 시나리오 2020'이 추진될 경우, 재생에너지 산업 부문에서 창출되는 일자리는 2008년에서 2020년까지 13년간 최소 37만 명에서 최대 85만 명으로 전망된다. 결코 적은 숫자가 아님을 알 수 있다.

재생에너지 환경산업은 진보 세력의 미래 산업전략의 핵심이다. 그러면서 동시에 고용 전략이자 환경 정책이기도 하다. 우리의 경우 신재생에너지 비율이 3퍼센트 수준에 그쳐 EU의 12퍼센트에 비하면 그 4분의 1 정도에 불과하다. 아직 산업적 토대조차 갖추지 못한 실정이다. 따라서 우선 주요 선진국처럼 에너지 문제를 전담하는 에너지청 또는 에너지환경부부터 신설해야 한다. 이를 통해 범국가적 투자와 산업화를 유도할 대대적인 홍보 작업에 나서야 한다.

물론 미래산업에 에너지 관련 산업만 있는 것은 아니다. 우주항공이나 첨단 기계, 의료 기기 등도 충분히 도전 가능한 부문이다. 다만, 이들 영역에 대한 투자가 진보적인 성격을 가지려면 환경과 배치되지 않으면서도 좋은 일자리를 충분히 보장할 수 있어야 한다. 또한 이들 산업 부문과 직간접적으로 관련된 서비스 일자리도 충분히 검토하여 중간재로서 제 역할을 다하도록 제도적 뒷받침(특히 연구 개발, 인력 육성)을 해야 한다.

셋째, '경제의 공공성' 강화를 통해 국민경제의 균형과 안정성을 추구해야 한다.

지속성 없는 거품 성장이나 대기업 중심 성장이라면, 성장의 '부담'은 고스란히 다수 서민에게 돌아간다. 따라서 성장의 내용으로 균형과 안정을 중요시해야 한다. 그러자면 경제의 공공화를 통해서 내적 순환을 공고히 하는 것이 무엇보다도 중요하겠다. 경제의 공공성이란 간단히 말해 '고용'의 공공성과 '금융'의 공공성을 강화하자는 것이다.

고용의 공공성 확보를 위해서는 정부의 공기업 지분을 유지하거나 높여 나가는 것이 중요할 것이다. 특히 재정 확충을 통해 공공부문 직접고용의 비중을 높여 나가는 게 시급하다. 북유럽 수준 혹은 적어도 OECD 평균 수준으로 공적 고용을 확대해야 한다.

공적 고용은 불황에 직면한 경제의 안전판 역할을 할 것이고, 고용구조를 안정화시키는 단초가 될 것이다. 더구나 의료, 돌봄, 교육 분야에서의 공적 고용은 중간층과 저소득층의 복지 서비스 이용을 늘린다. 이것은 이들의 삶의 질을 안정적으로 유지시키고 계층 간 이동성을 촉진하는 데 도움이 된다.

금융의 공공성을 강화하는 방안으로는 공적 금융기관의 정부 지분을 유지하고 더욱 높여 나가는 것과 서민용 금융기관을 직접 설립하는 방안이 있다. 이를 위해서 우리은행(정부 지분 78퍼센트) 등 국가가 과반 이상의 지분을 소유한 금융기관의 사유화를 막아야 한다. 그리고 다른 한 축으로 산업은행과 기업은행의 중소기업-서민금융 기능을 강화해야 한다. 국민연금 등 공적 연기금의 장기 투자를 유도하는 방안도 적극 검토해 볼 만하다.

서민금융기관을 설립하는 데에도 여러 가지 방안이 가능하다. 광역별 '지역개발금융기관'CDFI: Community Development Financial Institutions을 설립할 수도 있고, 기존 대형 민간 은행에 '지역재투자제'CRA: Community Reinvestment Act 등 공적 규제를 강화해서 지역사회에 대한 금융 기여도를 높일 수도 있다.

CDFI의 경우에는 수조 원에 달하는 초기 설립 자금을 확보하는 게 중요하다. 이를 해결하자면 정부와 지역사회(지역 기업, 시민단체, 노동조합, 종교단체, 교육기관 등)의 합작투자로 설립하는 방안이 바람직하다. 이 방안은 단순히 재원을 확보하는 차원을 넘어서, 지역사회의 이해관계자들이 금융기관의 모니터링에 참여하는 새로운 공공적 금융 모델의 출발점이 될 것이다.

넷째, '사회(복지) 정책'을 통해 인간 잠재력을 강화하여 성장의 지속 가능성을 보장해야 한다.

사회복지 지출은 장기적으로 인간 잠재력을 높여 나간다. 따라서 성장에도 도움이 된다. 이 사실은 이미 널리 알려져 있고 선진국에서도 이를 기조로 채택하고 있다. 보편적 복지를 통해 장기 성장을 이끌어 내는 것이 유럽적 전통이다.

우리라고 예외가 아니다. 교육과 복지에 대한 사회적 책임만이 사회정책을 실시하는 이유는 아니다. 인간 잠재력을 높여 나가 장기적으로 사회경제 발전에 기여하는 것도 그 한 가지 이유다. 보수 세력은 복지 지출이 늘어나면 "경제가 저성장의 늪에 빠져 선진국에 수렴[접근]하지 못한다(비수렴 함정)"는 논리를 유포한다. 이에 맞서서 우리는 경제정책과 사회정책의 결합을 주장하며, 둘이 결합되었을 때의 상호 상승효과를 강조한다.

예를 들어, '빈곤층 아동에 대한 교육(환경) 지원 강화'나 '여성에 대한 교육훈련 강화' 정책은 저소득층에 대한 직접적인 투자(또는 복지)면서 동시에 미래의 기술혁신 환경을 개선하는 성장 정책이기도 하다. 즉, '복지 ↔ 교육(훈련) 투자 ↔ 성장'의 경로를 형성함으로써 사회적 성격의 투자가 중간 고리 역할을 담당할 수 있게 한다.

그런 의미에서 사회투자국가론과 유사해 보일 수도 있다. 하지만 유시민 등의 사회투자국가론에는 조세개혁 방안이 없다. 한국 사회에서 조세개혁을 통한 세입 확대를 이야기하지 않고 사회투자정책만을 이야기하는 것은 위험한 짓이다. 중간계층까지 의료, 교육, 연금 등 '보편적 복지'를 실시하고 새로운 위험(저출산-고령화 등)에 대처하기 위한 '사회투자정책'도 함께 추진하려면, 국가 재정을 확대해야 한다. 그런데도 증세 방안을 이야기하지 않는다면, 그것은 결국 무엇을 뜻하겠는가? 예산이 제약돼 있으므로 결국은 어느 하나(사회투자정책)의 증가를 위해 다른 어느 하나(보편적 복지)를 축소하겠다는 이야기밖에는 안 된다. 따라서 유시민류의 사회투자국가론은 지속 가능한 보편적 복지의 설계도가 될 수 없다.

사회정책을 경제정책과 연계하면 사회정책의 정당성도 확보할 뿐만 아니라 경제정책의 사회연대적 성격도 강화하여 시장지상주의적 경제정책을 제어하기도 수월해진다. 특히 실업 상태의 시민에 대한 사회적 지원은 인도주의적 정신에 입각한 사회적 책임인 동시에 인간 잠재력을 중시하는 경제정책의 성격을 띠기도 한다. 사회 국가의 경제(고용)정책 모델로 잘 어울린다고 하겠다.

다섯째, 조세의 '연대적' 성격을 강화하여 성장 모델 전환의 토대로 삼아야 한다.

고용정책(적극적 노동시장 정책과 공공부문 고용), 산업정책(친환경 미래산업 육성과 국가 공공 기초 연구 개발), 보편적 복지정책(교육, 의료, 연금 등)은 경제성장의 결과이자 또한 출발점이다. 그런데도 보수 세력은 결과 측면만을 강조한다.

일정 정도의 성장 궤도에 오른 국민경제는 더 높은 (안정된) 수준으로 오르기 위해 현 단계의 새로운 출발점에서 과감한 투자를 해야 한다. 그러자면 상당한 재원이 필요하다. 이 점에서 노무현 정부의 '비전 2030'은 확실히 이

전 정부와는 다른 과감한 시도이기는 했다. 그러나 결국은 '종이' 호랑이로 전락해 버렸다. 내용이 너무 온건하기도 했지만, 더 큰 문제는 재원 확보의 경로를 제시하지 않았다는 점이다.

조세정책은 대안적 경제 모델로의 '전환'을 뒷받침할 토대이면서 동시에 사회 연대의 정신을 구현할 유력한 수단이기도 하다. 단순히 '나눠 먹기' 위해서 담세율을 높이는 정부는 없다. 경제 발전의 또 다른 단계로 나아가면서 경제 체질을 개선하기 위해 세금을 활용하는 것이다. 선진국일수록 국가의 연구 개발 비용과 고등교육 지출 비중이 높다는 사실에서 그들의 전략을 미루어 짐작해 볼 수 있다.

한국에서도 조세정책의 목적만 분명히 제시한다면 적어도 30퍼센트 안팎의 유권자로부터 적극적 지지를 받을 수 있을 것으로 예측된다. 단, 기존 세율을 단순히 늘리기만 하면 강력한 조세 저항에 부딪치게 될 것이므로 다음의 두 가지 전제 조치가 반드시 필요하다.

우선, 조세 투명성의 비전을 제시해야 한다. 그리고 이렇게 투명하게 걷힌 세금이 효율적으로 집행되고 있음을 증명해야 한다. 즉, 담세자들이 동의할 수 있는 증세의 전제조건으로 ① 조세 포탈 지역인 암시장 black market에 대한 대대적 투명화-공평과세 ② 투명 과세를 위한 국세청의 징수 기능 강화 ③ 세금 포탈에 대해 엄격한 벌칙 부과 ④ 소득공제의 축소(현행 소득공제율을 줄이지 않더라도 소득이 늘어나면 시간이 지남에 따라 소득공제대상이 축소됨)를 추진해야 한다.

다음으로, 부족한 복지 재원을 확충하고 조세 정의를 확립하기 위해 '보다 명확한 목적'을 가진 사회복지세(목적세 형태)를 신설해야 한다. 목적세 방식을 활용해서 사용처를 투명하게 정하는 것이 조세개혁에 대한 대중의 지지를 획득하는 데 좀 더 효과적이다. 사회복지세는 대기업에 부과하는 동시에 고소득 계층의 소득세에도 '부가' 방식으로 부과해야 한다. 아울러 자산

표 13 | 사회 국가의 경제 운용과 성장 전략(요약)

부문	핵심전략	제도형태	국민경제적 효과	비고
1. 노동-자본 관계	• 노사 공동 결정 (지식화된 조직 노동의 기업 경영 참가 및 감독)	• 노사 공동 결정 제도의 법제화/기업 규모별 노동이사제, 감사제 법제화) • 평생 교육 훈련 제도 강화 • 미조직 노동자에게 노조의 단협 확대 적용	• 이익균점과 노동 소득 분배 상승 • 안정적 기업 투자와 고용 확대, 비정규 차별 철폐로 고용 평등 • 노동의 기술 개발 능력 향상, 공장 이전 통제, 중소 하청업체와의 공정거래 정착 압력, 기업 경쟁력 강화로 서민 경제 성장	• 대기업에서 중견-중소 기업으로 점진적 확대
2. (친환경적) 미래산업 투자 지원	• 재생에너지 및 환경산업 등 미래산업에 대한 범국가적 투자와 지원	• 중소업체 창업투자 지원(공적 기금 형성) • 국가 연구 개발 지원 확대 • 대형/공공 건물 재생에너지 설치 의무 강화 및 제도 정비 • 해외시장 진출 촉진	• 중소기업의 새로운 비즈니스모델 창출 • 고용률 증대 및 청년, 여성 실업 해소 • 미래 에너지 안보문제 대처 • 친환경적 경제 체질로 전환 시도 • 에너지 효율 산업구조로 개편	• 북한 및 제3세계 에너지 지원 방안과 연계하여 수요 확대
3. 경제의 공공성 강화	• 고용의 공공성 확대 • 금융의 공공성 강화	• 공공 복지 서비스 일자리 창출 • 우리은행 등 서민 공공 은행 안정 지분 확보와 서민금융기관 설립	• 사회적 고용 증대(OECD 수준으로 확대) • 중간층, 서민의 복지서비스 이용 확대(무상 또는 계층별 가격차별 정책) • 중소업체/서민의 금융접근성 확대 • 사회적 기업 등 다양한 제3섹터 일자리 확보	• 산업은행과 기업은행의 역할 재조정 및 금융감독 강화
4. 경제정책과 사회정책의 연계	• 교육/복지 강화 • 고용률 향상을 위한 국가의 노동시장정책 강화	• 보편적 복지와 투자적 복지의 병행 • 적극적 고용정책의 강화(교육훈련, 현금수당 지급, 취업 알선의 체계화와 실질화)	• 복지 강화로 창조적 미래 인적 자원 육성 경로 형성(특히 아동, 여성에 대한 교육 복지 정책 강화) • 실업자에 대한 재훈련 및 실업 부조(실질적 생활수당) 신설	• 고전적 복지의 축소 없도록 복지 재정 확충
5. 연대적 조세 강화	• 부유세, 사회복지세 동시추진으로 재원 마련	• 부유세(자산과세) • 사회복지세(법인세·소득세 등 소득과세) • 조세선진화시스템 도입으로 탈세 방지	• 보편적 복지, 사회적 고용, 국가 기초 연구 개발의 재원으로 활용 • 부자 증세의 효과로 인한 소득 재분배 효과와 사회 공공적 재원의 확보 등 이중 효과	• 사회 복지세는 목적세로 추진

과세인 부유세 프로젝트도 병행 추진해야 정치적 일관성을 유지할 수 있을 것이다.[2] 이러한 연대적 조세 체계의 확립은 복지 강국으로 진입할 밑바탕이 될 뿐만 아니라 사회연대 경제 모델로 나아가는 데 연료 역할을 할 것이다.

지금까지 이 장에서 전개한 주장들이 실현돼 경제 부문과 사회(복지) 부문 사이의 연계성을 확보하게 되면, 거시 경제의 선순환 구조가 완성될 것이다. 우리는 이것을 '사회연대적 경제구조'라 부르며, 그 대강은 〈그림 8〉과 같다.

---

2 민주노동당 사회연대전략 TF 보고서, 「나눔·돌봄·일자리 프로그램」 참고.

그림 8 | 사회연대 성장 전략의 거시 선순환 구조

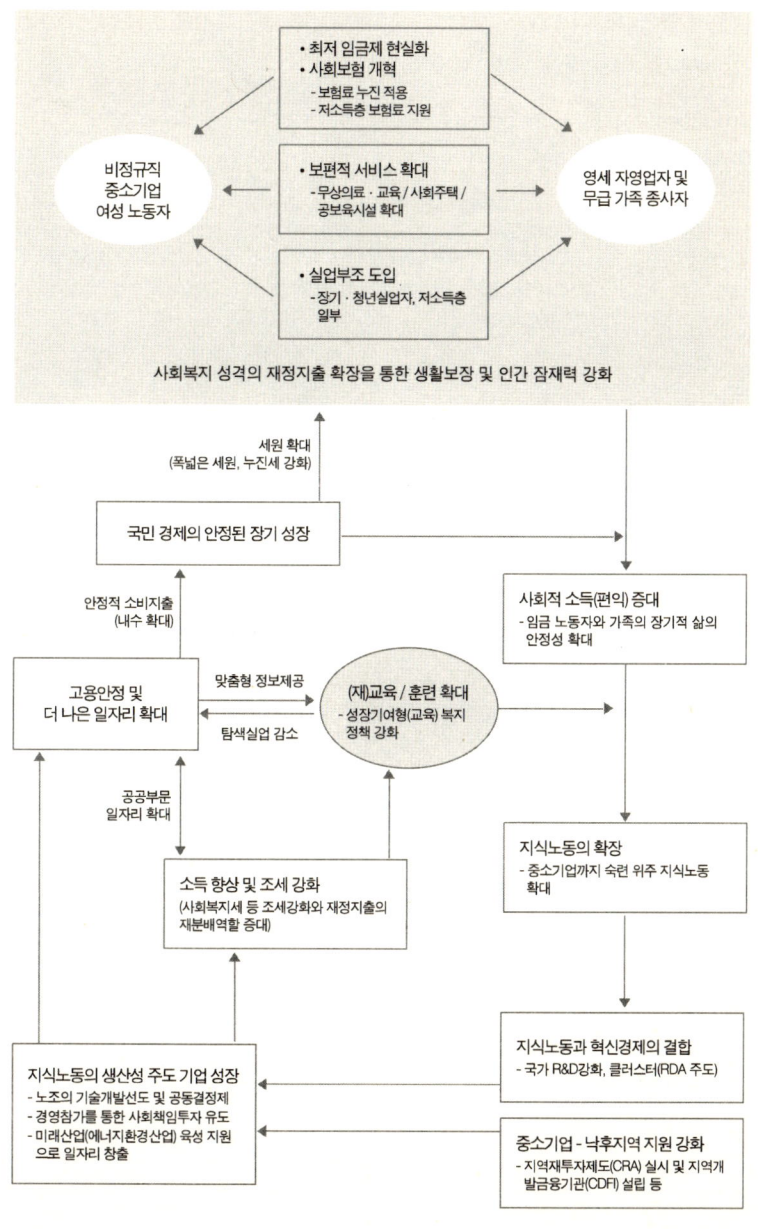

4장 | 사회 국가를 뒷받침할 경제 체제

5장

사회 국가를 뒷받침할 산업 전략 : 노동친화적 산업발전 전략

1. 정부의 산업정책, 무엇이 문제인가?

1997년 경제위기 이후 정부의 산업정책은 한국 경제의 구조적 문제를 더욱 심화시키기만 했다. 그동안 정부의 조절 영역으로 인식되어 온 산업정책에도 신자유주의는 어김없이 그대로 반영되고 있다. 어떻게 해서 여기까지 오게 됐는가? 민주화 이후 산업정책의 궤적을 한번 돌아보자.

길 잃은 산업정책이 양극화를 부채질하다

기존의 국가 주도 산업정책은 이미 1990년대에 들어서면 그 실효성이 급속하게 떨어지기 시작한다. 기존 경제 체제의 발전 논리가 한국 경제의 자본축적 구조에 잘 들어맞지 않게 된 것이다. 내수 기반의 확대와 대자본의 해외 진출이라는 전혀 새로운 현상이 등장했다. 이것은 자본 부족과 수출 일변도의 성장이라는 이전 상황과는 질적으로 다른 것이었다.

이제 산업정책을 통한 정부의 강력한 개입은 '규제 강화'라는 비난의 대상이 됐다. 그리고 자본의 지구화에 따른 대기업 주도 발전 전략이 주도권을 쥐게 된다. 그러면서 재벌 대기업의 외형 성장에 국민경제의 다른 부분들이 의존하는 양상(이른바 '트리클 다운' 효과라고 말하는)이 더욱 심해진다.

결국 능동적 산업정책과 같은 전략적 접근은 찾아볼 수 없게 됐다. 산업정책은 규제 완화와 경쟁 촉진이라는 신자유주의적 경제논리에 종속되어 버렸다. 즉, 1990년대에 한국 경제는 대내외적 조건 변화에 따른 새로운 발전 모델을 만들어 내는 데 실패했고, 산업구조 재편을 통해 성장 잠재력을 확보하는 데도 실패했다. 국가 차원의 장기적 산업발전 전략과 이를 실행할 정책 수단이 부재한 가운데, 사실상 '잃어버린 10년'을 보낸 것이다.

그럼 노무현 정부의 산업정책 기조는 어떠했는가? 노무현 정부의 산업정책은 김대중 정부의 정책과제를 수정·보완하는 측면이 있었지만, 본질적으로는 그 기조를 계승했다. 참여정부는 '동북아 물류, 금융, 연구 개발의 허브 구축'과 '국가균형발전과 산업클러스터의 육성을 통한 지역혁신체계의 구축'이라는 두 가지 새로운 정책을 제시했다. 하지만 기업 경쟁력의 강화를 중심에 놓는 신자유주의적 구조조정 정책을 버린 것은 아니었다. 즉, 참여정부의 산업정책은 '개방과 자율'이라는 명목 아래 '규제 철폐와 경쟁 강화'라는 잘못된 길을 걸어갔다.

그 결과로 계층, 지역, 기업, 산업 간의 양극화는 더욱 심화됐다. 사회경제 양극화는 재벌체제의 횡포, 외국 투기 자본의 침투, 중소기업 간 과당경쟁, 산학연産學硏 네트워크의 부실, 소상공인 지원망의 부재와 같은 문제들과 밀접한 관계를 갖고 있다.

특히 한미 FTA로 인해 양극화는 더욱더 심화될 것이다. 이 협정은 국민국가의 정책결정권을 실질적으로 봉쇄하는 독소조항들을 다수 포함하고 있다. 뿐만 아니라, 국민경제의 각 부문이 담당하는 내재적 발전가능성을 심각하게 훼손하는 내용을 담고 있다. 정부는 농업의 포기를 공개적으로 천명하고 있고, 제조업의 일부 업종이 지닌 비교 우위를 과대 포장하고 있다. 반면 서비스 산업의 개방이 한국 경제에 미칠 악영향은 과소평가한다.

즉, 한미 FTA는 국민국가의 산업정책이 지닌 '조절 능력'을 무력화시킬 것이다. 그리고 이것은 다시 산업경제의 양극화를 증폭시킬 것이다.

양극화의 원인은 경기순환적인 것이 아니라 구조적인 것

산업경제에서 양극화는 특히 산업별, 기업 규모별로 성장률, 성장기여도, 노동생산성 같은 경제적 성과의 양극화로 나타나고 있다. 특히 내수 산업과 수출 산업 사이의 격차가 심화되고 있다. 그 일차적 원인은 1997년 경제위기 이후 불황 국면이 지속되면서 내수를 구성하는 소비와 투자가 급격하게 위축된 데 있다. 하지만 이러한 경기순환적 요인만 있는 게 아니다.

내수 부문과 수출 부문 사이의 국민경제적 연관성이 약화되었다는 구조적 요인에 주목해야 한다. 왜 내수와 수출 사이의 괴리가 나타나는가? 우선 대기업이 주축인 제조업 수출 부문에서 매출액이 늘고 있음에도 불구하고, 대기업이 설비 투자를 회피하고 있고, 그래서 내수 증가를 이끌지 못하기 때문이다. 또한 대기업 수출산업의 호황에도 불구하고 이 부문에서 고용을 창출하지 못하고 있다는 것도 중요한 원인이다. 이것은 다시 내수 부문에서 소비를 위축시키는 결과를 낳는다. 마지막으로는 전기전자, 정보통신 등 재벌 대기업의 주력 업종에서조차 이들 대기업이 조립가공 부문에만 치중하고, 이와 연관된 부품소재 부문 중소기업을 전략적으로 지원·육성하지 않고 있다는 점을 주목해야 한다.

산업별·기업별 양극화 경향은 고용구조와 임금수준의 양극화와 밀접한 관련을 지닌다. 성장률이 높은 제조업 대기업 부문에서 방출된 노동력이 성장률이 정체된 민간 서비스, 자영업 등으로 유입되고 있다. 이것은 대기업들이 투자와 고용의 축소를 통한 비용 절감적 구조조정을 지속적으로 추진하기 때문에 발생하는 현상이다. 대기업의 신자유주의적 구조조정으로 인해 제조업과 서비스업 사이에, 그리고 제조업 내에서도 대기업과 중소기업 사이에 심각한 임금 소득의 양극화가 나타나는 것이다.

대기업의 구조조정만이 임금 소득 양극화의 원인은 아니다. 더욱 구조적인 문제가 있다. 그것은 바로 대기업-중소기업 사이의 불공정 하도급 관계와 비정규직의 확산으로 인한 노동시장의 계층화다.

경제위기 이후 대기업은 자신의 수익성 개선을 위해 중소기업을 수직적 하청계열화의 올가미에 더욱 강하게 옭아맸다. 대기업은 이러한 하도급구조를 통해 자신의 기존 생산설비를 최대한 이용하면서 신규 투자의 부담을 중소기업에 전가할 수 있었다. 또한 사내 하청과 중소기업 부문의 저임금 노동력을 활용하여 유연성을 강화하고 수익률을 높일 수 있었다.

반면 중소 하도급 업체들은 납품 단가의 동결 및 인하 때문에 수익성이 악화되자 그것을 피해 보려고 재하도급을 통해 외주를 확대한다든가 비정규직 고용을 늘리게 되었다. 이것이 곧 경제위기 이후 제조업 부문에서 10인 이하 사업체들과 비정규직이 동시에 급격히 증가한 이유다.

기업 간 양극화, 이렇게는 더 못 버틴다

결국 한국 경제의 불안정성은 더욱 심화됐고, 경기 회복은 지연되고 있다. 하지만 더 심각한 것은 장기적으로 성장 잠재력까지 훼손시킨다는 점이다.

특히 대기업과 중소기업 사이의 격차로 대표되는 기업 간 양극화가 가장 큰 문제다. 한국 경제가 지속적으로 발전할 수 있으려면 이에 필요한 물적·인적 자원을 확보해야 한다. 한데 기업 간 양극화 때문에 이들 자원에 대한 신규 투자가 전 산업 부문으로 확산되지 못하고 있다. 이것은 다시 다수 기업의 혁신 역량의 정체로 이어지고, 결국에는 산업 경쟁력을 떨어뜨리고 있다.

우리는 사회경제 양극화가 산업구조의 불균형, 산업관계의 관성화, 산업전략의 부실 등과 깊은 연관을 맺고 있다는 점을 잊어선 안 된다. 특히 정부의 기존 산업정책은 기술 중심적 친기업정책에 함몰되어 있을 뿐만 아니라, 재벌 주도의 외형 성장 전략에 의존하고 있다. 반면 노동자의 참여는 철저히 배제되었고, 그 역할은 단순한 생산요소 그 이상이 아니었다.

산업발전의 새로운 모델을 구축하여 사회경제 양극화를 해소하기 위해서는 노동자의 주체성과 창의성을 최대한 고양시킨다는 산업정책의 기본원칙이 확립되어야 한다. 이러한 원칙 아래 산업구조의 개혁, 산업관계의 혁신, 산업전략의 전환을 이뤄 낼 노동친화적 산업발전 전략을 모색해야 한다.

2. 노동친화적 산업 전략의 5대 원칙

사회 국가의 산업정책 모델은 노동친화적 산업발전 전략이다. 그럼 그 원칙과 방향은 무엇인가?

먼저 노동자의 보호와 보상이라는 수세적 대응에 머물지 않고 노동자의 참여와 책임이라는 적극적 자세를 지향한다. 노동문제의 해결을 위해서는 산업경제 문제에 대한 개입이 반드시 필요하다는 점은 이제 진보 세력도 충분히 인식하고 있다. 그럼에도 불구하고 이제껏 제도권 기구에 대한 참여 그 자체를 유보해 왔다. 하지만 산업구조 조정이 일상화되고 있는 현재의 추세로 볼 때, 이제는 경제 각 단위(기업·산업·지역)에 구성되어 있는 협의회와 위원회를 적극 활용하는 자세를 보여야 한다. 산업 민주주의는 법제도의 개선만으로 이루어지는 것이 아니다. 참여를 통한 개입, 권리에 대한 책임이라는 지속적인 학습 과정을 통해서만 실현될 수 있다.

둘째, 수도권 집중으로 인한 산업구조의 불균형을 해소하고 지역경제의 내재적 발전을 촉진하기 위해 지역 밀착형 산업정책을 추진해야 한다. 규제 완화와 경쟁 강화 때문에 산업구조의 지역 간 격차가 더욱 심화되고 있고, 국가 균형발전 원칙도 흔들리고 있다. 각 지역의 산업 특성을 대표하는 지역 기업들을 지원하고 기업이 수도권으로 진출하는 것을 억제해야 한다. 또한 기업 활동의 성과물이 타 지역으로 유출되지 않고 해당 지역사회의 발전에 재투입되는 지역경제의 호순환구조를 만들어야 한다. 바로 이러한 과정을 통해 내생적 지역 발전이 가능하다.

셋째, 산업경제 문제의 해결을 위해서는 대기업의 사회적 책임을 강화해야 한다. 현재 몇몇 재벌들을 중심으로 추진하는 사회공헌 활동은 국가가 책임져야 할 사회복지사업을 보완하는 의미를 지니거나 기업 이미지 제고를 위한 마케팅 전략일 뿐이다. 기업의 사회적 책임 활동은 소비자뿐만 아니라 소속 노동자, 협력업체와 지역사회로 확장되어야 한다. 특히 한국 사회에서는 지금 대기업이 국민경제에서 차지하는 위치가 거의 절대적이기 때문에 산업경제의 구조적 문제에 대한 대기업의 사회적 책임을 공세적으로 물어야 한다.

넷째, 노동과 자본의 양에 의존하는 요소투입형 산업모델을 극복하고 고품질, 고부가가치를 지향하는 혁신주도형 산업모델을 추구해야 한다. 설비 자동화와 같은 노동 배제적 기술혁신이 지닌 문제를 극복하기 위해서 인적 자원에 대한 적극적 투자를 통해 노동자의 자발성과 창의성을 고양시켜야 한다. 노동자가 산업 혁신의 도구가 아니라 주체로서 제 역할을 할 수 있을 때, 산업 경쟁력은 질적으로 높아질 수 있다. 그러자면 기업이 노동자들을 기업 활동의 핵심 주체로 인정해야 한다. 그래야 노동자들의 직업 능력과 숙련 지식이 부가가치의 원천으로 작동할 수 있다.

다섯째, 고용을 창출한다면서 자꾸 질 낮은 일자리를 늘리려 하지 말고 고용 안정을 위한 산업 및 제도 인프라를 조성하고 이를 통해 노사의 고용 역량을 강화해야 한다. 저임금 일자리와 비정규직을 양산하는 로우로드 산업발전 전략은 고용 안정을 가져올 수 없다. 노동자와 기업의 고용 능력을 높일 수 있는 산업 지원 인프라를 재구축해야 한다. 우선, 분산화되어 있고 이질적으로 배치되어 있는 각종 기업지원센터와 정부기구들부터 고용친화적 산업정책이라는 목표 아래 통합 운영해야 한다.

노동 참여, 지역 밀착, 사회 책임, 혁신 지향, 고용 안정 이러한 다섯 가지 원칙이 바로 노동친화적 산업전략의 뼈대다. 이러한 원칙 아래 기업·산업·경제 민주주의를 실현할 때에만 산업구조의 개혁, 산업관계의 혁신, 산업전략의 전환은 가능하며, 그에 따른 새로운 산업발전 모델의 구축도 가능하다. 〈그림 9〉는 이와 같은 노동친화적 산업발전 모델의 실현 경로를 정리한 것이다.

그림 9 | 노동친화적 산업발전 모델의 실현 경로

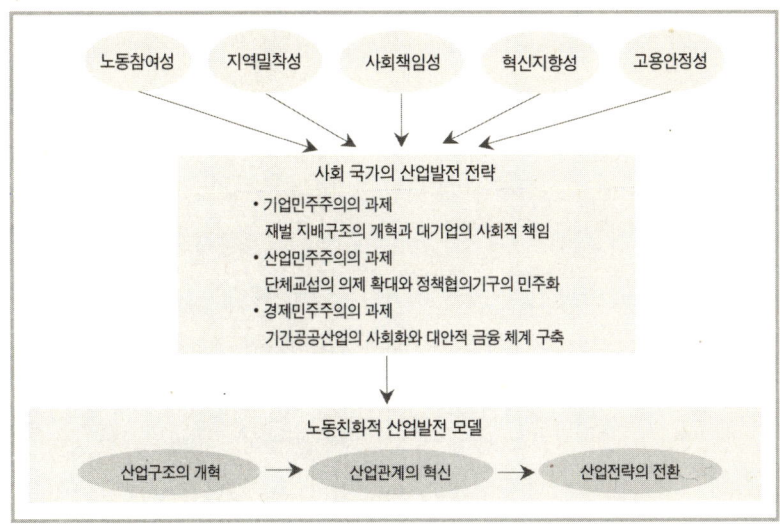

3. 새로운 산업발전의 원동력은 곧 경제의 민주화

사회 국가는 자본 국가와 시장 국가를 넘어서는 제2의 민주화를 추구한다. '연대적 복지 모델', '사회연대 혁신경제', '노동친화적 산업전략' 모두 이러한 새로운 민주화 투쟁의 각론들이다. 즉, 이제 정치 영역의 형식적·제도적 민주주의뿐만 아니라 경제와 사회 각 영역에서도 실질적 민주주의를 구현하자는 것이다. 그래서 사회 국가의 산업발전 모델은 경제 영역의 민주화를 전제한다. 그렇다면 지금 한국 사회에서 경제적 민주화의 주된 과제들은 무엇인가?

기업민주주의 : 재벌 지배구조 개혁과 대기업의 사회적 책임 강화

우선 기업 단위의 민주화가 필요하다. 그 핵심은 재벌 지배구조의 개혁이다.

민주화 이후 재벌의 독과점적 시장지배력은 오히려 더 강화되었다. 2004년 현재 자산 규모 5조 이상 23개 기업집단의 영업이익과 순이익은 전년도에 비해 각각 42.4퍼센트, 72.3퍼센트 증가했다. 국내총생산에서 이들 기업집단의 매출액이 차지하는 비중은 64.8퍼센트에 이른다.

한편 계열기업에 대한 재벌총수 일가의 지배력도 계속 강화되고 있다. 물론 총수 일가의 지분 자체는 얼마 안 된다. 2005년 4월 현재 '상호출자제한 기업집단'으로 지정된 38개 재벌의 경우에 총수 일가의 지분은 총 4.94퍼센트에 불과하다. 하지만 계열사 간 순환출자 등을 통해 51.2퍼센트라는 높은 내부지분율을 확보하고 경영 전권을 행사한다. 즉, 재벌은 적은 지분에도 불구하고 계열기업의 의사결정과정 전반을 지배하고 있는 것이다. 이러한 점에서, 재벌 지배구조의 개혁은 소유권과 경영권의 엄격한 분리에서 출발해야 한다.

한편 한국 사회의 재벌 개혁 논의는 1997년 외환위기 이후 외국 자본, 특히 투기 자본이 본격적으로 국내에 진출하고 그 폐해가 눈에 드러나면서 새로운 국면을 맞이했다. 이제 논쟁은 외국 투기 자본의 공격에 맞서기 위해 재벌 일가의 경영권을 보호하느냐, 아니면 재벌 지배체제의 해체를 통해 외국 자본의 합리적 기풍을 도입하느냐하는 식의 대립 구도로 나타난다.

하지만 중요한 것은 재벌 지배구조의 개혁과 외국 자본의 투기적 행태에 대한 규제를 동시에 추진해야 한다는 점이다. 보다 근본적으로 외자 규제와 재벌 개혁 사이의 딜레마를 해결하기 위해서는 재벌 대기업의 경영권에 대한 새로운 개념과 해석이 필요하다. 이른바 '포괄적' 경영권 개념에 따라, 기

업의 의사결정으로부터 직·간접적으로 영향을 받는 다양한 이해관계자들이 기업 경영의 계획·운영에 참여하고 의사결정과정에서 자신의 이해를 반영시킬 수 있어야 한다.

그렇다면 기업민주주의를 실현하기 위한 구체적 정책과제들로는 무엇이 있을까? 현행 총액출자제한제도의 유지와 순환출자 규제, 기업 내외부의 이해당사자 특히 노동조합의 소유경영 참가 등을 통한 기업 내외부의 감독 기능 강화에 대해서는 이미 4장에서 자세히 다룬 바 있다. 그래서 여기서는 재벌 대기업의 사회적 책임CSR: Corporate Social Responsibility 문제를 주로 짚고자 한다.

기업의 사회적 책임은 단순히 윤리 경영에 한정되지 않으며 자선 활동의 문제도 아니다. 기업은 사회적 책임 주체로서 경영활동의 성과뿐만 아니라 그 사회경제적 영향에 대해 책임을 져야 한다. 협력업체, 소비자와 지역사회, 더 나아가 국민경제 전체에 대한 재벌 대기업의 책임을 분명히 해야 한다. 대기업의 경영 활동은 그 자체로 수많은 이해관계자들의 삶에 직접적 영향을 미치기 때문이다.

바로 이러한 사회적 책임의 맥락에서 재벌 대기업은 국내 산업 입지에 대한 생산 및 투자 활동에 나서야 한다. 현재 산업시설의 해외 이전이 몰고 온 사회적 폐해가 첨예한 쟁점이 되어 있다. 재벌 대기업이 국내 입지에 재투자, 신규 투자하도록 만들어서 이런 피해를 막아야 한다. 대기업이 앞장서서 국내에 투자할 때 일반 중소기업의 생산 연계 활동을 활성화시킬 수 있으며, 중소기업의 '묻지 마, 공장 이전'도 중단시킬 수 있다. 이런 게 대기업의 사회적 책임 투자의 올바른 모습이라 하겠다.

산업민주주의 : 단체교섭의 의제 확대와 정책협의기구의 민주화

다음으로는 산업 단위의 민주화 과제들이 있다. 여기서는 기업의 울타리를 넘어 산업 전반에 걸쳐 노사 공동 결정을 실현하는 게 핵심이다.

현재 한국에서 산업민주주의는 일부 재벌 대기업의 조직화된 사업장에서만, 그것도 방어적인 수준에서 실현되고 있다. 산업민주주의가 현장민주주의 수준에 머물러 있는 것이다. 법제도적 측면에서뿐만 아니라 단체교섭의 체계에서도 시야가 사업장 문제를 넘어서지 못한다.

산업 차원의 다양한 의사결정기구에 대한 노동자들의 참여는 원천 봉쇄돼 있다. 일부 정부 기구 및 유관 기관의 위원회에 참여를 허용하기는 한다. 하지만 이러한 '유사pseudo 협의체'의 참가를 둘러싸고 노동운동 내부의 논란이 끊이지 않는 형편이다.

2006년 6월 금속산업의 대규모 사업장 노조들이 산별노조로 조직 전환을 결의하면서 산업민주주의의 실현을 위한 새로운 국면이 조성되었다. 산업민주주의를 실현하자면 본래 기업 수준이 아니라 산업 수준, 더 나아가 사회적 수준에서 교섭과 협의 틀을 제도화하는 게 당연하다. 이러한 점에서 산별 단체교섭 체계의 정착과 산업노동정책에 대한 전략적 개입은 노동운동에게 굉장히 중요한 과제다.

그럼에도 불구하고 현재 산별교섭체계는 여전히 '무늬만 산별'이라는 비판으로부터 자유롭지 못하다. 또한 1997년 외환위기 이후 노사정위원회의 파행적 운영 과정에서 불거진 노동운동 내부 갈등의 상처가 아직도 깊게 남아 있다. 더 큰 문제는 노동조합운동의 토대라 할 수 있는 조합원들이 사회적 의제를 자신의 문제로 인식하지 못하고 기업의 굴레에 갇혀 경제적 실리에 매몰되어 가고 있다는 것이다.

산업민주주의는 혁신적 산업발전의 필수 조건이다. 산업민주주의를 실현하기 위해서는 교섭과 협의 과정에서 불가피하게 따라붙을 수밖에 없는 긴장 관계를 회피하기보다는 적극적인 자세로 이를 해결해 나가야 한다. 바로 이러한 과정을 통해 노동운동은 산업민주주의의 담지자이자 사회 개혁의 핵심 주체가 될 수 있을 것이다.

그렇다면 노동운동은 산업민주주의의 실현을 위해 무엇을 해야 하는가? 먼저 산별 수준의 단체교섭 체계를 강화하고 노사 간 교섭 의제를 초기업적 차원으로 확장해야 한다. 이제는 경제적 조합주의에 기반을 둔 사업장 단위 임금과 노동조건을 넘어서는 교섭 의제를 적극 제기해야 한다. 경제위기 이후 노동시장의 유연화, 산업구조조정, 공장 이전과 제조업 공동화, 경제의 서비스화 등 기존의 노동운동 의제들로는 풀기 힘든 과제들이 등장하고 있다. 실제로 고용 안정, 비정규직 문제, 임금 격차 등과 같은 사안조차도 산업 문제와 법제도에 대한 개입 없이는 대응하기 힘든 상황이다. 이러한 점에서, 산업민주주의의 실현에 기여할 수 있는 산별 단체교섭 체계를 안정화시키고 사회적 의제들을 노동조합의 의제로 개발해야 한다.

교섭체계의 안정화를 위해서는 사용자 단체의 구성, 각 단위별 협약의 위상과 역할에 대한 노사 간 합의도 중요하겠지만, 무엇보다도 법제도적 제약 요인들을 시급히 제거해야 한다. 더 중요한 문제는 노동자 간 격차 해소에 기여하고 연대를 강화할 수 있는 내용을 단체교섭의 중심 의제로 만들어야 한다는 것이다. 고용, 임금, 복지 등의 분야에서 나타나고 있는 차별과 격차를 총체적으로 다룰 수 있는 교섭 정책과 전략이 제시되어야 한다. 그리고 사회경제 양극화를 조장하고 있는 산업구조 문제를 논의하고 이를 해결할 계기를 마련하며 산업정책에 전략적으로 개입할 경로를 찾아야 한다. 이와 같이 노동문제와 산업문제를 분리하지 않고 종합적으로 접근할 때에만 노동운동의 사회적 위상은 강화될 수 있다.

둘째, 정책협의제도가 산업민주주의의 발전에 기여하기 위해서는 먼저 의사결정기구의 민주적 거버넌스governance, 협치, 協治를 구축해야 한다. 지난 날 노사정위원회의 경험을 돌이켜 봐도 그렇고, 서구 사회의 다양한 정책협의제도에 대한 비판적 평가를 살펴봐도 그렇고, 민주적 거버넌스의 확보 여부가 참으로 중요하다. 서구의 경험으로 볼 때 노사 간 혹은 노사정 간 정책협의기구를 만드는 데 관건적인 문제는 참여 주체들이 대표성을 얼마나 갖고 있고 그들이 추구하는 목적이 무엇인가 하는 점이다. 그에 따라 그 성과가 전혀 다르게 나타난다.

정책 역량이 부실하고 낮은 조직률로 인해 산하 조직에 대한 통합력이 약한 상태에서 노동조합이 정책협의기구에 참여할 경우, 사회적 교섭은 사실상 불가능하다. 이렇게 되면, 설령 노사정 간 합의를 통해 어떤 내용을 결정한다 할지라도 사회적 인정을 얻을 수 없을 뿐만 아니라 단지 정부 입법안에 대한 건의 수준에 머물게 된다. 실질적인 협의 틀을 제도화하지 못하고 그 합의 사항을 강제하지도 못한 상태에서 노동조합이 정책협의 틀에 참여하게 되면, 이것은 단지 자본과 정부 편에만 이로운 결과를 낳는다. 반면 노동조합으로서는 허울뿐인 사회적 책임만 짊어지는 꼴이 된다.

그럼에도 불구하고 초기업적 차원에서 진행되는 정책협의 틀 그 자체를 무조건적으로 거부할 필요는 없다. 설령 민주적 거버넌스의 내용과 질이 완전히 확보되지 않은 상태라고 하더라도 노동조합이 힘만 있다면 정책협의 틀의 일정한 활용 방안을 고민해 볼 만하다. 특히 노동조합이 일정한 조직력을 확보하고 있고 진보적 시민사회와 정당의 지원과 엄호가 가능한 지역과 산업에서는 비판적 개입 전략을 추진해 볼 수 있다.

정책협의 틀을 친노동적 방향으로 활용하기 위해서는 상층부의 정치 협상에 매몰되기보다는 아래로부터의 요구에 기반을 두어 사회적 의제를 전면화하는 데 집중해야 한다. 또한 진보정당, 즉 민주노동당과 민주노조운동의 산업별 조직을 교두보로 삼아 선도적 모범 사례를 만들어야 한다. 울산,

창원을 비롯한 노동자 밀집 지역과 자동차, 공공, 금융산업을 비롯한 핵심 전략산업에서 '노동친화적 산업혁신을 위한 협의회'를 구성하고 고용, 산업, 복지 문제를 포괄하는 정책협의를 추진해 볼 수 있겠다.

경제민주주의 : 기간공공산업과 금융산업에서 사회 공공성을 강화하자

마지막으로 경제 전반의 민주화 과제가 남아 있다. 현재 한국 사회에서 경제민주주의의 최대 과제는 단연 독점적 경제권력을 해체하는 것이다. 과거에는 이 '경제권력'의 자리에 국가와 재벌 사이의 성장연합이 버티고 있었다면, 지금은 재벌과 초국적 금융자본 사이의 담합 구조가 군림하고 있다. 이들은 주주 자치의 실현과 경쟁력 제일주의를 내세우며 사회경제 양극화의 주범이 되고 있다.

국내외 초국적 자본을 제어하고 경제적 민주화를 실현하기 위해서는 기간산업 및 공공부문의 사회 공공성 확보와 금융 세계화에 맞설 대안적 금융 체계의 구축이 필수적이다. 먼저 국민들에게 필수 사회 서비스를 제공하는 기간산업과 공공부문의 사회 공공성을 강화해야 한다. 사회적 필수 서비스의 기본 성격은 마땅히 사회 공공성이어야만 한다. 모든 사회 구성원은 자신의 경제적 능력과 무관하게 사회 서비스를 누려야 한다. 필수 사회 서비스는 개인의 구입 능력이 아니라 생활의 필요에 따라 제공돼야 한다.

둘째, 자본 자유화와 금융 세계화에 맞설 대안적 금융 체계를 구축해야 한다. 한국 금융시장의 구조 변화는 외환위기 이후 급물살을 탔다. 당시에 국내 정치권력은 구제 금융을 볼모로 한 국제통화기금IMF의 금융시장 개방 압력에 무릎을 꿇고 말았다. 이들은 금융 주권을 지키기 위한 어떠한 노력도 하지 않고 굴종의 대가로 정치권력을 유지하는 길을 택했다. 이후 정부는 스스로 신자유주의의 전도사로 자처하며 금융 공공성 유지를 위한 최소한의

규제 장치마저 자발적으로 철폐해 나간다. 외국인 투자자의 국내 주식소유 한도를 없애고, 의무공개매수제도를 폐지했으며, 외국인에 의한 적대적 인수합병을 전격 허용했다. 그 결과 한국의 자본시장은 세계에서 유례를 찾아보기 어려울 정도로 짧은 시간에 초국적 금융자본에게 주도권을 넘겨주게 되었다.

금융의 본래 기능과 역할은 국민경제 차원에서 필요한 자원의 배분에 있다. 하지만 이제 금융기관은 수익성만을 추구하는 사기업들 중 하나가 돼 본래의 기능과 역할은 포기해 버린 지 오래다. 효율적인 자원 배분을 통한 국민경제 발전이라는 금융의 본원적 기능은, 인체에 비유하면, 심장에 해당한다. 심장이 제대로 작동하지 못하면 피가 인체 구석구석까지 제대로 돌지 못하여 생명이 위험해진다. 마찬가지로 금융이 자원 배분 기능을 제대로 수행하지 못하면 국민경제가 위태로워진다.

이러한 상황에서 진보 진영은 신자유주의의 금융 세계화 차원에서 진행되는 금융환경 변화를 진보적 관점에서 재해석하고 서민경제적 관점에서 대안을 생산해야 한다. 지금은 초국적 금융자본의 투기적 속성을 근본적으로 통제하고 국민경제 차원에서 금융 공공성을 확보하는 일이야말로 민중의 생존권을 보장하는 최선의 길이다.

그렇다면 사회 공공성 강화와 대안적 금융 체계 구축의 구체적인 과제들로는 무엇이 있을까? 첫째, 기간산업 및 공공기관의 사회 공공성을 강화하기 위해서는 핵심 산업의 소유 구조를 공적 소유 구조로 재편해야 한다. 그래야 사회적 조절이 가능하게 된다. 사적 자본은 수익성을 기준으로 움직일 수밖에 없기 때문에 이들이 기간산업과 공공기관의 운영을 장악했을 때 사회 공공성의 기준을 충족시키리라고 기대하기란 불가능하다. 따라서 적어도 사회공공적 성격을 강하게 지닌 기업과 기관에 대해서는 사적 자본의 소유를 제한하고 공적 기금의 지분을 일정 정도 확보·유지해야 한다.

또한 소유 구조의 공공성 확보와 함께 운영 및 관리 체계의 민주화가 절실히 필요하다. 공공부문의 관료주의라는 오명을 벗고 사회 서비스의 질을 높이기 위해서는 운영 및 관리 체계를 반드시 민주화해야 한다. 기간산업과 공공부문의 최고 의사결정기구에 노동조합, 시민사회단체와 관련 전문가들이 참여하는 방향으로 민주적 거버넌스(공공운영위원회 등)를 구축해야 한다.

둘째, 금융산업은 자본의 효율적 중개와 배분을 통해 경제성장과 안정에 기여해야 한다. 즉, 금융산업은 사회적 공공재로 다뤄져야 한다. 금융산업의 사회적 책임과 공공성을 강화하자면 금융기관의 소유 구조부터 개혁해야 한다. 초국적 금융자본이 국내 대다수의 은행을 실질적으로 소유·지배하는 상황에서 우선 벗어나야만 하기 때문이다. 그러자면 국내 금융기관에 대한 외국인 소유를 제한해야 한다. 아울러 금융기관에 대한 동일인 소유한도를 보다 강력하게 적용함으로써, 지분 구조를 소액 투자자 중심으로 분산시켜 특정 자본(재벌)의 정보·자본 독점을 방지하는 것도 중요하다.

더 나아가 현재 은행에 적용되는 금산분리 원칙을 증권업과 보험업에도 적용하는 방안을 고려해야 한다. 자본시장통합법 시행이나 보험업법 개정으로 인해 산업자본이 은행을 소유하지 않고도 증권사나 보험사를 통해 은행 소유 이상의 효과를 창출하는 것이 가능한 상황이기 때문이다.

또한 금융기관에 대한 감독 및 규제를 재무구조에 대한 사후적 평가 체계에서 금융기관의 건전성, 안정성, 공공성 등을 종합적으로 평가하는 사전적 관리 체계로 바꿔야 한다. 이를 통해 고용 친화적 생산 투자에 대한 자금 배분을 늘리고, 투기적 투자(부동산, 파생상품 등)에 대해 좀 더 강력한 규제를 실시할 수 있을 것이다.

한편 금융으로부터 소외되고 배제된 계층(저소득층 및 영세 중소기업 등)에 대한 지원을 강화하고 지역사회의 균형발전을 도모하기 위해 서민과 노동자를 위한 대안적 금융기관을 설립해야 한다. 이에 대해서는 앞서 4장에서

몇 가지 방안을 소개한 바 있다.

그 외에 주식양도차익에 대한 과세, 투기 자본의 유입에 대한 통제, 징벌적 손해배상제도와 집단소송제의 도입을 통해 자본의 투기적 행위를 제어하고 자본시장에 대한 신뢰를 높여야 한다.

4. 지금, 어디에서 시작할 것인가? : ① 대기업·중소기업 관계의 개혁

사실 지금까지 이야기한 과제들은 상당히 장시간의 노력을 요구하는 것들이다. 그럼 경제민주주의 실현의 대장정을 시작할 구체적인 출발점들로는 무엇이 있을까? 지금부터 그 세 가지 정책 과제를 제안하겠다. 그 첫 번째는 중소기업을 보호하고 그 체질을 개선하는 것이다.

한국의 중소기업은 현재 양적 확대가 아닌 질적 발전이라는 과제 앞에 서 있다. 대부분의 선진국은 중소기업을 기술혁신과 유연성 그리고 역동성을 갖춘 조직으로 간주하고, 지속 가능한 경제발전을 이루는 데 필수적인 성장 동력으로 인식한다. 이것은 고도화된 산업구조를 갖추기 위해서는 중소기업이 활기 넘치고 경쟁력 있는 경제 주체로서 자리 매김되어야 한다는 점을 시사한다.

그러나 한국의 중소기업은 외환위기 이후 대기업의 단기 수익성 확보를 위한 완충장치로 악용되었다. 많은 중소기업들이 불공정 하도급거래의 고착, 매출액 및 경상이익률의 악화, 실업난 속의 구인난 같은 구조적인 어려움에 빠져 있다. 이러한 중소기업의 구조적 문제는 더 나아가 일자리 창출 및 고용구조의 개선, 한국 경제의 중장기적 발전, 사회계층의 통합 등 다양한 영역에서 심각한 문제를 낳고 있다.

일본 자동차 산업의 기업 간 협력관계를 뒷받침하는 성과공유제도

일본의 완성차 업체 또한 비용 절감을 위해서 다양한 노력을 벌이고 있다. 하지만 한국 자동차 산업에 만연해 있는 일방적 단가 인하와 달리, 부품 업체의 기술 개발 인센티브를 촉진시키는 성과공유제를 실시하고 있다. 일본의 완성차업체들은 다음의 세 가지 방식을 활용한다.

첫째, 부품 원가를 합산해 자동차의 판매가격을 정하는 것이 아니라 자동차 판매 가격으로부터 부품 원가를 공제해가는 목표 원가 방식을 채택하고 있다. 판매 가격이 먼저 결정되고 난 후 판매가격으로부터 이윤을 공제한 나머지 비용을 각 부품별로 계산하고, 이로부터 해당 부품별로 목표 원가를 산출한다. 부품 설계, 소재, 제조 방법 등에 관해 완성차 업체와 부품 업체가 함께 평가하며 문제 해결 방안을 공동으로 찾아 목표치를 달성하는 것이다.

둘째, 부품업체가 자체적인 합리화 노력을 통해 가공비를 줄일 경우, 사정 가공비와 실제 가공비의 차이는 원칙적으로 부품업체의 기술 개발 인센티브로 돌아가도록 배려하고 있다. 부품업체의 자체 합리화 활동으로부터 발생하는 이익을 부품업체의 기술개발 인센티브로 인정하는 것이다. 부품업체는 이러한 개발 이익을 토대로 인건비 상승에 대응하고 완성차업체의 비용절감 노력에 동참한다.

셋째, 완성차업체는 가치분석(VA)과 가치개발(VE) 제도를 활용하여 부품업체의 기술 개발 및 공정 혁신을 적극 지원하고 있다. 여기서 가치분석 및 가치개발 제도란 부품업체들이 자발적인 개선 및 제안 활동을 통해 부품개발의 비용 절감에 기여할 경우에 그 이익을 부품업체에게 돌려주는 제도를 말한다.

일본의 완성차업체는 이상의 방식을 통해 중소기업과 협력하여 이익을 창출하고 그 성과를 공유한다. 한국에서처럼 일방적인 단가 인하를 통해 부품업체를 압박하는 일은 찾아볼 수 없다. 이러한 성과공유제의 토대는 완성차업체와 부품업체 사이에 장기간에 걸쳐 구축된 협력적 관계다. 기업 간 신뢰에 바탕을 둔 협력공동체를 구축함으로써 기술, 정보와 지식을 공유하는 네트워크가 형성되고, 이것을 통해 완성차업체와 부품업체는 시너지 이익을 얻는다(홍장표, 『일본 자동차 산업의 부품거래관계와 노동자 간 격차』, 2006 참고).

사실 중소기업 문제는 한국 사회만의 특수한 문제는 아니다. 많은 나라에서 시장 구조의 취약성, 기업 역량의 미비, 지원 체계의 부실 등 중소기업이 직면한 여러 가지 문제들을 해결하기 위해 지속적인 노력을 펼치고 있다. 대기업과 중소기업 사이에 협력적 관계를 구축하기 위한 노력도 그 중의 하나다. 그 대표적인 사례가 바로 일본 자동차 산업의 협력적 성과공유제도다.

대기업과 중소기업의 관계를 뜯어고치자

그럼 중소기업의 구조적 문제들을 해결하기 위해서는 어떤 노력이 필요할까?

첫째, 대기업과 중소기업 사이에 공정한 하도급 거래를 실현하고 대기업이 중소기업과 협력적 관계를 맺도록 만들어야 한다. 그러자면 우선 재벌 대기업의 계열화와 계열사 간 내부거래를 엄격히 규제해야 한다. 또한 대기업과 중소기업 간 수평적 협력 네트워크의 구축에 필요한 인프라에 대해 정부가 적극 투자해야 한다.

협력적 기업 거래 관계의 구축을 위해서는 몇 가지 제도적 보완책이 필요하다. 먼저 하도급 업체 노사의 목소리를 반영할 협력 기구를 만들어야 한다. 그 방식은 '업종별 대중소기업 노사협의체'가 되어도 좋고, 산업별 교섭체계의 상설위원회로 '기업 간 협력발전위원회'를 구성하여도 무방할 것이다.

그리고 '하도급 공정화에 관한 법률'을 보완·개정해야 한다. 현재 권고사항으로 되어 있는 표준계약서를 일정 규모 이상(거래액 10억 이상, 기업 규모 500인 이상)의 경우, 의무화한다. 그래서 기업의 시장지배력 차이에 따라 발생하는 불공정한 거래 관계를 개선해야 한다.

이 밖에도 불공정거래의 행동 유인을 줄이기 위해서는 공개경쟁입찰제의 정착, 하도급 거래의 정보 공개, 부품의 표준화와 범용화 지원 등이 필요하다. 또한 불공정거래 행위에 대한 상시 감시체제를 구축하기 위해 '산업별 노사정 공동감시단'을 설립하고 운영하는 게 바람직하겠다.

둘째, 독립형 중소기업을 지원하기 위해서는 정부 자금의 효율적 지원, 금융기관의 공공성 확보 등을 추진해야 한다. 정부기구 내에 중소기업부를 설치하여 중소기업 지원 정책의 실효성을 높이는 것도 한 방안이 될 수 있다. 한편 중소기업의 인력난을 해결하기 위해서는 중소기업 작업현장의 근무여건을 개선하고, 혁신 역량 강화를 위한 교육훈련 자원을 확충하여 숙련 향상과 직업 안정성을 도모해야 한다. 이를 위해 '중소기업 인력지원을 위한 특별조치법'을 전면 개정해야 한다.

5. 지금, 어디에서 시작할 것인가? : ② 대형 유통업 규제와 지역 중소상인 살리기

두 번째로 살펴볼 것은 지역 중소 유통업을 회생시킬 방안이다.

대형 할인점의 증가와 기존 영세 소매업자의 쇠퇴는 근본적으로 정부의 급격한 소매시장 개방 정책의 결과였다. 유통업과 도·소매업의 급격한 개방은 재래시장 및 영세 소매업자에게 심각한 피해를 입히고 있다. 한미 FTA로 제품 및 서비스 개방이 전면화되면, 대형 유통업체의 증가, 전문 대형업체의 등장, 전자통신 판매업의 대형화로 인해 중소 유통업의 피해가 가중될 것이다. 이러한 상황에서 중소 영세 상인들의 생존권을 보호하고 유통산업을 합리적으로 발전시키려면, 다음의 정책들이 필요하다.

첫째, 대형 유통업체의 출점과 영업 활동에 대한 사회적 규제 장치를 마련해야 한다. 대형 유통업체 간 설립 경쟁이 격화되고 있기 때문에, 이러한 특단의 규제 조치를 실시하지 않는다면, 재래시장과 영세 상인의 몰락은 건잡을 수 없을 것이다. 대형 할인점의 개점 및 영업을 직접 규제해야 한다. 그러지 않으면 정부가 추진 중인 재래시장과 영세 상인에 대한 경쟁력 강화 대책은 사실상 실효성을 발휘하기 힘들다.

그러나 문제는 "어떤 방식으로 대규모 업체를 규제할 것이며, 이러한 정책 조치가 국내외 법체계와 조응할 수 있는가"이다. 대규모 업체의 영업 활동 자체를 막을 수는 없기 때문에 규모와 위치, 입점 품목과 영업시간을 법으로 규제하는 게 더 바람직할 것이다.

한편 대규모 매장이 개점하려 할 때 환경과 교통에 대한 영향평가를 보다 엄격히 실시하고, 상권商圈에 대한 영향평가를 통해 영세 중소 상인들의 피해를 최소화해야 한다. 현행법이 규정하는 대규모 할인점의 입점시 환경 및 교통 영향평가 조항을 보다 강화하는 동시에, 주변 공원 설립, 야간 주차장 개방, 어린이집 건립 등 지역사회에 기여할 공익사업을 의무화해야 한다. 또한 영향평가의 핵심 조항으로 주변 상권에 대한 파급력 조사를 추가함으로써, 입점시 나타날 중소 영세 상인들의 피해에 대해 사전에 대책을 세워야 한다.

지역 유통산업의 새로운 모델을 만들자

둘째, 소매업을 비롯한 유통업은 지역경제의 중핵이다. 따라서 국가 차원의 유통산업정책을 제외하고는 지자체에 그 관할권을 이관하는 게 바람직하다. 유통 관련 정책결정권을 지자체로 점차 이전하는 것은 민주주의의 원칙에도 부합할 뿐만 아니라 독자적이고 차별적인 지역경제 발전정책을 생산하는 데도 좀 더 타당하다고 볼 수 있다. 이것은 일본과 주요 유럽 국가들이 시행하고 있는 정책 방향이다. 중앙정부는 가이드라인만 제시하고 지방자치단체는 각자의 특성과 여건에 맞게 규제 수준을 결정하는 것이다.

지역 유통산업의 균형발전을 위한 특별법 발의안

이 법안은 먼저 대형 유통업에 대한 실질적 규제 방안을 담고 있다. 입법안의 목적으로 "대규모 점포의 사업 활동을 조정하여 중소 유통업자의 사업 활동 기회를 확보하고, 중소 유통업의 협업화를 장려해 지역산품의 소비를 촉진함으로써 지역경제의 균형 있는 발전과 국민생활 향상에 이바지함"을 분명히 밝히고 있다. 이를 위해 지방자치단체는 대규모 점포의 개설 허가 및 대규모 점포의 사업 활동 조정, 지역 유통산업의 균형발전 등을 심의하기 위한 '유통산업균형발전위원회'를 설치하고, '지역유통산업균형발전기본계획'을 수립해 시행해야 한다는 것을 명시하고 있다.

그 구체적인 방안으로 첫째, 대규모 점포의 설립 제한을 위해 지방자치단체는 대규모 점포가 설립 허가를 신청할 때 공청회를 통해 지역주민의 의견을 들어야 하며, 유통산업균형발전위원회의 심의를 거쳐 인구기준 개설 점포수를 초과한 경우나 상업 시설의 적정 면적을 초과한 경우에는 설립 허가를 할 수 없도록 했다.

둘째, 품목 제한에 대한 규정이다. 지방자치단체장은 인근지역 중소 유통업의 균형발전을 저해할 우려가 있을 경우 해당 중소 유통업자로부터 대규모 점포 영업 품목 제한 신청을 받아 지역유통균형발전위원회의 심의를 거쳐 1년 이내 범위에서 해당 영업 품목의 제한 명령을 할 수 있도록 했다.

셋째, 의무 휴일 일수 및 영업시간을 규정하고 있다.

넷째, 영업정지 또는 과태료를 엄격히 규정하고 있다.

한편 중소 영세 상인을 지역경제의 주체로 세우기 위해 먼저 지역 유통조합의 결성을 장려하고 있다. 지역 중소 유통업자는 상점의 밀집성 여부와 관계없이 지역 유통조합을 결성할 수 있으며, 정부와 지방자치단체장은 지역 유통조합이 공동 상호(商號) 또는 자기부착상표의 개발·보급, 점포 시설의 표준화, 판매 촉진 등 공동사업을 수행하는 경우 필요한 자금을 지원하거나 보조할 수 있도록 했다.

둘째, 지역 소비자회의 역할을 강화하고 있다. 지역 주민은 지역 생산품의 지역 소비 및 유통 이윤의 지역 재투자를 증진하기 위하여 지역 소비자회를 설립할 수 있으며, 정부와 지방자치단체장은 지역 소비자회가 지역 생산품의 판촉, 중소 유통업자의 애용 등을 위한 홍보 사업 등을 수행하는 경우 이에 필요한 행정적·재정적 지원을 할 수 있도록 했다(민주노동당, 「지역유통산업균형발전을 위한 특별법 발의안」, 2006 참고).

그러자면 지역 내 이해당사자의 참여와 이해를 반영할 기구와 제도를 만들어야 한다. 먼저, 지자체, 대자본 및 중소자본 사업자 그리고 지역 시민단체로 구성된 지역 내 협의기구 가칭 "지역유통발전위원회"를 구성해서 대형 유통업체의 진입과 영업을 둘러싼 이해갈등을 조정하고 공생의 길을 모색해야 한다. 이러한 점에서 지난 2006년 5월 민주노동당이 발의한 '지역유통산업 균형발전을 위한 특별법' 사례는 주목할 만하다.

셋째로 중소 유통업의 활성화를 위해서 기존의 재래시장연합회, 소상인조합과 (생활)협동조합 간 협력 모델을 발전시키고 지역 시민·노동 단체를 중심으로 다양한 '대안 상거래'의 전형들을 개발해야 한다. 정부의 지원육성 정책이 실제로 효과를 발휘할 수 있으려면 중소 상인들 스스로 과잉 경쟁을 조율하고 협력 이익을 나눌 수 있는 체계를 구축해야 한다. 예를 들어 지자체가 지원해서 지역 중소상인들이 공동 브랜드를 개발하고 공동 물류망을 확보한다면 어떨까? 저가 공세를 앞세운 대형 유통업체의 횡포를 막을 수 있을 것이다.

또한 이러한 중소상인들의 자발적인 협력 모델에 구매자로서 시민과 노동자들의 대안적 상거래 활동까지 결합된다면 효과는 더욱 극대화될 것이다. 이미 지방의 몇몇 곳에서 전개하고 있는 '대안적 먹거리 유통망(대구)', '지역사랑 상품권(거제)' 등 지역 주민의 집단적 구매운동은 중소 상인들 간 연계 강화를 위한 모범 사례라 할 수 있다.

6. 지금, 어디에서 시작할 것인가? : ③ 지역 산업을 살리기 위한 노·사·정의 노력

마지막으로 제안할 것은 지역 산업을 살리기 위해 노·사·정이 책임을 함께 나눠야 한다는 것이다.

지역 중소기업의 몰락과 제조업의 퇴조는 어제오늘의 이야기가 아니다. 하지만 정부 정책의 부실과 대기업의 책임 회피로 지역 산업경제의 상황은 점점 더 어려워지고 있다. 특히 제조업 공동화는 무원칙한 해외 이전과 해외 진출의 결과물이다.

중국으로의 '묻지 마 투자'는 저임금 활용과 수출 촉진에 목적을 두고 있다. '묻지 마 투자'는 1997년 외환위기 이전에는 섬유, 의료, 신발과 가죽 등 노동집약적 업종을 중심으로 이루어졌다. 하지만 2000년대에 들어 수송기계, 전자통신과 석유화학 등 제조업 주력 업종으로까지 확산되고 있다. 이러한 추세가 지속된다면, 향후 10년 내에 국내의 제조업 기반은 무너지고 대대적인 구조조정과 대량 해고가 닥칠 것이다.

기업은 이러한 상황을 타개하기 위해서라며 끊임없이 비용 부담의 축소를 요구한다. 하지만 이러한 재계의 요구는 산업 공동화의 지역별·규모별 차이를 무시한 채 오로지 '기업하기 좋은 나라' 담론을 되뇌는 것일 뿐이다.

더 큰 문제는 정부의 입장이다. 정부는 아직 제조업 공동화가 심각한 수준이 아니라고 진단하면서 다른 한편으로는 산업 고도화를 위해 저부가가치 제조업의 퇴출은 어쩔 수 없다고 말한다. 경쟁력이 없는 중소기업이 몰락하는 것은 당연하다는 이야기다. 이와 같이 산업 공동화에 대해 기업과 정부는 비록 외관상으로는 산업 고도화와 경쟁력 강화를 주장하지만, 본질적으로는 비용 절감을 위한 구조조정에 초점을 맞추고 있다.

산업 공동화 위기를 고품질 생산으로 나아갈 기회로 활용하자

그렇다면 지역 산업의 공동화를 극복하기 위해서는 무엇이 필요한가? 무엇보다도 지역 산업경제의 심각성을 인식하고 이 문제를 해결하기 위해 서로 협력하는 노·사·정의 공동 노력이 필요하다. 물론 지역 산업의 공동화에 대한 노·사·정의 이해관계는 서로 다를 수 있다. 따라서 대응 방식에서도 시각 차이가 뚜렷이 나타난다. 하지만 위기의식을 공유한다면 적어도 다음의 내용에 대해서는 노·사·정이 서로 협력할 수 있을 것이다.

첫째, 정부와 기업은 산업 공동화를 단순히 구조조정을 위한 계기로 악용할 것이 아니라 산업 고도화와 고부가가치화를 지향하는 하이로드 전략으로 나아가기 위한 과정으로 바라봐야 한다. 외주화와 비정규직 확대를 통한 인건비 절감에 목을 매기보다는 노동자의 직업 능력과 숙련 향상을 통해 고품질 생산 모델을 지향하게 된다면, 노동자들도 창의성과 책임성을 발휘할 수 있을 것이다.

둘째, 산업 경쟁력 향상을 위해서는 기업의 경쟁력 강화가 필요하다는 점에서 개별 기업의 노력이 중요하다. 하지만 이에 더해 정부의 적극적인 정책 지원이 있어야 한다. 개별 기업의 경쟁력 강화 전략만으로는 한계가 있기 때문이다. 더 나아가 개별 기업의 경쟁력을 넘어서 산업 경쟁력을 높이기 위해서는 신기술 개발의 지원과 설비 투자에 대한 보조, 해외 이전에 대한 사회적 규제와 국내 투자에 대한 지원, 한계 기업과 사양 산업에 대한 포용 등 정부가 적극적인 조치를 취해야 한다.

셋째, 산업 공동화의 대응 과정에서 정부와 자본은 노동자와 노동조합의 역할과 기능을 무시하고 있다. 하지만 산업 공동화에 대한 선진국의 성공적인 대응 사례를 보라. 대부분 노동자와 노동조합의 주체적 참여와 책임 있는 활동을 동반하고 있다. 노동자야말로 산업 혁신의 담지자이기 때문에 이들

독일 폭스바겐 노사의 오토 5000 모델과 지역 노·사·정의 오토비전 프로젝트

폭스바겐은 노사 간의 대등한 협력에 기초한 공동 결정을 전 기업 차원에서 실현하고 있는 대표적 회사이다. 하지만 폭스바겐은 여기에 머무르지 않았다. 폭스바겐의 노사는 지역사회의 책임 있는 경제 주체로서 지역사회의 고용 문제와 산업 문제를 해결하기 위해 나섰다.

먼저 2000년, 폭스바겐의 노사는 '오토 5000'이라는 단체협약을 통해 볼프스부르크에 미니밴 신설 공장을 짓고 이에 필요한 인력을 지역의 실업자 중에서 충원하기로 합의했다. 이때 폭스바겐의 사용자는 지역의 고실업 상태를 해결하기 위해서는 국내 생산 기반에 대한 투자가 필요하다는 점을 인정했고, 노동조합은 고용 창출에 기여할 생산성 향상과 적정 임금에 합의했다. 이러한 폭스바겐 노사의 대타협 덕분에 지역 실업자 5천 명이 새로운 일자리를 얻게 되었고, 이는 다시 지역 내 '책임기업'으로서 폭스바겐의 위상을 높이는 계기가 되었다.

또한 폭스바겐의 노사와 지역 정부는 민주적 거버넌스에 기반을 둔 '오토비전' 프로젝트를 통해 지역사회에 대한 연대 책임을 적극 수행했다. 이 프로젝트는 지역 산업 및 경제의 중추 역할을 담당한 대기업 노사가 경기불황과 고실업이라는 악조건 아래에서도 지역사회의 다른 중소기업, 노동자, 그리고 주민을 위해 무엇을 할 수 있는지 잘 보여 준다. 폭스바겐 사는 지역사회의 문화, 주거 환경과 생활 여건을 개선하는 사회 공헌 활동만 한 게 아니다. 더 나아가 다양한 형태의 협력 프로그램을 통해 지역 내 기업 간 기술 이전, 공동 연구, 공동 직업훈련 등과 같은 실질적인 산업 혁신 활동을 주도했다.

바로 이러한 활동 덕분에 독일 중북부 지역의 산업 입지 역량이 강화됐고, 많은 새 기업들이 이곳으로 이주했다. 창업 활동 또한 활성화되었다. 이러한 긍정적 연쇄 작용은 실업 축소와 고용 창출뿐만 아니라, 폭스바겐의 기업 경쟁력 향상에도 물론 기여했다.

의 동의와 참여 없이는 산업발전에 분명히 한계가 있다. 즉, 노동 배제적 구조조정 정책은 막대한 자본 투입에도 불구하고 설비 의존적 합리화의 함정에 빠지게 된다. 비용경쟁력의 원천을 인건비 절감에서만 찾는다면, 결국 고품질과 고부가가치를 지향하는 생산 체계를 만들어 내지 못하고 만다.

마지막으로 재벌체제에서 대기업 노사의 위상과 역할을 높여야 한다. 대기업 사용자의 사회적 책임은 국내 생산 입지에 대한 실질적인 투자로 나타나야 한다. 그리고 대기업 노동조합의 사회적 연대는 고용친화적 지역산업 혁신을 위한 협의기구에 적극 개입하는 것으로 나타나야 한다.

이 대목에서 우리에게 훌륭한 참고 사례는 독일의 폭스바겐 사다. 이 사례는 지역경제의 구조 고도화와 지역 산업의 혁신적 발전을 위해서 지역 정부와 대기업 노사가 어떤 역할과 기능을 수행해야 할지 풍부한 시사를 던져 준다.

폭스바겐 사례는 최근 몇 년간 사회적 쟁점으로 떠오르고 있는 지역 산업의 퇴행화와 산업 공동화 문제에 대해 국내 대기업들이 보여 주는 무책임한 태도와 극명히 대비된다.

해외 진출 자체를 금지할 수는 없다. 하지만 기존 국내 산업 입지에 대한 재투자와 구조 고도화, 즉 혁신적 산업 입지로의 전환을 통한 산업 연관 및 분업 관계의 발전이 필요하다. 단기적 비용 경쟁력 향상만을 노리는 급속한 해외 진출은 결국 저가 경쟁의 소용돌이에 말려들고 말 것이다.

기업 측에 내버려둬서는 일이 안 된다면, 결국 이 문제를 기업에 제기하고 압박할 수 있는 주체는 지자체, 시민사회단체, 노동조합이다. 중심 기업의 이전으로 발생하는 지역 산업 부실화의 최대 피해자는 바로 그 지역 노동자와 주민이기 때문이다.

이런 점에서, 최대 이해당사자(피고용인이고 주민)인 노동자와 노동조합의 태도가 중요하다. 조직 노동자의 고용 안정 및 생활 보장을 요구하는 것만으로는 정당성을 확보할 수 없을 뿐만 아니라 사회적 고립에 빠지기 쉽다. 지역사회의 물적 토대를 구성하는 산업발전 역량을 지속적으로 유지할 방안들을 중심 기업의 사회적 책임과 결부시켜 제시해야 한다. 지역사회의 여론으로부터 점점 고립되고 있는 노동운동의 사회적 정당성을 되찾기 위해서라도 대기업의 지역사회에 대한 책임 활동, 즉 사회복지 시설의 공동 이용, 직업훈련 및 교육 시설의 공유, 지역 노동시장 제도의 공동 개발을 앞장서서 실현해야 한다. 또한 하청 및 협력업체, 비정규직에 대한 노동조합의 책임 있는 태도와 구체적인 실천이 반드시 필요하다.

6장

사회 국가의 대외 전략 : 안보 국가를 넘어 평화 공동체로

1. 왜 '안보'가 아니라 '평화'인가?

한반도는 구한말 이후 여러 차례 전쟁의 참화를 겪었다. 한국전쟁 때에는 당시 전체 인구의 5분의 1에 해당하는 400만 명 이상의 민간인과 군인이 죽임을 당했다. 그 정도의 고통을 겪었다면, 어쩌면 고통스런 전쟁의 기억을 평화의 철학으로 승화시킬 수 있었을지도 모른다.

하지만 남한과 북한의 국가는 전쟁의 기억을 독점하고, 이를 빌미로 억압적인 국가 건설에 동원했다. 평화 통일을 주장하던 조봉암의 사형은 평화가 안보에게 밀려난 상징적인 사건이었다.

그 후 전쟁을 청산하지 못한 '전쟁 상태'가 지속되는 동안 남·북한 모두에서 '국가 안보'는 절체절명의 성역이 되었다. 군사주의에 찌든 남·북한 사회에서 국가 안보에 의문을 제기하는 것은 용납될 수 없었다.

남북 관계가 좀 나아진 지금도 남·북한은 상대방의 위협을 우려하며 국가 안보에 많은 재원을 투입하고 있다. 휴전선 일대에는 여전히 전체 병력의 70퍼센트가 전진 배치돼 있다. 휴전선을 마주한 남·북한의 100만 병력 때문에 휴전선 일대는 세계 최고 수준의 병력 밀도를 자랑하는 지역이 되어버렸다.

남한과 북한이 만약 앞으로도 '국가 안보'에 매달린다면, 지금과 마찬가지로 비록 전면전은 발발하지 않는다 할지라도, 끊임없이 위협에 시달릴 것이다. 그리고 그 위협을 명분으로, '국가 안보'를 위해 '인간 안보'를 포기하는 상태가 지속될 것이다.

우리는 이러한 중무장한 평화 혹은 불안한 평화를 지향할 수 없다. 오히려 갈등과 위협의 원인을 제거함으로써 인간 개개인이 안심하며 살 수 있는 평화, 곧 적극적 평화를 지향해야 한다. 그러자면 우선 전쟁과 군사 분야를 독점해 온 안보 국가를 개혁하고, 사회·지역·개인에게 정당한 권리를 부여하는 데서부터 출발해야 한다.

전쟁이 없다고 평화라고 할 수 없다

한국 정부는 북한과 주변국들을 상대로 안보를 지킨다며 2020년까지 621조 원을 투입하겠다고 한다(그러한 군사력 건설이 북한과 주변국의 군사 위협에 대한 적절한 대응책인가는 나중에 살펴보기로 한다).

그런데 정부가 간과하고 있는 것이 있다. 과중한 군사력 건설이 사회 통합을 저해할 수 있다는 점이다. 군사비 증가는 복지 재원을 확보하는 데 장애물이 된다. 앞 장들에서 계속 강조한 것처럼, 사회 양극 구조의 해소와 보편적 복지의 실현은 한국 사회의 분열과 갈등, 위기 양상을 치유하기 위한 핵심 과제다. 그러나 국가는 군사력 건설과 복지 사이의 예산 균형에 대한 해석과 정책을 독점하고 있다.

북한과 주변국의 군사적 위협 이외에도 지금 우리는 다양한 위협들을 경험하고 있다. 화석연료에 기댄 대량 생산·대량 폐기의 문명을 위협하는 환경 위기가 대표적이다. 기후변화정부간위원회IPCC는 지구 평균 기온이 섭씨 3도 상승할 경우 세계 대도시의 70퍼센트가 물에 잠기며 생물의 50퍼센트가 멸종 위기에 처할 것이라고 경고한 바 있다.

그뿐 아니라 불평등한 세계질서가 세계화의 결과로 더욱 심각한 위기를 불러일으키기도 한다. 그 단적인 예가 제3세계의 빈곤과 실패 국가failed states에서 비롯되는 내전, 범죄와 테러의 세계화다. 세계화의 어두운 그늘에서 한국도 예외는 아니다. 탈레반의 한국인 납치나 소말리아의 한국 선박 및 한국인 납치가 단적인 사례다.

이러한 사안들 이외에도 우리의 삶을 위협하는 무수히 많은 일들이 있다. 빈곤, 질병, 실업, 정보 범죄, 소형 무기 등이 그렇다.

그런데 미국은 범죄와 테러를 대상으로 장기전쟁을 벌이겠다며, 아프가니스탄과 이라크를 침략했다. 그와 동시에 애국자법 같은 억압적 법률을 통해 국내 민주주의를 제약하고 나섰다. 그러나 제3세계 빈곤이 테러의 근본 배경임을 감안하면, 이것은 실패할 수밖에 없는 전쟁이다. 부시의 전쟁은 전쟁 기업들을 살렸을지는 몰라도, 민간인과 민주주의를 구할 수는 없었다.

국가가 안보의 유일한 주체인가?

이렇듯 다양해지는 위협들에 맞서 정부는 '포괄적 안보'comprehensive security란 말을 들고 나온다. 그러나 '포괄적 안보'는 테러와의 전쟁에서 국가의 독단적인 군사행동을 정당화하거나 포괄적 위협에 대한 정부의 군사력 증강을 합리화하는 논리로 전락했다.

또한 안보를 독점하려는 국가의 행동이 민주주의를 제약하거나 심지어는 배격하고 있다. 대다수 국민 의사와, 침략 전쟁을 부인한 헌법 원리를 도외시하고, 정부가 일방적으로 이라크에 군대를 파견한 것이 단적인 사례다.

원래 국가가 사회의 위에 서서 안보를 독점한 것은 근대 이후에 비로소 나타난 현상이다. 또한 '국가 안보'가 지배적인 논리가 된 것은 2차 세계대전 이후의 일이다. 그 전에는 국가 이외에도 사회 공동체, 지역 공동체, 그리고 개인들이 다양한 위협에 대처했었다.

그런데 세계화의 진전에 따라 다양한 위협들이 등장하는 것과 동시에 다시 다양한 주체들이 등장하고 있다. 유엔 등의 국제기구, 다양한 국제 시민사회 조직, 기업, 개인들이 그렇다. 특히 이미 1만5천여 개를 헤아리는 국제 시민조직들은 각종 국제기구, 개별 국가와 연계하여 군비 축소, 환경 보전, 인권 향상 등 다양한 역할을 수행하고 있다. 또한 국가연합의 속성을 지니면서도 단일한 행위자로 기능하는 유럽연합과 같은 새로운 행위자가 등장하

그림 10 | 평화 공동체의 얼개

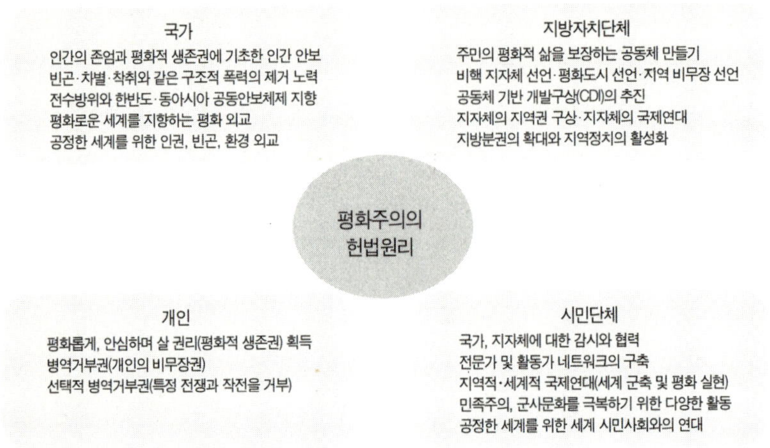

국가
인간의 존엄과 평화적 생존권에 기초한 인간 안보
빈곤·차별·착취와 같은 구조적 폭력의 제거 노력
전수방위와 한반도·동아시아 공동안보체제 지향
평화로운 세계를 지향하는 평화 외교
공정한 세계를 위한 인권, 빈곤, 환경 외교

지방자치단체
주민의 평화적 삶을 보장하는 공동체 만들기
비핵 지자체 선언·평화도시 선언·지역 비무장 선언
공동체 기반 개발구상(CDI)의 추진
지자체의 지역권 구상·지자체의 국제연대
지방분권의 확대와 지역정치의 활성화

평화주의의 헌법원리

개인
평화롭게, 안심하며 살 권리(평화적 생존권) 획득
병역거부권(개인의 비무장권)
선택적 병역거부권(특정 전쟁과 작전을 거부)

시민단체
국가, 지자체에 대한 감시와 협력
전문가 및 활동가 네트워크의 구축
지역적·세계적 국제연대(세계 군축 및 평화 실현)
민족주의, 군사문화를 극복하기 위한 다양한 활동
공정한 세계를 위한 세계 시민사회와의 연대

기도 한다. 1990년대 중반의 대인지뢰금지협약ICBL이나 소형 무기 수출 금지 운동, 핵무기에 관한 세계법정 프로젝트, 핵확산금지조약NPT 2000년 재검토회의의 최종 문서, 공정무역fair trade 운동 등은 모두 국제기구, 국제 시민사회 조직, 개별 국가들이 협력하여 이룬 성과들이다.

또한 민주주의가 자리 잡으면서 이에 따라 국내에서도 다양한 행위자들이 등장하고 있다. 다양한 시민사회 조직들은 통일, 평화, 환경, 인권 영역에서 국가를 감시하고 시민의 참여를 이루려 노력하고 있다. 병역을 거부하는 개인들도 나타나고 있다. 또한 '평화의 섬'을 선언한 제주도처럼 지방 차원의 움직임도 있다.

이제 국가가 독점해 온 안보를 개혁해서 사회·지역·개인에게 정당한 권리를 돌려주어야 한다. 그리고 그 힘을 바탕으로, 인간 개개인이 안심하고 살아갈 평화 공동체를 향해 나아가야 한다.

2. 평화 공동체란 무엇인가?

평화 공동체는 시민이 주체가 되어 평화적 방법으로 대내외적 평화를 추구하는 사회 공동체다. 국가의 안보 독점을 개혁하고, 사회·지역·개인이 평화를 추구할 정당한 권리를 갖는 공동체다.

우리가 굳이 평화 '국가'라 하지 않고 평화 '공동체'라 한 것은 두 가지 이유 때문이다. 첫 번째 이유는 평화는 한 국가 차원을 넘어서 국가 간 협력으로 나타날 수밖에 없다는 점이다. 그래서 국가들의 공동체라는 의미에서 평화 '공동체'라 표현한 것이다. 두 번째 이유는 기존의 국가기구를 넘어서 시민사회가 평화 건설의 주역이 되어야 한다는 점이다. 그래서 각국의 시민사회까지를 포괄한 보다 복합적인 관계망으로서 평화 '공동체'라 이름 붙인 것이다.

'소극적' 평화가 아니라 '적극적' 평화를 지향한다

소극적 평화관에 입각한 안보 국가는 앞서 지적한 것처럼 인간 개개인이 안심하고 살 수 있는 충분조건을 제공하지 못한다. 평화 공동체는 인간 개개인이 안심하고 살 수 있는 평화 곧 적극적 평화를 지향한다.

적극적 평화란 인간이 본래 갖춘 육체적·정신적 가능성의 실현을 방해하는 모든 것, 즉 일체의 폭력이 없는 상태를 의미한다. 적극적 평화를 이루기 위해 극복해야 할 주요한 폭력은 전쟁과 같은 직접적 폭력과 빈곤, 착취, 차별과 같은 구조적 폭력이다.

이들 폭력의 제거는 사회 국가가 장기간 지향해야 할 기본 방향이라 할 수 있다. 이러한 적극적 평화의 지향은 '인간 안보'human security 개념에 잘 집약

마흐붑 울 하크의 '인간 안보'론

유엔개발계획(UNDP)이 제창한 '인간 안보' 개념을 이론적으로 뒷받침한 것으로 평가받는 인물은 파키스탄의 경제학자 마흐붑 울 하크(Mahbub ul Haq)다. 그의 입장은 "New Imperatives of Human Security"(1994)라는 논문에 잘 정리되어 있다.

그는 누구를 위한 안보인가 라는 문제에 대해, 인간 안보는 국가와 민족을 대상으로 하는 것이 아니라 개인과 사람을 대상으로 한다고 지적한다. 보호해야 할 가치가 무엇인가 하는 문제에 대해서는 개인의 안전(safety)을 우선순위에 놓는다. 전통적인 안보개념이 영토적 통합과 국가 주권을 우선시하는 데 비해 그는 가정, 직장, 거리, 공동체, 환경에 존재하는 모든 사람들의 안전을 중시한다.

이들 가치에 대한 위협이 무엇인가 라는 물음에 대해 그는 마약, 질병, 테러리즘, 빈곤을 꼽는다. 이러한 목록은 사실 몇몇 국가들과 엘리트들이 지배하는 불공평한 세계질서가 광범위한 인류의 삶을 손상시키고 있다는 인식을 바탕에 깐 것이다. 이러한 세계질서는, 그에 따르면, 개발, 군사 안보에 대한 의존, 전 지구 차원의 남북 분단(남반구와 북반구 사이의 빈부 격차), 국제기구의 주변화에 의한 것이다.

그렇다면 무엇을 해야 하는가? 즉 인간 안보를 증진할 방법에 대해서 그는 인간 안보는 '군비가 아닌 개발(development)'을 통해서 증진되는 것이며, 새로운 안보 개념에 생명을 불어넣기 위해서는 다섯 가지의 급진적인 단계를 취해야 한다고 지적한다. 첫째 공평·지속 가능성·풀뿌리 참여에 초점을 둔 인간 개발, 둘째 폭넓은 인간 안보 의제, 셋째 세계 시장에 대한 공평한 접근 및 경제구조 개혁에 초점을 둔 공정한 남반구·북반구 파트너십 형성, 넷째 IMF, UN 등의 국제기구를 개혁하기 위한 지구적 거버넌스의 새로운 틀, 다섯째 지구 시민사회의 역할이 그것이다.

돼 있다. 물리적 폭력의 공포로부터의 자유, 빈곤 등 결핍으로부터의 자유를 강조하는 인간 안보 정책은 사회 국가가 지향하는 정책 방향과 일치한다.

대한민국 헌법은 침략 전쟁의 부인, 방어만을 위한 군사력 사용을 규정하고 있는 평화주의 헌법이다. 그러나 이러한 헌법 원리는 아직까지 현실적으로 지켜지지 않고 있다. 또한 평화적 기본권이 포함되어 있지 않다는 점에서 헌법 자체의 미비점도 존재한다.

그러므로 사회 국가는 평화주의의 원리에 입각하여 헌법 원리를 재정비해야 한다(구체적인 내용은 이 책의 7장을 보라). 설령 평화주의에 확고히 뿌리를 둔 헌법 만들기가 늦어지더라도 현행 헌법 원리에 비추어 국가의 행위를 제한해야 한다. 그러자면 '국가 안보'라는 이름으로 자원과 인력을 동원하는 국가 및 공권력의 제반 행위에 대해 헌법이 규정한 평화주의에 부합하는 적절한 평화적 기준과 원칙을 마련하는 것이 우선 필요하다.

평화 공동체 건설은 민주화의 또 다른 영역

평화 공동체는 평화주의적 헌법 원리에 기초하여 국가의 민주적 개혁, 특히 안보의 민주화에 역점을 둔다. 국가 안보 분야에서 국가와 시민사회는 민주적 거버넌스를 통해 방위 전략 전반을 재검토하는 작업을 펼쳐야 한다.

이를 위해서는 1989년 독일에서 시행한 바 있는 '공동안보와 군의 미래 연구 위원회'와 같은 기구를 설치해야 할 것이다. 당시 독일에서는 연방군을 개혁하기 위해 다양한 경력의 인사들이 참여하는 위원회를 구성하여 개혁안을 만들었고, 국방부가 이 위원회의 개혁안과 합동참모본부의 개혁안을 토대로 연방군 개혁안을 완성했다.

물론 국가는 평화 공동체 내에서도 가장 중요한 주체로 남을 것이다. 하지만 그 역할과 정책은 크게 달라져야 한다. 그동안 안보의 이름으로 국가가 독점해 온 권력들을 사회적으로 재분배해야 한다. 억압적 기구와 법률의 폐지, 기지 및 병력 이동에 관한 거부권, 지역의 비무장 권리, 강제 토지 수용에 대한 거부권, 강제 징병에 대한 거부권 등을 통해 권력을 사회에 환원해야 한다. 동시에 엘리트 관료가 독점한 정책 생산 및 수행 과정에 지역 단체, 시민사회 조직이 참여하여 감시할 수 있어야 한다.

민주주의가 더욱 발전한다면, 사회적 합의를 거쳐 국가권력이 원활하게 사회적으로 재분배될 수 있다. 이런 점에서 평화 공동체 구축은 제2의 민주화, '강한' 민주주의 건설의 또 다른 영역이라 하겠다.

다음으로 국가는 적극적 평화와 인간 안보를 실현할 국가정책을 수립하고, 이를 군사 안보·외교 분야에도 적용해야 한다. 우선 군사 차원에서는 최소한의 방어력만을 갖는 방어적 방위와 공동안보를 지향해야 한다. 공격적 방위 정책은 주변국 사이에 군비 경쟁을 부추길 뿐이다. 유럽안보협력회의 CSCE의 사례처럼 상호 공생을 전제로 한 안보 협력(공동안보)을 추진하는 것이 장기적으로 군사 위협을 줄이는 대안이 될 수 있다.

그리고 외교 차원에서는 평화 외교, 윤리 외교를 지향한다. 동아시아의 갈등을 해결하는 중개자 역할을 하는 것도 하나의 대안이다. 그와 동시에 지구 공동체의 일원으로서 남북 문제, 빈곤 문제, 환경 위기, 테러리즘, 전염병 등에 적극 임해야 한다.

평화 공동체 만들기와 한반도·동아시아 평화

남한을 평화 공동체로 바꿔 가는 것은 결코 쉽지 않은 과제다. 아직까지 그럴 만한 주체가 충분히 형성되었다고 볼 수 없기 때문이다. 그러므로 복지 동맹에 더해 평화동맹을 형성해 평화-복지의 교차 동맹을 구축하는 것이 지금 민주노동당을 비롯한 진보정치세력과 시민사회 조직들 앞에 닥친 중대한 과제다.

한데 이렇게 우선 남한부터 바꾸자고 이야기하는 것이 한반도 분단의 특수성을 무시한 것 아니냐는 비판이 있을 수 있다. 그러나 우리는 남한의 변화가 남북 관계, 북한, 더 나아가 동아시아 전체에 긍정적 영향을 미칠 것이라고 본다.

지금 한반도 정전체제가 종식될 가능성이 점점 더 높아지고 있다. 이러한 변화의 조짐이 실질적인 평화체제 정착으로 이어지려면, 한반도 차원의 국가 간 관계 변동이 남·북한 내부의 국가 안보, 절대 안보 정책의 변화로 이어져야만 한다. 남한은 변화하지 않은 채 북한과 주변국의 변화만을 요구하고 그것을 가능하게 할 수는 없다. 물론 남한의 '완전한' 변화(변화의 '시작'이 아닌)는 북한 및 주변국과의 상호작용 과정의 결과일 가능성이 높지만 말이다.

국가 안보의 전환과 군비 축소의 실현은 남·북한 사이의 군사적 적대 구조를 청산하는 데 기여할 것이며, 간접적으로 북한의 변화로도 이어질 것이다. 동시에 민중이 평화와 통일의 주체로 참여할 물질적·정신적 조건을 마련하는 계기가 될 수도 있다.

이러한 변화들은 남북 경제 협력, 사회 문화 협력의 진전을 통해 나타날 효과들과 맞물려 한반도 내부의 평화 동력을 형성하는 데 기여할 것이다. '6·15 시대'라는 말로 표현되기도 하는 한반도 문제의 자주화 혹은 한반도 문제의 한반도화도 이렇게 해서 비로소 돌이킬 수 없는 흐름으로 자리 잡을 수 있는 것이다.

또한 국가 중심의 안보 논의를 넘어선 적극적 평화주의는 남한이나 한반도를 넘어서 동아시아 차원의 평화 공동체 건설 운동의 연료가 될 수 있다. 변동기의 동아시아 국제질서 속에서 개별 국가, 사회 공동체의 자율성이 그만큼 넓어지고 있다. 남한과 북한의 변화는 보통국가(군대를 갖는)를 지향하는 일본의 움직임을 차단하는 계기가 될 수도 있고, 미국과 중국의 잠재적 대립을 누그러뜨리는 역할을 할 수도 있다. 남·북한이 평화 건설의 주도 국가로 부상할 기회와 가능성이 충분히 존재하는 것이다.

3. 평화 공동체를 위해 지역은 무엇을 할 것인가?

지방자치단체를 '지방 정부'라고도 하는 데서도 알 수 있듯이 지자체는 우리 곁에 '가장 가까운 정부'라 할 수 있다. 언뜻 지자체와 평화를 연결하는 것이 낯설게 들릴 수도 있다. 그러나 "주민의 편의와 복리 증진을 위하여 노력"(지방자치법 제8조)한다는 지자체의 역할은 실은 전쟁과 평화의 문제와도 깊이 연결되어 있다.

지자체는 법적으로 외교·국방·사법·국세 등 국가의 존립에 필요한 사무는 처리할 수 없다. 이것만을 놓고 보면, 안보 문제는 전적으로 국가의 전관 사항인 것만 같다. 그러나 국가의 안보 정책이 구체적으로 지역 주민의 '복지 증진'을 저해하거나 지역에서의 평화로운 생활을 위협하는 사례들이 존재한다. 이에 대해 지자체는 손 놓고 바라보고만 있어야 하는가?

평화 지향과 충돌하는 지역의 기지화

가장 대표적인 것이 한미상호방위조약이다. 미군 기지, 훈련장의 설치는 모두 한미상호방위조약에 근거를 두고 있다. 미군 기지나 훈련장을 가진 지역은 소음 문제, 환경 문제, 미군 범죄 등 다양한 문제를 안고 있다. 매향리 소음 문제에서도 알 수 있듯이, 이러한 문제들은 지역 주민의 생존 자체를 위협한다.

또한 간과하지 말아야 할 것은 미군 기지가 지역 주민에게 다양한 피해를 줄 뿐 아니라 미군이 관여하는 전쟁에 간접적으로 연루시킨다는 점이다. 지역 주민들이 자신의 의사와는 전혀 상관없이 미국이 일으키는 장기 전쟁에 미군 기지를 매개로 끌려들어가는 것이다.

이를테면 평택 미군 기지나 군산 공군 기지는 대중국 군사작전의 발진 기지로 이용될 가능성이 크다. 또한 동북아시아 역내 분쟁이 발생할 경우 제주도 해군 기지가 주요 거점 기지가 될 가능성이 크다.

이렇듯 국가 안보 정책과 군사동맹 정책이 지역 주민의 안전한 삶을 위협하고 지역의 복지 증진을 침해할 경우에 지역사회는 이를 거부할 권리를 가져야 한다. 우리가 지향하는 사회 국가는 지역에 국가권력을 재분배함으로써, 지역 주민이 안전한 삶을 누릴 권리를 보장한다.

최근 한반도 정전체제가 해소될 가능성이 높아지고 있다. 그럼에도 불구하고 지역 차원에서는 역설적으로 기지화 움직임이 나타나고 있다. 중국과의 경제협력 거점으로 부상하는 서해 지역은 역설적으로 미군 거점 벨트로 변모하고 있다. 제주, 군산, 평택이 모두 중요한 군사 거점으로 변모하고 있으며, 미국과 중국의 새로운 군사적 대립선이 되고 있다.

우리는 지역의 기지화를 막고, 서해안·남해안 지역을 동북아시아 경제·사회 협력의 벨트로 성장시켜야 한다고 주장한다. 그 일환으로 서해 지역을 평화 벨트로 바꿔야 한다. 각 지자체는 비핵 선언을 하거나 평화조례를 제정하고, 서로 연대하여 행정협의회를 설치해야 한다. 평화벨트 지자체 행정협의회는 다시 전국적 차원의 지자체 협의체로 발전할 수 있으며, 시민사회 조직과 함께 다양한 평화 활동을 전개할 수 있다.

서해 평화벨트 전략은 대만과 오키나와를 잇는 동아시아 평화벨트 운동으로 성장할 수도 있다. 동아시아의 단층선(냉전의 경계선)인 대만, 오키나와,

평화를 지향하는 다른 나라 지자체들의 움직임

2003년 3월에 시작된 미국의 이라크 침략 과정에서 많은 지자체가 무력공격 반대 결의를 채택했다. 일본에서는 지자체의 4분의 1에 해당하는 700여 개의 지자체가, 미국에서도 100개 이상의 지자체가 무력공격 반대 결의안을 채택했다. 이러한 결의가 미국의 침략 자체를 저지하지는 못했지만, 그만큼 부시 정권의 행동에 제약을 가한 것도 사실이었다.

또한 1980년대에 영국 맨체스터와 셰필드는 영국과 미국이 중거리 미사일과 핵미사일을 배치하려하자 이를 반대하며 비핵 지자체를 선언했다. 영국의 비핵 지자체들은 비핵 지자체 전국운영위원회(LFNZ)를 구성하여 활발한 활동을 전개하고 있다.

영국만이 아니다. 서독, 벨기에, 네덜란드 등 유럽 각국에서 비핵 지자체를 선언한 도시들은 1984년 이후부터 줄곧 비핵 지자체 국제회의를 개최하고 있다. 여기엔 미국과 일본의 비핵 지자체들도 적극 참여한다.

세계의 비핵 지자체 중에서 비핵 원칙을 조례로까지 제정한 경우는 많지 않지만, (지방)의회 결의 등을 통해 비핵 혹은 비무장의 원칙을 실천해가고 있다. 또한 일본에서는 미군기지 수용을 거부하는 지자체도 속속 나오고 있다.

제주, 휴전선을 잇는 평화벨트가 만들어진다면, 동아시아 국가·사회의 평화협력은 더욱 강화될 것이다.

평택이나 제주처럼 핵추진 항공모함이 출입할 수 있는 지역에선 비핵 고베 방식을 채택하는 것도 한 가지 대안이다. 일본의 고베 시는 핵을 탑재하지 않았다는 비핵 증명서를 제시하지 않을 경우 군함의 입항을 거부하고 있다.

평화 지자체 운동은 그 밖에도 평화시장회의, 비핵 지자체 국제회의 등에 참여하여 국제연대를 활성화할 수 있다. 한국에는 아직까지 평화시장회의에 참여하는 지자체가 없다. 그만큼 지방 정치가 주민 참여를 보장하지 못하고 있으며 평화를 지향하는 정치를 보여 주지 못했다는 이야기다.

지역 주민과 지역 시민사회 조직은 지방정치운동에 박차를 가하고, 더 나아가 각 나라 지자체 사이의 적극적인 국제연대를 꾀해야 한다. 동아시아 비핵 지자체 회의를 조직하는 것, 독도(한·일), 북방 4개 섬(러·일) 등으로 인해 분쟁의 바다가 된 동해를 평화의 바다로 만들기 위해 '환동해 평화 지역권'을 결성하는 것도 좋은 대안이 될 수 있다. 또한 제주시를 '국제 평화도시'로 발전시키는 것도 의미 있는 대안이다.

지역 주민들 역시 자기 권리 찾기에 나서야 한다. 지역 주민 및 지역 시민사회 조직은 군사 시설 문제에 대해서 의회나 행정관서에 진정·청원 활동 등을 펼칠 수 있다. 또한 다양한 평화관련 조례 제정을 요구하는 운동을 펼 수도 있다. "제주특별자치도 공공성 강화와 올바른 조례 제·개정을 위한 도민운동본부"가 추진하는 평화조례 운동이 그 대표적인 사례다.

공정한 세계를 위한 지역의 연대

주민의 안전한 삶, 평화로운 삶을 보장할 지역 공동체를 만드는 과정은 곧 평화로운 지구 공동체를 만드는 과정과 일맥상통한다. 우리가 지향하는 평화로운 삶은 위협이 없는 상태, 즉 환경, 빈곤, 차별이 완화되거나 제거된 상태다. 앞서 지적한 것처럼, 제3세계의 빈곤은 범죄와 테러의 세계화와 연결되어 있다. 또한 토건국가의 난개발과 대량 생산·대량 폐기의 문명은 환경 위기를 불러일으키고 있다.

이제 지구 공동체 차원에서 생겨나는 다양한 위협들에 대한 대처를 국가에게만 맡겨둘 수는 없다. 지금까지는 국가가 제3세계에 대해 일방적 지원만을 해 왔다. 그러나 이런 방식의 지원은 지구 공동체의 시민의식을 기르는 데 기여할 수 없으며, 인간 한 사람 한 사람의 인권을 염두에 둘 수도 없다.

그림 11 | 공동체 기반 개발구상의 개념

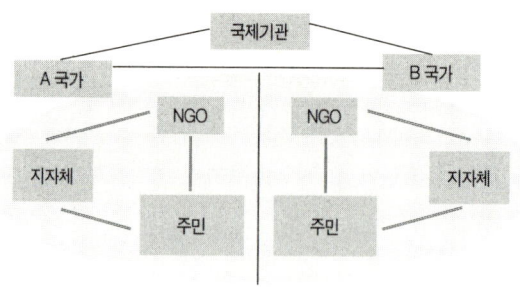

　이에 대한 대응 전략으로 개발된 것이 공동체기반개발구상CDI: Community-based Development Initiative이다. 공동체 기반 개발구상은 1985년 '도시와 개발 유럽회의'(쾰른회의)와 '지속 가능한 개발을 위한 지방 구상'(베를린회의)을 거쳐 형성된 전략이다.
　공동체 기반 개발구상은 선진국 지역 공동체와 개발도상국 지역 공동체가 협력하여 지역 개발을 추진하자는 것이다. 이렇듯 남반구·북반구 쌍방의 사람들이 참여하는 '민중 중심의 개발'을 지향하며 서로 배우면서 지구적 문제들을 지역에서부터 해결하는 가운데, 공정하고 지속 가능한 지구 사회를 실현할 수 있을 것이다.
　이러한 공동체 기반 개발구상은 남·북한 지역 협력에도 그대로 적용될 수 있다. 국가와 기업 주도의 남·북한 경제협력은 북한 주민 개개인의 인권(노동권 등) 문제를 방치하고 말 것이다. 또한 북한 각 지역에 난개발과 환경파괴를 초래할 수 있다. 이런 문제에 대처하자면 공동체 기반 개발구상을 남·북한 관계에도 적용할 필요가 있다.

4. 군비 축소는 사회 국가 건설의 또 다른 출발점

앞에서 방어적 방위 defensive defense 정책을 소개했다. 방어적 방위 정책은 쉽게 말해 '공격 능력을 보유하지 않은 방어'를 취함으로써 상대방을 위협하지 않는다는 것이다.

방어적 방위 정책은 공동안보 정책의 한 수단이라 할 수 있다. 공동안보란 상대방의 정당한 안보 관심사를 고려함으로써 안보 딜레마를 극복하려는 시도에서 나온 정책이다. 상대방의 불리함을 이용해서 안보를 추구한다면, 바람직하지 않은 결과를 낳을 수밖에 없다. 그렇게 되면 필연적으로 적대 관계가 악화되고, 따라서 군비 경쟁이 더욱 격렬해지며, 결국 정치 상황도 불안해질 것이기 때문이다. 따라서 공동안보 정책은 적대국과의 협동 활동을 통해 안보를 달성하고자 한다. 군사적 신뢰 구축, 통상전력 감축, 군축 회담 등이 그 주요 내용이다.

공동안보와 방어적 방위 정책은 남한이 취해 온 대북 절대 우위 정책과는 전혀 다른 것이다. 정부는 전력투자사업 FIP에 2006~20년까지 272조 원을 투입할 계획이다(국방비전 2020). 정부가 계획한 전력증강 재정은 북한의 2004년 전체 예산보다 94배나 많은 것이며(한국은행 북한통계 기준), 북한 전체 예산이 매년 20퍼센트 이상의 증가율을 기록해야 총량이 비슷해질 수 있는 액수다.

이토록 거대한 재원을 전력 개발에 쏟아 붓더라도 북한에 대한 절대 우위는 확보할 수 없다. 종심 타격 능력과 장거리 투사 능력을 강화하는 데 중심을 두는 한국의 전력 증강에 맞서 북한 역시 값싼 무기로 대응하려 하기 때문이다. 서울이 휴전선에 인접해 있다는 점 때문에 남한 측의 최소한의 비대칭적 열세는 만회하기 힘든 게 사실이다.

이에 비해 방어적 방위 정책은 위기 안정성을 개선할 수 있으며, 북한과 본격적 군축을 시작할 환경을 조성할 수 있다. 그러자면 남한은 현재 도입한 공격형 전력을 단계적으로 폐기하고, 그에 맞춰 병력도 줄여 나가야 한다. 결과적으로 현재 GDP의 2.8퍼센트 수준인 군사비를 1~1.5퍼센트 수준으로 감축하는 방안을 강구해야 한다.

일각에선 방어적 방위 정책에 따라 군축을 실시한다면 북한의 남침에 취약해질 것 아니냐며 우려할 수도 있다. 그러나 이것은 군축이 일방적인 것이 아니라 상호작용의 과정임을 간과한 것이다. 군축을 통해 오히려 위험을 낮춰 나갈 수 있다. 선도적 군축은 방어 능력을 훼손하는 수준이 아닌 선에서 진행될 것이며, 오히려 상대방의 군축을 유도하는 계기가 될 것이다. 이 점에서 선도적 군축이야말로 가장 적극적인 방어 정책일 수 있다.

군비는 줄이고 복지는 늘리고

작년 정부·민간 합동작업단이 2030년까지의 복지 재정 계획을 담은 「비전 2030」 보고서를 낸 바 있다. 이 보고서는 민주노동당의 복지정책에 비해 소극적인 면이 있음에도, 2030년에 국가재정에서 복지 예산이 차지할 비율을 40퍼센트 수준으로 잡고 있다. 그 수치는 연평균 3.8퍼센트의 성장을 통해 2030년 GDP가 현재의 다섯 배 수준(경상가격 기준)이 될 것이라는 전제 아래 나온 것이다.

또한 2005년 보고서에서 KDI는 2015년에 정부의 복지 관련 지출이 전체 재정에서 차지하는 비율이 2004년의 24퍼센트에서 35.6퍼센트로 급증할 것으로 분석하고 있다. 현 복지제도의 골간을 전혀 개선하지 않더라도 말이다. 사실은 이것조차도 정부재정 대비 사회보장 지출(2004년)의 OECD 평균인 52퍼센트에는 턱없이 모자란 수치다.

그림 12 | 군비 삭감이 긍정적 경제 성과로 이뤄지는 과정

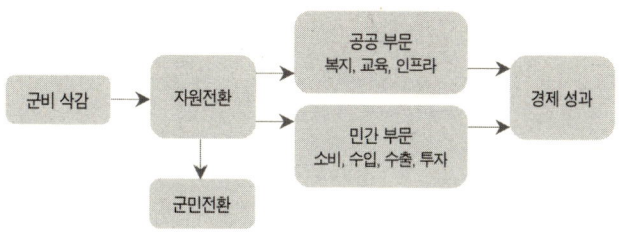

저출산, 고령화, 양극화에 대응하는 사회 국가의 역량을 갖추기 위해서는 막대한 재원이 필요하다. 그렇기 때문에라도 적정 군사비 책정을 위한 사회적 합의가 있어야 한다. 적극적 평화의 관점에서 바라보면, 인간이 존엄을 지키며 생존할 수 있게 하는 것이야말로 평화의 가장 중요한 과제다. 정부, 지역 대표, 계층 대표가 참여하는 경제사회위원회(이 책의 7장 참고)에서 합리적 군사비 책정을 위한 사회협약을 추진해야 한다.

군사비 삭감 규모는 장기적으로 선진국의 군사비 수준인 GDP 1퍼센트 내외가 되는 것이 바람직하다. 군사비 삭감으로 생긴 재정 여유분은 공공부문(사회복지)에 투입하여 연대적 복지국가 건설에 쓸 수 있다. 동시에 정부 군사비 지출에 따른 민간 구축 효과를 줄임으로써 민간부문의 경제활동에도 긍정적 영향을 끼칠 수 있다.

군사경제를 평화경제로 전환하자

군사비 지출을 삭감하는 과정에서 필연적으로 발생할 문제가 '군수산업의 민간 전환'(이하 군민전환)이다. 이미 한국 군수산업은 과잉투자 상태다. 한국방위산업진흥회의 2003년 보고서에 따르면, 상위 20대 군수기업의 가동

표 14 | 군민전환 정책의 얼개

군민전환 기구	관민 공동의 군민전환위원회 설치
노동 정책	훈련, 재교육, 정보, 전직
자본 정책	제조 설비 시설의 전환, 신규 투자
기술 정책	신규 민간 연구 개발 계획
지역 정책	산업 배치 정책
소득 보전	군축 피해자에 대한 보상

률이 일반 제조업체 평균 가동률 78.3퍼센트를 밑도는 57.3퍼센트에 불과한 실정이다. 그럼에도 불구하고 정부는 군수산업의 경제성을 크게 과장하고 있다.

사회 국가는 적극적인 군민전환 정책을 통해 군사경제를 평화경제로 전환해야 한다. 군사비가 삭감되면 군수산업과 그 종사 인원에게는 큰 영향을 준다. 직접적으로는 군수 노동자, 군사 요원(군무원을 포함), 군수 의존 기업 등이 타격을 입을 것이다. 그에 따라 실업이 발생할 수 있고, 군수산업에 의존하던 지역은 경제 침체를 겪을 수 있다. 또한 전문화·계열화한 군수기업들은 생존 여부가 문제가 될 수 있다.

이러한 다양한 과제들을 다루기 위해서 정부와 민간이 참여하는 군민전환위원회를 설치해야 한다. 이 위원회는 국방부, 군수기업, 군사연구소 등 관련 행위자 및 시민사회와 협동으로 군민전환 제안서를 결정한다. 그리고 군민전환에 소용되는 비용 계획에 따라 전환을 단계적으로 추진한다. 그 재원은 기지 폐쇄, 병력 감축 및 정부의 지원으로 마련할 수 있다.

여전히 일부 존재할 수밖에 없는 군수기업에 대해서는 가이드라인을 제시해야 한다. 가이드라인은 특정재래식무기금지협약CCW, 소형무기에 관한 2001년 유엔 행동계획 등 국제사회에서 합의한 기준을 따른다. 주요 내용으로는 무기 생산 및 회계의 투명성, 불법 거래의 금지, 테러·범죄 조직 및 독재국가에 대한 수출 제한, 국제협약 및 유엔 결의안에 명시된 무기(대인지뢰 등 소형무기)의 생산 금지 등이 있다.

남한의 군민전환 및 군수기업에 대한 가이드라인의 실천은 향후 북한에도 영향을 줄 수 있다. 군수공업이 중심인 북한 경제가 정상적으로 작동하기 위해선 군민전환 과정이 반드시 필요하다.

5. 남한과 북한, 특별한 친구 사이

남한과 북한은 1민족 2국가라는 매우 특수한 상황에 처해 있다. "통일을 지향하는 특수한 관계"(남북기본합의서)라는 구절은 이러한 특수 상황을 잘 드러내 준다. 1민족이면서도 2국가라는 모순적 관계는 남·북한이 상대방을 '형제이자 주적'으로 인식하는 데서도 잘 드러난다.

이러한 극단적인 인식을 미래를 열어 놓은 특별한 친구 관계로 전환하는 것은 어떨까? 그럼 남과 북이 서로를 새로운 시각에서 바라볼 수도 있지 않을까? 남·북한이 그러한 친구 사이로 발전하기 위해선, 전쟁의 종결과 평화 체제의 형성, 북한 사회의 연착륙 지원, 새로운 남북 관계의 모색이라는 세 가지 전략적 과제를 실현해야 한다.

'전쟁 상태'를 어떻게 끝낼 것인가?

탈냉전은 북한에 이중의 위기를 안겨 주었다. 대외적으로는 남한과 미국의 위협을 감당하게 해 줄 현실 사회주의가 몰락했다. 대내적으로는 소련, 중국의 원조가 급감하면서 민족자립경제가 해체되기 시작했다.

통일의 경쟁 대상인 남한이 중국·소련과 수교를 하는 동안에도 미국과 일본은 북한에 손을 내밀지 않았다. 전통적인 사회주의의 미덕들이 해체되었고, 북한은 극심한 대내외 위기 상황에 빠져 들었다. 북한의 지도부가 핵, 미사일처럼 비교적 값싼 무기로 국가 안보를 달성하려 했던 것도 이 무렵부터였다.

잠정적인 '전쟁 상태'에 있는 한반도는 동북아시아 대립 질서의 축소판이다. 가난하고 작은 나라 북한의 핵개발이 그토록 초미의 관심사가 되었던 것은 북한의 행위가 동북아 질서에 직접 영향을 주기 때문이다. 그래서 핵문제 해결은 '전쟁 상태'의 해소와 동북아시아 평화질서 형성과 직결되어 있다.

최근 상황 호전에 따라 한반도 평화협정에 대한 관심이 고조되고 있다. 평화협정은 무엇보다도 남·북한이 자력으로 새로운 공동체를 만들 수 있는 내적 여건과 이에 대한 국제적 지원을 마련하는 데 초점을 두어야 한다. 즉, 한반도 전역에 걸쳐 군사적 신뢰를 구축하고 군비를 축소하며 한반도가 동북아시아 분쟁에 연루될 가능성을 제거하는 것이다. 그러므로 주한미군 문제를 포함한 군사 문제가 핵심 의제가 되어야 한다.

하지만 평화협정이 체결되기까지는 적지 않은 시일이 소요될 것이다. 핵폐기와 북미 관계정상화의 교환이 선행되어야 하기 때문이다. 우리는 북한 핵이 폐기될 때까지 기다렸다가 북미 관계 정상화를 추진하는 것보다는 북미 관계 정상화를 통해 북한의 핵 폐기에 도달하는 것이 좀 더 현실적이라고 본다. 또한 핵문제 해결 및 평화협정 체결을 위한 6개국의 잠정협정(이행계획을 포함한)을 거쳐 완결적인 평화협정 체결에 이르는 것이 바람직하다고 본다.

그런데 한반도 평화협정만으로 한반도 평화를 이룰 수 있는 것은 아니다. 평화를 만들기 위한 여건을 갖추는 것이지 갈등과 불안의 요인 자체가 해소되는 것은 아니기 때문이다. 특히 남북 관계의 불안정, 미래 북한의 불확실성, 동북아시아 국제질서의 변동 등이 대표적인 갈등과 불안 요인이다(동북아시아에 관해서는 다음 절에서 다루기로 한다).

국가 안보에 대한 북한의 집착은 북한 사회 내부의 사회경제적 모순을 더욱 확대시키고 있다. 그래서 '핵을 가진 북한'보다 '미래를 알 수 없는 북한'이 남한에 더욱 위협적이라는 인식이 확산되기도 한다. 그러므로 핵문제의 해결과 동시에 북한의 연착륙을 지원하는 것이 급선무라 하겠다.

북한의 연착륙을 어떻게 지원할 것인가?

북한은 현재 스스로의 힘으로 경제·사회를 재건하기 어려울 정도라고 한다. 이러한 상황에서 북한의 연착륙을 지원하자면, 고도의 신중함과 세심함이 필요하다. 북한을 일방적으로 지원한다고 해서 끝날 일이 아니라는 것이다.

남한 정부는 전두환 정권 이후 줄곧 경제협력의 확대가 남북 통합으로 이어질 것이라는 기대 아래에서 기능주의적 대북 정책을 추진해 왔다. 그러나 기능주의 정책을 앞으로도 계속 추진하기는 어렵다. 남한으로서는 비용 증가가 부담이 될 것이고, 북한으로서는 흡수통합의 위험을 우려하지 않을 수 없을 것이다. 남북 관계가 긴밀해질수록 남북 관계의 딜레마는 더욱 커지는 것이다. 남한과 북한의 국가성이 정면충돌하는 안보 딜레마 상황이 나타날 수도 있다.

따라서 국가성의 충돌과 북한의 식민화를 예방하면서 남북 관계를 특별한 친구 관계로 발전시키는 정책이 필요하다. 우선 생각할 수 있는 것은 국가성이 응축되어 있는 군사 대립의 해소이다. 앞서 지적한 것처럼 방어적 방위 정책은 북한의 의구심을 해소하면서 군축을 실행할 여건을 만들어 준다. 동시에 남한은 남북 군사 신뢰 구축을 통해 상호협력과 공생을 모색하는 공동안보체제를 형성하기 위해 노력해야 한다.

다음으로 중요한 것은 남북 관계 전반에 시민사회의 참여를 보장하는 것이다. 평화·통일 운동이 없었다면 지금처럼 남북 관계가 발전하지 못했을 것이다. 마찬가지로 미래의 남북 관계 역시 시민사회의 역할에 따라 크게 달라질 것이다. 국가성의 충돌이나 내부 식민화를 막는 힘은 국가나 자본(기업)과는 다른 기반을 지닌 시민사회에 의해 가능하다. 특히 사회적 공동 가치(사회권과 평화적 기본권을 담은, 즉 사회 국가의 정신을 담은 한반도 사회헌장)를 확립함으로써 새로운 공동체의 규범을 국가와 자본에 부과할 수도 있다.

지금 남한과 북한은 외곬으로 경제 공동체 건설에만 몰두하고 있다. 남한의 자본과 북한의 노동력 결합 같은 구상들은 실은 북한의 내부 식민화를 전제로 한 것이다. 이것은 남·북한 사이에 새로운 형태의 갈등을 낳을 수 있을 뿐만 아니라 노동운동, 환경운동, 인권운동의 반발을 몰고 올 수도 있다.

한반도 경제 공동체의 형성은 반세기 전 역사(분단 이전)로 그저 회귀하는 것이 되어선 안 된다. 새로운 진보적 공동체를 건설하는 과정이어야만 한다. 단기적으로는 북한의 자율적 경제개혁 노력을 존중하며 협력해야 한다. 그리고 그 성과를 기반으로 장기적으로 남한의 자본주의 기업 모델과 북한의 국영회사 모델을 넘어서는 사회 국가의 경제 체제를 건설해야 한다.

통일의 정답이 꼭 하나의 민족국가인가?

군사·경제·사회 등 각 영역에서 협력이 이뤄지면, 남북 국가 간 연합이 실질적 역할을 할 수 있게 된다. 그럼 통일에 관한 논의가 수면 위로 올라올 것이다.

남·북한은 지금까지 우여곡절을 거쳐 2국가를 1국가로 통합하는 게 쉽지 않다는 것을 인정하게 되었다. 남한의 연합제나 북한의 연방제는 서로 엄

그림 13 | 남·북한 국가 간 연합으로 나아가는 과정

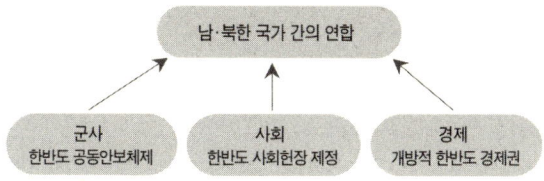

밀히 구분되는 개념이지만, 장기간에 걸친 '2국가의 동거' 혹은 '평화 공존'을 지향한다는 점에서는 일맥상통하는 데가 있다.

그러므로 북한의 심각한 위기와 같은 변수가 없는 한, 남북 국가연합은 상당기간 지속될 것이다. 그 과정에서 남한이 사회 국가로 스스로를 발전시키며 평화 공동체를 만드는 노력이 남북 관계에도 그대로 적용되어야 한다. 그에 따라 미래의 남북 관계 역시 달라질 것이다.

지금까지 무력 통합, 흡수 통합, 연방제, 연방단계를 거친 완전 통합과 같은 통일 방안들이 제시되어 왔다. 그러나 이러한 통일 방안은 통일을 실제로 담당할 남·북한 민중을 도외시한 것들이 대부분이었다. 또한 남·북한 국가 내부와 국가 간 관계가 어떻게 바뀌어야 할지에 대해 침묵했다.

무엇보다 중요한 것은 향후 개별 국가의 권력을 시민사회, 지방정치기구, 국가연합기구에 배분해야 한다는 점이다. 남·북한 국가가 사회의 규제를 받으며 분권화된 민주주의를 달성하게 된다면, 사회 통합의 진전에 따라 정치 통합이 가속화되는(그 역이 아니라) 양상이 나타날 수도 있다. 그러므로 남한과 북한은 서로 간에 연방제를 실시하기 전에 우선 자국 내에서부터 연방제를 실시하는 방안을 진지하게 고려해 볼 필요가 있다.

그 과정에서 한반도 공동체는 개별 국가, 시민사회, 지역사회, 국가연합 기구 등 다원적 주체가 참여하는 '민족국가를 넘어선 공동체'를 지향할 수도

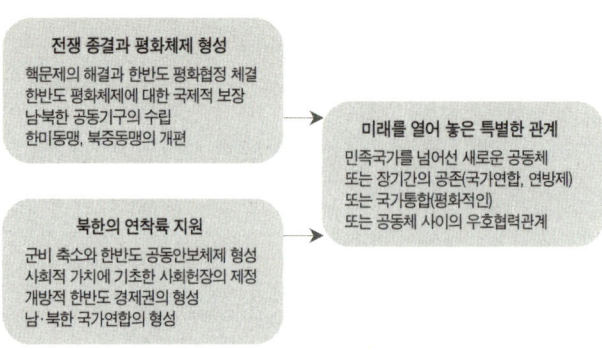

그림 14 | 한반도의 새 공동체 건설로 나아가는 과정

있다. 이것은 인류사에서 미처 경험해 보지 못한 정치 공동체 건설의 실험이다. 하지만 유럽과 남미에서는 이미 유럽연합이나 남미 통합과 같은 전대미문의 실험들이 추진되고 있다는 점을 놓쳐선 안 된다. 과거 통일의 정답으로 생각했던 하나의 민족국가(=국민국가) 건설이 지금도 반드시 정답인 것은 아니다. 한반도의 새로운 통합 경로는 동아시아 공동안보질서의 형성에도 긍정적인 영향을 미칠 것이며, 더 나아가서는 진보적인 방향에서 동아시아 국제질서의 지각 변동의 출발점이 될 수 있다.

통일의 방향은 남한과 북한의 사회가 어떻게 바뀌는가, 그리고 남북 관계가 어떻게 바뀌는가에 따라 달라진다. 여전히 개별 국가의 국가성이 중심에 놓인다면, 남북 통합이 반드시 좋은 결과를 낳으리라 기대할 수는 없다. 따라서 통합의 과정 및 전망은 전적으로 남·북한 민중의 의사에 따라 결정되는 것이 바람직하다.

6. 한미동맹, 그대로 놔둘 것인가?

1953년 작전통제권을 미국에게 이양한 이후 남한은 북한의 위협에 대처한다며 한미동맹에 의존해 왔다. 남한은 안보를 위해 안보 자율성을 포기해 온 것이다. 남한이 전쟁을 피한 것도 다 그 덕분이라고 결과론적 해석을 내리는 사람들도 있다. 하지만 앞으로 한반도 평화체제가 수립된다면, 배타성과 공격성을 중심에 둔 군사동맹 관계가 유지되는 것은 결코 바람직하지 않다.

이러한 가능성을 우려해서인지 한미동맹은 지금 북한 억지동맹에서 지역동맹으로 그 성격이 바뀌고 있다. 한국, 일본, 호주와 양자동맹을 맺고 있는 미국은 이들 양자동맹을 하나의 '가상 다자동맹'virtual multilateral alliance 혹은 '네트워크 동맹'network alliance으로 사용하려는 경향이 있다. 한국, 일본, 호주는 분명 동맹관계에 있지 않지만, 이들 세 나라의 관계는 미국이라는 축hub에서 뻗어나간 부채 살spoke의 관계와 같다.

이 경우 한미동맹은 동아시아의 우발 사태(중국-대만 문제, 영토 분쟁, 내전, 테러 등)에 군사적으로 개입하는 역할을 담당하게 된다. 남한 군부는 이것을 한반도를 벗어나 국제질서에 개입하는 비전이라고 이해하기도 한다.

그러나 중국을 가상 적으로 가정하는 가상 다자동맹을 유지해서는 장래 미중 갈등 국면에서 남한이 입을 경제·사회적 피해를 피할 수 없다. 중국이 평택, 군산 등지에 밀집한 미사일방어체제, 항공모함 발진, 정보전력 시설 등을 관대히 봐 주지 않을 것이기 때문이다. 또한 미국이 주도하는 테러와의 전쟁으로 인해 한국이 겪는 국제 위신의 손상, 해외 민간인에 대한 위협 증가 등도 중대한 비용이다.

동맹의 사고사가 아닌 자연사

그러므로 한미동맹이 대북 억지동맹이나 지역동맹으로서 한반도 평화 만들기에 공헌한다고 보기는 어렵다. 그럼에도 불구하고 관료와 보수정치 세력이 한미동맹에 집착하는 것은 미국으로부터 버림받을 것에 대한 두려움, 수십 년 동안 몸에 밴 친미 근성 때문이다.

하지만 세계질서를 전적으로 거부하거나 미국과의 관계를 전면 거부하는 것이 아닌 한, 미국이 한국에 직접적인 불이익을 강요할 여지는 적다. 미국이 쳐 놓은 그물망network의 한가운데에 머물 필요가 없는 것이다.

이 말이 한미동맹을 무조건 폐기하자는 무책임한 주장을 하려는 것은 아니다. 미군이 떠나도 되는 상황, 철수가 자연스러운 공감대 아래 이뤄지는 상황을 만들자는 것이다. 즉, 동맹을 '자연사'시킬 수 있는 환경을 만들자는 것이다.

그 핵심은 남북의 군사적 적대관계를 청산하는 것, 동맹 전략 재평가에 대한 사회적 합의를 이루는 것, 동아시아 안보협력을 이루는 것이다. 그 중에서 가장 중요한 것은 남북 적대관계의 청산, 즉 한반도 평화체제의 형성이다.

한반도 평화체제가 형성된다면 한미동맹은 동맹의 근거, 대중의 지지라는 측면에서 의문의 대상이 될 것이다. 왜냐하면 미국은 한미동맹의 기본 성격을 지역동맹으로 전환하려 하면서도 아직까지 북한을 대체할 만한 위협을 찾아내지는 못하고 있기 때문이다. 중국-대만 분쟁을 한반도에 대한 안보 위협으로 제시할 수는 없을 것이다. 테러, 국제 범죄 등을 한미 공동의 위협으로 삼기도 너무 모호하다. 이렇듯 공통의 위협을 만들어 내지 못하기 때문에 공통의 전략 혹은 공통의 이익을 정의하는 것도 쉽지 않다.

다시 말해 한미동맹은 미국의 필요에 따라 급하게 바뀌고 있을 뿐 충분한 근거를 가진 것이 전혀 아니다. 따라서 한반도 평화 과정의 진전과 더불어 한미동맹의 종언은 매우 자연스런 일이 될 것이다.

물론 한미동맹의 종언은 급작스럽게 이뤄질 수 있는 것이 아니다. 한반도 평화 형성과 연계해 점차 수평적이며 민주적인 동맹으로, 나아가 군사동맹의 성격을 갖지 않는 정치적 우호협력 관계로 바꿔 나가야 한다.

그 과정에서 한미 사이에 일정한 마찰과 갈등은 불가피하다. 하지만 유럽연합은 미국의 전통적인 동맹국임에도 불구하고 미국과 곧잘 마찰을 빚곤 한다. 우호관계라 해서 모든 견해와 이익이 같을 수는 없는 일이다. 그와 마찬가지로 한미 양국은 양국 관계를 충분히 새롭게 정립해 나갈 수 있다.

한미동맹을 해소한다고 해서 미국이 동아시아 질서 안정에 개입하는 것까지 부정하기는 어렵다. 또한 미국을 배제한 동아시아 질서를 생각하기도 어렵다. 그러므로 미국이 동아시아의 건전한 일원으로 제 역할을 할 수 있도록, 한국은 미국과 이전과는 전혀 다른 방향에서 협력 관계를 맺는 게 바람직하다.

한미동맹 해소를 위해 한반도를 평화중립지대로 선포해야 한다는 주장도 있는데, 이 문제에 대해서는 열어 놓고 판단하는 게 좋겠다. '중립'이라는 개념이 전통적인 세력균형론에서 나온 것이어서 21세기 국제 상황에 딱 들어맞느냐는 문제가 있고, 또 너무 국가 간 관계에 치중한 것이어서 국가와 시민사회 사이의 상호협력까지는 포괄하지 못한다는 한계가 있기 때문이다.

7. 동아시아 평화, 어떻게 이룰 것인가?

흔히 한반도를 냉전의 고립된 섬孤島이라고 한다. 하지만 틀린 말이다. 한반도는 대립과 갈등의 동아시아 질서 한 복판에 있다. 대만·오키나와를 거쳐 휴전선을 가로지르는 동아시아의 단층선은 여전히 힘을 잃지 않고 있다.

미국은 중국에 맞서 포용과 봉쇄를 동시에 추구하는 '양면 전략'을 취하면서도, 군사 안보 전략 측면에서는 '봉쇄와 예방'에 무게중심을 두고 있다. 이를 위해 미국은 미·일 동맹을 미·영 동맹 수준으로 강화하려 해 왔다. 부시 정권의 구상이 '강한 일본'을 추구하는 고이즈미·아베 정권의 입장과 서로 맞물리면서 미일동맹 강화는 급물살을 타고 있다. 미국은 한미동맹과 미일동맹을 극동의 유사시(남·북한, 중국·대만)에 대응할 '지역 동맹' 혹은 '중국 봉쇄 동맹'으로 전환하고 있는 것이다.

미국의 발 빠른 행보에 맞서 중국은 미국과 직접 대결하려 하기보다는 대중 봉쇄 동맹을 이완시키려 노력하고 있다. 중국은 대만 문제에 미일, 한미동맹이 개입하는 것을 견제하겠다는 의지를 천명함과 동시에 일본의 영향력 확대 및 군사 대국화를 끊임없이 견제하고 있다. 여기에는 경제성장에 부담이 되지 않는 범위 내에서 군사력을 현대화한다는 계획도 포함되어 있다.

이러한 각국 군사 정책의 결과는 중일 대립으로 표면화되고 있다. 즉, 한편으로는 경제협력이 진행되면서도 다른 한편으로는 정치 갈등이 지속되는 이른바 '정냉경열政冷經熱'의 상태가 나타나고 있다. 일본의 과거사 반성 문제, 교과서 문제, 야스쿠니 신사참배 문제 등을 둘러싼 대립을 생각해 보라.

남한의 군비 증강이 대안이 될 수 있는가?

앞서 소개한 '국방비전 2020'에서 정부는 동북아시아에서 '잠재적 위협'이 현실화할 가능성을 제기한다. 노무현 대통령도 직설적으로 동북아시아 군비 경쟁을 언급하며 남한의 군비 증강을 합리화하고 있다.

그러나 모호한 위협을 근거로 전력 증강을 꾀하는 것은 바람직한 일이 아니다. 한국에 영토 침략을 단행할 수 있는 국가들은 인접한 4개 국가이며 미국, 중국, 일본, 러시아가 바로 그 나라들이다.

일본의 경우, 미국을 매개로 한 '가상 다자동맹'의 관계에 있다. 또한 침략에 필요한 전력을 보유하고 있지 못하다. 러시아의 경우에는 극동에 배치된 군사력이 일본의 군사력보다 약하며 한국을 침공할 이유와 동기가 없다. 중국의 경우를 보면, 한국 영토를 침범할 수 있는 군사력을 보유하고 있기는 하지만, 2020년까지 전면적 소강小康사회를 건설한다는 내향적 국가 전략을 고려해 볼 때 군사 행동의 가능성과는 거리가 멀다.

그렇다면 한국 정부가 말하는 '잠재적 위협'이란 누구의 어떠한 위협이란 말인가? 한국 정부는 미국이 한국을 침공할 가능성이라도 전제하고 있다는 말인가?

따라서 '잠재적 위협' 운운하는 근거를 찾기 힘들다. 더욱이 간과하지 말아야 할 것은 군비 증강이 주변국 사이의 군비 경쟁이라는 위협을 초래할 수도 있다는 점이다. 한국의 군사비는 2007년 구매력평가PPI 기준으로 중국의 3분의 1, 일본의 2분의 1 규모다. 인간 안보를 희생하며 군비를 늘린다 해도 주변국의 군사력 증강을 따라잡을 수는 없다는 것이다.

군비 증강을 하는데도 주변국과의 군사력 격차가 좁혀지지 않는다면, 한국은 만성적인 '불안 증후군'에 시달릴 가능성이 크다. 주변국 역시 상대의 능력에 의구심을 가질 것이며, 더 많은 재원을 군비에 투입하려 들 것이다. 전형적인 안보 딜레마가 발생하는 것이다. 우리는 바로 이러한 소모적 군비 경쟁의 고리를 끊고 동북아시아의 다자안보협력 질서를 만들어야 한다고 주장한다.

친중 노선이 대안일 수 있을까?

혹자는 동북아시아의 불안정성에 대비하기 위해서 친중적인 태도를 가져야 한다고 주장하기도 한다. 이런 입장은 부분적으로 노무현 정부의 외교 활동에도 반영된 바 있다. 몇 년 전부터 한중 사이에 논란이 되어 온 '동북공정'에 대해 한국 정부가 지나치게 저자세를 보인 것이 그 대표적인 사례다.

한미동맹을 강화하자는 주장이나 친중적인 노선을 걷자는 주장이나 모두 강대국에 편승하여 한국의 안전을 지키겠다는 점에서는 궤를 같이 한다. 앞서 지적한 것처럼, 한미동맹에 집착하는 것은 한반도의 평화에 기여하기보다는 오히려 평화를 교란하기만 한다.

그렇다고 해서 친중적인 노선을 걷자는 게 대안이 될 수도 없다. 이것은 한미동맹에 집착하는 것 이상의 문제를 안고 있기 때문이다. 다름 아니라 미국이나 일본과의 마찰 문제다. 한국이 친중 노선을 취한다면, 미국과 일본은 좀 더 봉쇄적이고 대결적인 동북아시아 질서를 꾀할 가능성이 크다. 특히 핵 문제가 해결되지 않은 지금 상황에선 친중적 태도가 한반도 평화 만들기 자체를 위협할 수도 있다. 또한 '친미냐, 친중이냐'를 둘러싼 국내의 의견 대립과 갈등은 한국 사회 내부에 불필요한 균열과 갈등을 조장하기 쉽다.

강대국 중 어느 한쪽에 편승하자는 입장들은 크게 보아 일치하는 데가 있다. 강대국의 갈등을 전제하면서 일방에 소속됨으로써 안전을 지키겠다는 소극적인 자세라는 점에서는 모두 같다.

그러나 지금은 우리가 오히려 평화 주도 국가로서 강대국 사이의 갈등을 예방하고 냉전 시대의 적대 관계를 해소하는 데 앞장서는 적극적 자세가 필요하다. 그러자면 우선 기존의 우호관계를 적극 활용하면서, 강대국의 갈등 지향 정책을 변화시키고자 하는 노력을 전개해야 한다.

한반도가 동북아 다자안보협력의 주도권을 발휘할 수 있다

동북아시아 평화가 이뤄진다면 좋겠지만 그게 과연 현실성이 있겠는가

하는 우려가 있을 수도 있다. 특히 일본의 헌법 개정 움직임을 바라보며 이런 의문을 강하게 가질 수도 있겠다.

사실 핵문제가 해결되기 전에 동북아시아 다자안보협력 문제가 주요 의제가 되지는 못할 것이다. 지금 단계에서는 먼저 동북아시아 다자안보협력의 구상과 그 실현 경로를 가다듬는 데 노력해야 한다.

그러나 일단 핵문제가 급진전된다면, 우리가 능동적으로 동북아시아 다자안보협력을 제기하고 주도할 가능성을 획득하게 된다는 점을 놓쳐선 안 된다. 남한은 한반도를 벗어나 동북아시아 국제질서에 직접 개입할 수 있는 충분한 잠재 역량을 갖고 있다. 또한 이런 상황에서는 일본을 비롯한 동아시아 각지의 시민운동 역시 그 영향력을 최대한 확대할 수 있다.

우선 남한은 노무현 정부가 천명한 이른바 (세력)균형자가 아니라 평화교량자로서 적극적 역할을 해야 한다. 즉, 동북아시아 다자안보기구를 수립하는 데 모든 역량을 쏟아야 한다. 동북아시아를 비핵지대화하고, 동북아시아 다자기구(수송, 에너지)를 설치해야 한다. 아울러 다자안보기구에서 중국의 군사력 근대화 작업이나 일본의 군사력 현대화 작업들을 포함한 역내 군비통제 문제를 논의하기 시작해야 한다.

우리의 주장은 한마디로 동북아시아 다자안보기구를 통해 역내 불안정성을 관리하는 데 초점을 맞추자는 것이다. 그럴 때에만, 보통국가를 지향한다는 일본의 움직임이나 대국주의의 경향을 띤 중국의 움직임을 견제할 수 있다.

허나 동북아시아 영토 분쟁, 역사 분쟁, 군사 투명성 확보와 같은 사안들을 당장에 해결하기는 쉽지 않다. 지금부터라도 동북아시아 시민사회, 지자체들은 '공동의 역사'를 서술하고 '공동의 가치관'을 형성하기 위해 노력해야 한다. 또한 한반도에 유엔 평화대학을 설치하여 동북아시아 평화를 지향하는 연구자·시민사회 조직의 거점으로 키우거나 동아시아 시민평화기금을

그림 15 | 동아시아 공동체의 범위

공동으로 설립하여 동아시아 평화운동을 지원하는 것도 의미 있는 시도가 될 것이다.

말하자면, 역사와 영토, 안보에 집착하는 국가의 지평, 즉 국가주의를 넘어서는 데 시민사회와 지자체가 앞장서야 한다. 시민사회와 지자체의 그러한 노력이 동북아시아 다자안보협력의 규범과 지향을 강화하는 견인차가 될 것이다.

동북아시아를 넘어 동아시아 협력을 향해

동북아시아를 아우르는 동아시아의 경제·사회 협력과 교류가 늘어 가면서 동북아시아와 동남아시아는 하나의 지역권으로 발전하고 있다. 그러므로 남한은 동북아시아뿐만 아니라 넓은 의미의 동아시아까지도 고려하면서 평화 구상을 발전시켜야 한다. 우리는 이것을 '공동안보질서 형성을 위한 두 가지 경로 형성 전략'이라 부르고자 한다.

동북아시아의 다자협력에만 관심을 둔다면, 동북아시아에서 일단은 다루기 쉽고 성과를 쉽게 올릴 수 있는 수송 안전 같은 문제가 중요해질 것이다. 그러나 수송 안전, 환경 문제, 인권 문제 등의 사안들을 굳이 동북아시아에 한정해서 다룰 이유가 없다. 왜냐하면 이들 문제의 대부분은 동북아시아만이 아니라 동아시아 차원에서 공유하거나 다루어야 할 사안들이기 때문이다.

동아시아의 사회·경제·문화 협력 움직임은 한층 더 활발해지고 있다. 또한 에너지, 환경 분야의 협력 역시 늘어나고 있다. 그렇기 때문에 환경, 수송 안전뿐만 아니라 에너지 협력, 난민 구제, 인도적 지원, 남반구·북반구 문제, 공정무역, 군비 통제 등 다양한 문제들을 동아시아 차원에서 논의할 수 있다. 각 영역들이 상호 연계되어 발전하는 것이 바람직하겠지만, 개별 영역들의 발전은 다소간 불균등할 것으로 보인다.

인간 안보와 관련된 여러 분야에서 정부 간 회의, 전문가 회의, 그리고 시민사회의 연대가 발전할수록 '동아시아'라 불리는 지역의 정체성과 규범성이 강화될 것이다. 그렇게 되면, 강대국 사이의 권력정치와 더불어 새로운 공동체를 지향하는 국가·시민사회의 노력이 공존하는 상황이 도래하게 된다.

이 과정에서 특히 중요한 것은 동아시아 역내 국가, 사회 공동체의 경제 협력이다. 1997년 외환위기가 보여 주는 것처럼, 세계화의 부정적 결과는 동아시아 지역 전체에 영향을 미치고 있다. 사회운동, 진보 세력, 개별 국가들은 선진 자본주의 국가 및 초국적 기업들이 추진하는 세계화 전략을 비판하고 있다.

그런데 한 국가만의 힘으로 세계화의 부정적 영향을 극복하고 더 나아가 민중을 위한 세계화를 새롭게 추진한다는 것은 너무나 어려운 일이다. 그래서 우리는 동아시아 차원에서 기존 세계화의 부정적 영향을 완화하고 지역 차원의 공동체 구상을 전면적으로 발전시킬 계기로서 경제협력에 주목한다.

신의제연합의 결성

1996년 포괄적 핵실험 금지 조약이 체결되었음에도 불구하고, 이 조약이 효력을 발생하지 못할 수도 있다는 국제적 우려가 비등했다. 이런 상황에서 1998년 6월 9일 브라질, 이집트, 아일랜드, 멕시코, 뉴질랜드, 슬로베니아, 남아공, 스웨덴의 외무장관이 회의를 갖고 공동선언을 발표했다. 일반적으로 '신의제연합(NAC) 공동선언'이라 불리는 이 선언에서, 8개국은 핵무기를 전 세계에서 완전히 금지하는 과제에 노력해야 할 때라고 강조하면서, 비핵 국가는 핵 보유 국가가 핵군축을 진행하도록 구속력 있는 약속을 부과해야 한다고 주장했다.

그 후 신의제연합은 1998년 유엔 총회에서 공동선언의 내용을 기반으로 핵 군축 결의안을 제출했으며, 이 결의안은 찬성 114표, 반대 18표, 기권 38표로 통과됐다. 당시 한국은 미국의 뜻에 따라 기권 표를 던졌다. 또한 1999년에도 유엔은 신의제연합의 주도로 핵군축 결의안을 채택했다. 2000년 NPT 회의에서 신의제연합은 반핵운동 그룹과 연대하여 구속력 있는 핵군축 이행조치를 핵무기 보유국가에 부과하고자 노력했다. 그 결과 13개 항의 조치를 포함한 최종문서가 채택되기에 이르렀다.

개별 국가를 넘어 지역(동아시아 단위) 차원에서 공동의 정책 노력을 통해 세계화의 파괴적 영향을 규제하면서, 사회적 규범과 가치(사회헌장)에 따라 새로운 세계화의 방향을 모색해야 한다. 즉, 지역 차원의 경제협력과 아시아 공동의 사회적 규범 형성을 병행하는 경로를 개척하자는 것이다.

경제협력의 발전과 공동의 아시아적 가치를 형성하려는 시도는 인간 안보 분야의 협력과 선순환 관계를 맺을 것이다. 그 과정에서 동아시아 시민사회의 역할이 특히 중요하다. 강대국의 권력정치를 견제하면서 동아시아 경제·안보 공동 질서의 구심력을 형성하는 역할을 담당해야 하기 때문이다.

강대국들이 그러한 협력의 흐름 자체를 무산시키려 하지는 못할 것이다.

스웨덴의 평화정책

스웨덴이 위치한 스칸디나비아 반도는 강대국들의 이해가 충돌하는 지역이다. 그래서 스칸디나비아 국가들은 전통적으로 중립 정책을 표방해 왔다.

주변 강대국들이 전쟁을 하고 있거나 대결 상태에 있을 때에도 스웨덴은 국제법상의 중립 제도에 근거하여 교전 당사국들과 무역 거래를 계속했다. 동시에 강력한 방위체제를 수립했다. 노르웨이와 덴마크의 경우에는 북대서양 조약기구(NATO)에 가입했지만, 스웨덴은 전통적인 중립정책과 총력안보 정책을 기반으로 중립 외교를 유지하고 있다. 동시에 스웨덴은 주변 지역의 적극적인 평화와 안정을 주장하면서, 비핵 지대화 조약의 체결을 강조하고 있다. 스웨덴의 대외 정책인 중립 외교는, 스칸디나비아의 지정학적 특징을 기반으로 역내 평화 이니셔티브를 강조하는 게 핵심이다. 이러한 스웨덴의 사례는 한국에 시사하는 바가 크다.

아세안지역포럼ARF의 활동에서 보이듯, 미국과 중국 등 강대국은 이런 협력 자체를 막으려 하기보다는 그 내부에서 영향력을 유지하고자 노력하는 쪽을 선택하곤 한다.

한국은 동북아시아 다자안보협력의 주도적 역할을 바탕으로 동아시아 공동안보질서 형성 과정에 적극 참여해야 한다. 특히 해양 안전, 공적개발원조, 환경 보전의 문제에서 한국이 맡아야 할 역할들이 적지 않다.

8. 지구 공동체를 위해 무엇을 할 것인가?

남한은 그 경제력과 정치적 경험에 비해 국제사회에 대한 기여가 너무 적다. 어떠한 국가도 자력으로 절대 안보를 획득할 수 없는 오늘날의 현실에서는 민주 국가라면 어느 나라나 국제 규범이 준수되는 국제질서를 형성하는 데 앞장서야 한다. 특히 남한처럼 강대국의 위치에 오르기 힘든 사회일수록 국제 규범을 형성하고 강대국도 이를 준수하도록 국제적 힘을 결집하는 데 나서야 한다.

미국의 일방주의가 세계를 휩쓸고 있지만, 그와 동시에 신의제연합NAC처럼 핵군축을 주장하는 새로운 국가협의체도 등장하고 있고, 더 많은 평등과 더 큰 권력의 분산을 요구하는 국제사회의 목소리도 힘을 얻고 있다. 미국의 소극적인 태도에도 불구하고, 대인지뢰금지협약이 체결되었던 것은 캐나다와 대인지뢰금지운동ICBL의 노력 때문이었다.

그러므로 남한은 좀 더 공정한 세계질서를 위한 여러 나라, 다양한 시민사회 조직의 결집adherence에 적극 참여해야 한다. 하지만 정부는 한국인이 유엔 사무총장이 되었음에도 불구하고, 공정한 세계질서를 위한 남한의 역할에는 신경을 쓰지 않는다. 한국 정부는 공정한 세계를 위한 행동 계획도, 다른 국가들의 행동에 영향을 미칠 수 있는 능력도 갖추지 못하고 있다.

이런 상황을 극복하기 위해 제일 먼저 해야 알 일은 외교통상부를 전면 개혁하고 시민사회와 공동으로 외교의 전략과 방향을 재검토하는 과정을 밟는 것이다. 이를 기반으로 윤리 외교, 생태 외교, 평화 외교, 인권 외교의 구체적인 방향을 정하고, 이미 존재하는 의제연합들에 적극 참여해야 한다.

또한 국가의 독점적 권력을 사회 및 지역으로 재분배하는 평화 공동체의 원리를 외교에도 그대로 적용해야 한다. 민주주의와 다원적 주체에 의한 외교 활동의 궁극적인 지향점은 바로 지구 시민사회를 건설하는 데 있다.

전 세계적인 군축과 빈곤 문제 해결에 앞장서자

현재 한국의 제한된 외교 역량을 감안하면, 공정한 세계질서를 위해 전방위적으로 노력한다는 것까지는 기대하기 힘들 것 같다. 특히 위에 제시한 동북아시아 다자안보협력, 동아시아 공동안보질서 형성에 많은 노력을 기울여야 할 상황이기에 당장 국제사회에서 할 수 있는 역할은 제한적인 것 또한 사실이다. 그러므로 몇 가지 실현 가능한 목표를 선정해서 여기에 역량을 집중하는 게 바람직하다.

우선 시민사회 수준에서 다양한 민간 채널들이 발전하도록 지원해야 한다. 시민사회는 정부의 활동을 감시하고 비판함과 동시에 다양한 수준에서 다른 나라, 해외 시민사회와 교류를 맺으며 국제 규범을 수립하는 데 기여할 것이다. 필요에 따라 시민사회의 활동가들을 정부에 파견할 수도 있다. 이러한 시민사회의 활동을 활성화하기 위해 동아시아 시민기금이나 국제 인권 기금 같은 공익적 성격의 기금들을 마련하고 확충하는 게 중요하다.

다음으로 인도주의적 무력 개입보다는 빈곤 등 결핍의 문제에 역량을 쏟아야 한다. 발칸반도나 소말리아에서 드러나듯이, 이른바 인도주의적 무력 개입은 많은 부작용만 낳고 있다. 게다가 한국 정부는 무력 개입을 군사 훈련을 위한 기회 정도로 이용하는 형편이다. 국제 평화를 이루기 위해선 무력 개입보다는 갈등의 예방이 필요하고, 그러자면 갈등의 근본 원인이기도 한 빈곤 문제를 해결해야 한다.

현재 미미한 수준에 불과한 한국의 공적개발원조 ODA: Official Development Assistance를 대폭 확대해야 한다. 특히 아시아, 남미 지역에 더 많은 공적개발원조를 실시해야 한다. 그리고 이 과정에서 유엔개발계획 UNDP, 유엔무역개발

대인지뢰금지 국제협약을 체결하기 위한 국제연대

1990년대 초반부터 앙골라, 캄보디아 등지에 매설되었던 대인지뢰 때문에 인명 피해가 속출했다. 그 결과 대인지뢰 규제를 강화해야 한다는 여론이 확산되었다. 1992년 10월 국제 NGO들은 '국제지뢰금지 캠페인(ICBL)'을 결성했다. ICBL은 지뢰 피해의 종식은 오직 지뢰의 전면 폐지를 통해서만 달성될 수 있다고 인식하고 각국 정부와 언론을 상대로 캠페인을 전개했다.

1995년 벨기에를 시작으로 30여 국가들이 대인지뢰의 사용, 생산, 거래, 저장을 금지하는 선언을 하기도 했다. 하지만, 미국을 비롯한 주요 국가들은 대인지뢰의 수출 금지를 선언하면서도 다른 한편으로 그 지속 사용을 공언했다. 이런 상황에서 캐나다, 노르웨이, 스위스, 덴마크 등의 국가들이 미국과의 합의의 어려움을 이유로 국제군축회의(CD) 논의를 거부하고, 대신 유사 입장 국가들의 '단독 포럼'(stand-alone forum)'을 제안했다.

이에 따라 1996년에 개최된 오타와 회의에는 50개 국가와 수많은 NGO가 참여했고, 그 밖에도 24개 국가가 참관했다. 캐나다 정부는 회의 마지막에 1997년 12월 오타와에서 대인지뢰금지조약에 서명하는 회의를 가질 것이라고 일방적으로 선언했다.

이후 캐나다, 오스트리아, 벨기에, 덴마크, 아일랜드, 멕시코, 노르웨이, 스위스 그리고 ICBL 등 각 국가, 시민사회 조직들은 대인지뢰금지조약 체결을 위한 계획을 작성하고, 대인지뢰에 관한 국제회의를 여러 차례 개최했다. 그 과정에서 그동안 미온적이었던 프랑스, 영국, 브라질을 참여시켰고, 여전히 모호한 입장을 취하고 있던 미국 클린턴 정권을 압박했다. 이러한 노력의 결과로 1997년 12월 대인지뢰에 관한 국제협약이 체결되기에 이르렀다.

협의회UNCTAD 등 국제기구 및 국제 시민사회 조직과 협력해야 한다.

　마지막으로 한반도 평화의 경험과 노하우를 살려 국제 군축 노력에 적극 참여해야 한다. 스웨덴, 노르웨이, 일본, 캐나다 등은 국제 핵 군축, 대인지뢰 철폐, 국제형사재판소 설립, 국제인도법, 군사 분쟁에서의 여성 및 아동 보호, 소형 무기 확산 방지, 아동 병사 금지 등 다양한 의제들에 대해 서로 협력하여 국제 규범을 수립하고 있다. 한국의 국가 및 시민사회 조직 역시 그러한 노력들에 동참해야 한다.

7장

사회 국가로 나아가는 정치 : 사회를 다시 세우고 국가를 뜯어고치자

1. 진보정치는 민주주의를 현실로 만들자는 것

　민주주의가 근대 정치사에서 가장 가치 있고 올바른 정치적 운영 원리라는 걸 부정하는 사람은 없다. 누구도 이것을 감히 반박하고 나서지는 못한다. 민주주의democracy의 그리스어 어원은 demos인민+kratos지배다. 즉, 민주주의는 가장 간단하게 말해서 '인민에 의한 지배'다. 국가와 사회를 인민의 의사에 따라 운영한다는 원리이자 통치하는 사람과 통치 받는 사람이 동일하다는 평등의 신념 체계다. 민주주의를 통해 사회 구성원들은 진정한 자유를 획득할 수 있고, 차별 없는 평등한 권리를 유지할 수 있다.

　진보정치란 다른 게 아니다. 바로 이러한 민주주의의 고유한 가치를 국가와 사회 안에 좀 더 선명히 반영하고 깊이 있게 뿌리내리기 위한 인민들의 투쟁이자 제도 만들기다. 사실 우리가 살고 있는 자본주의 사회에서 현실 정치는 항상 민주주의를 하나의 도달할 수 없는 이상(냉소적 의미의)으로 치부하면서 현실로부터 떼어 놓으려 한다. 그렇기 때문에 진보정치는 민주주의를 현실로 되살리기 위해 끊임없이 투쟁과 제도 변화를 강조하지 않을 수 없다.

　민주주의와 정치에 대한 이러한 시각은 한마디로 아래로부터의 민주주의democracy from below, 아래로부터의 정치politics from below라고 할 수 있다. 우리가 흔히 '진보정치'라고 부르는 실천의 밑바탕에는 '다른' 민주주의, '다른' 정치에 대한 이러한 신념과 철학이 자리 잡고 있다는 것을 잊어선 안 된다.

한국의 정치, 무엇이 문제인가?

　정치는 국가와 사회의 운영 원리와 가치를 놓고 다투는 계급 간의 투쟁이다. 자본의 정치는 자본 소유 계급의 이익을 옹호하는 국가를 통해 그 이

'민주화' 이후 역대 대통령의 발언으로 본 시장과 국가의 관계

"세계경영 중심국가로 발전, 세계화를 겨냥한 제도와 인식의 개혁 추진"
- 김영삼 대통령, 1994년 11월 17일 시드니에서 발표한 "세계화 구상" 중

김영삼 정부의 주된 국정방향은 '세계화'였다. 하지만 세계화가 구체적으로 무엇을 말하는지는 분명하지 않았다. 모든 정책의 수식어에 세계화를 갖다 붙이곤 하는 식이었다. 심지어는 '새마을운동'도 '세계화'해야 한다고 강조하기도 했다. 한 가지 분명했던 것은 시장주의적 개혁·개방 정책에 박차를 가하겠다는 것이다. 1996년에 논란 끝에 OECD에 가입하기도 했지만, 결국 김영삼 정부의 세계화는 구조조정과 대량 실업, 빈곤을 초래한 IMF 관리 체제의 초대장이 되어 버렸다.

"정부 정책은 민주주의와 시장경제의 병행 발전을 원칙으로 하고 있다. 철저한 경제원칙에 따른 우승열패, 즉 국제 경쟁에서 이기는 기업만 살고 (국제 경쟁에서) 지면 도태되는 것을 통해 얻어지는 경쟁력은 민주주의 사회에서만 나올 수 있다."
- 김대중 대통령, 1998년 7월 4일 청와대 "전경련 간담회" 발언

김대중 정부는 IMF위기관리 정부라는 초기의 성격에 맞게 국민기초생활보장법을 제정하는 등 사회 안전망을 수립하는 데 일조한 게 사실이다. 하지만 이것이 적극적인 사회권 보장 정책으로 이어지지는 못했다. 신용카드 대란과 벤처 몰락, 그리고 국민연금의 사각지대 문제에서도 알 수 있듯이 거시통계수치 상으로는 IMF 관리체제를 졸업했는지 몰라도 양극화에 맞서 시장을 조절하는 적극적 사회경제정책을 추진하지는 않았다.

"이미 권력은 시장으로 넘어간 것 같고, 우리 사회를 움직이는 힘의 원천이 시장에서 비롯되고 있다."
- 노무현 대통령, 2005년 5월 16일 청와대 "대기업·중소기업 상생협력 대책회의" 발언

개혁과 참여를 기치로 내걸고 출범한 노무현 정부는 지지층의 기대와는 달리 재벌 개혁에 소극적이었다. 오히려 '삼성 공화국'이라는 말이 나올 정도로 대기업의 경제정책 마인드에 편승하는 태도를 보였다. 더군다나 양극화 극복의 시대적 과제는 '비전 2030'이라는 먼 미래의 숙제로 돌려 버리고, 미국식 불평등 경제구조를 더욱 가속화할 '한미 FTA' 추진은 시장주의를 신앙처럼 떠받드는 경제 관료들에게 일임해 버렸다. 공공성을 지켜야 할 정부의 역할을 스스로 시장에 맡겨 버린 것이다.

익을 재생산하는 체제를 의미한다. 반면 인민의 정치는 소수 지배 권력이 아닌 다수 대중의 권리와 이익을 보장하는 평등한 사회체제를 의미한다.

한국 사회에서 지난 1987년 이후의 민주화에도 불구하고 사회경제적 평등과 같은 실질적 민주주의의 지체 현상이 나타나는 이유는 무엇인가? 보수 독점적 정치 체제 아래에서 진보정치의 담당자들이 성장하지 못했기 때문이다. 이러한 민주주의의 지체 현상을 극복하기 위해서는 무엇보다 사회운동의 정치와 정당정치의 질적 변화와 상호 결합, 그리고 세력화가 필요하다.

정당정치의 측면에서 보자면, 정당 자체도 중요하지만 정당'체제'에 보다 주목하지 않으면 안 된다. 한국 사회에서는 민주화 이후 지역정당체제가 노골화되었다. 그래서 제도정치 내부의 주요 세력들은 사회경제적 개혁 의제는 거의 내팽개치다시피 했다. 그보다는 오히려 시장주의를 적극 받아들임으로써 결과적으로 양극화를 조장하는 선도 부대의 역할을 했다.

한편 한국의 사회운동과 그 운동의 정치는 민주화에 결정적인 기여를 했음에도 불구하고 민주화 이후 실질적인 민주주의의 진전을 담당할 만한 새로운 정치적 주체를 형성하지는 못했다. 과거 '민주 대 반민주'의 구도가 해체되고 있기는 하지만, 이를 대체할 '신자유주의 대 탈신자유주의', '시장주의 대 평등주의'라는 대립 구도를 뿌리내리지는 못하고 있다는 것이다.

민주화 이후 대중들로부터 가장 많은 신뢰를 받고 성장한 시민운동도 결국 '바닥으로 질주하는' 신자유주의의 거대한 흐름을 제대로 직시하지는 못했다. 그저 정치에 대한 공정한 심판자 역할에 안주했고, 그래서 그 정치적 책임을 다하지 못했다.

노동운동 역시 1970~80년대 민주노조운동의 성과를 사회 연대와 사회 개혁의 에너지로 전환하지 못했다. 따라서 한국 사회가 자본 국가·시장 국가로 변화하는 데 적극 맞서지 못했다는 비판으로부터 자유롭지 못하다.

하지만 진보정치의 발전이 지체된 데 대한 가장 큰 책임은 뭐니 뭐니 해도 진보정당인 민주노동당에 있다. 새로운 정치 주체를 형성할 책임은 일차적으로 진보정당에게 있기 때문이다.

물론 선거를 통해 제도정치권에 진입해 보수 정치 세력과 대결하는 것도 중요하다. 하지만 이것보다 더 중요한 게 있다. 자본 국가·시장 국가에 맞설 대안 비전을 제시하고 정책과 운동을 통해 역동적인 진보정치를 펼치면서 이를 대안적 역사적 블록historical bloc 형성의 토대로 만들어 나가는 것이 바로 그것이다. 역사적 블록이란 어떤 체제를 지속시키기 위해서 지배연합과 국가에 의한 대중적 동원 체제가 성립될 때 가능하다. 따라서 새로운 체제가 지속 가능하기 위해서도 아래로부터의 진보적 대항연합을 구축해야 한다는 것이다. 이것이야말로 기존의 제도정치·정당정치와는 확연히 구분되는 '다른' 정치의 본령이다. 하지만 민주노동당은 이런 역할을 제대로 해내지 못했다. 지금 민주노동당은 진보정치의 재출발을 위한 근본적 성찰과 쇄신이라는 시험대 앞에 서 있다.

2. 사회 국가를 위한 헌법 재음미와 재설계

서구에서는 '사회 국가'라는 말을 흔히 복지국가의 다른 표현 정도로 본다. 하지만 우리가 제안하는 사회 국가는 좀 더 광범위하고 적극적인 의미에서 사회적 차별과 배제가 없는 평등과 포용의 국가 사회 체계를 뜻한다.

대한민국 헌법 제1조는 "대한민국은 민주공화국"이라고 규정하면서 "대한민국의 주권은 국민에게 있고 모든 권력은 국민으로부터 나온다"고 주권의 소재를 명확히 밝힌다. 사회 국가란 다른 게 아니다. 이 주권의 소재(국민주권)를 정치적으로 확대하고 심화시키기 위한 국가와 사회의 재설계다.

헌법의 생명력을 복원하기 위한 논쟁이 필요하다

여기에서 주목해야 할 것은 우리의 사회 국가가 국가와 사회를 분리하는 자유주의적 국가 개념과 대립한다는 점이다. 국가와 사회는 서로 역동적으로 상호작용해야 한다. 그럴 때에만 인민의 불가침의 권리를 제도로써 보장할 수 있고, 이러한 제도를 통해 다시 평등과 연대의 가치를 사회에 깊숙이 뿌리내릴 수도 있다. 즉, 사회 국가에서는 주권자의 기본권을 예외 없이 보장하는 '국가'와, 자유·평등·연대를 근본 가치로 하는 역동적 '사회' 사이의 관계 맺음이 중요하다.

헌법은 이러한 관계 맺음의 기본 약속이다. 따라서 헌법의 문맥을 재음미하고 어떤 부분에서는 재설계하는 것이 대단히 중요하다. 물론 우리가 강조하려는 것은 헌법의 조문 자체라기보다는 헌법 조문이 실질적인 국가 운영의 원리로, 그리고 사회의 힘으로 나타나는 조건과 과정이다.

제6공화국 헌법은 1987년 6월 항쟁의 성과로 등장했다. 하지만 주권자들의 광범위한 토론과 논쟁을 통해 만들어진 게 아니라 '6·29 협약'이라는 제도정치권 내 타협의 산물로 작성되었다. 그래서 비록 제5공화국 헌법보다는 진일보했지만, 주권자의 권리와 힘을 실질적으로 보장하는 수준으로까지 내실을 갖추지는 못했다.

여기에서 우리는 다음의 교훈을 확인한다. 헌법이 담고 있는 민주주의의 성취들이 생명력 있는 규범이자 지침이 되기 위해서는 헌법 수준의 근본적인 지향과 가치, 원칙들에 대한 주권자들 자신의 토론과 숙고가 필요하다는 것. 이러한 토론 과정이 정치와 운동의 부단한 실천 활동과 결합할 때에만 헌법은 민주주의의 버팀목으로서 제 역할을 할 수 있다.

그러므로 우리가 지향하는 '탈신자유주의 정치 체제'도 인민들의 자유로운 토론과 논쟁의 과정 자체이자 공론의 산물이어야만 한다. 아래에서 우리

시민적 권리, 정치적 권리 그리고 사회적 권리

시민적 권리(civil rights)는 외부의 억압이나 강제로부터 개인의 자유를 보장하는 것이다. 신체·언론·사상·신념·소유의 자유, 계약 체결의 자유, 재판을 받을 권리 등이 여기에 포함되는데, 그 중에서도 사적 소유의 보장이 중심을 이룬다. 이것은 프랑스 대혁명 이후 인권의 대표적 내용으로 등장한 권리 개념이다.

정치적 권리(political rights)는 정치제도에 참여하거나 정치권력을 행사할 권리를 뜻한다. 소극적으로는 의회 등의 위임된 대표기구를 통해 보장(간접 민주주의)되지만, 적극적으로는 부당한 정치권력에 맞선 저항권과 정치적 의사결정의 직접 참여(직접 민주주의)를 뜻한다.

사회적 권리(social rights)는 최소한의 경제적 복리나 보호의 권리를 뜻한다. 더 나아가서는 사회적 자산을 동등하게 향유하고 사회의 통상적인 기준에 따라 문화적 생활을 할 수 있는 권리까지 포함한다(마샬T.H Marshall의 권리개념을 보완한 것이다).

는 헌법 재구성의 몇 가지 항목들을 제안할 것이다. 하지만 이것은 단순히 개헌 그 자체를 목적으로 한 것은 아니다. 그보다는 오히려 헌법을 재음미하고 재설계하는 과정에서 불붙을 토론과 논쟁이 더 중요하다.

사회 국가로 이행하고 또한 그 사회 국가가 지속 가능하도록 만들려면 '논쟁'과 '공론장'의 구축이 사회 국가 헌법, 즉 '사회 헌법'의 가장 중요한 토대가 되어야 한다. 이런 의미에서 사회 헌법은 '논쟁적 민주주의', '과정으로서의 민주주의'의 출발점이다.

주권 개념의 변화 : 국민 주권에서 사회적 시민권으로

사회 헌법은 근대 민주주의 헌법이 약속하는 기본권의 보장을 불가침의 영역으로 못 박는 데서 출발한다. 1789년 프랑스 인권선언의 원래 제목은 '인간과 시민의 권리선언'이었다. 그리고 근대 헌법이나 이를 이어받은 오늘

날의 헌법이 정하는 최고의 법가치와 법이념은 인간 존엄성과 그 가치의 존중에 있다. '인간 존엄성의 존중'은 '무엇'으로부터의 자유'라는 인권의 방어적 개념과 소극적 해석을 넘어설 기반이 된다. 우리는 좀 더 적극적으로 향유하고 요구하는 개념으로서 '사회권'으로 나아가지 않을 수 없으며, 이것을 헌법의 중심 원리로 강조한다.

1987년 헌법은 이전 헌법에 비해 기본권 조항이 강화되었다. 하지만 국민국가 단위를 넘어 보편적 인권을 보장하기 위해서는 "국민의 권리와 의무"를 "기본권과 시민권"으로 바꾸고 '대한민국 국민'이 아닌 '거주자'들의 인권과 사회권을 적극 보장해야 한다. 아울러 기본권에 대한 일반적 법률유보 조항(제37조 2항의 "국민의 모든 자유와 권리는 국가안전보장, 질서유지 또는 공공복리를 위해 필요한 경우에 한하여 법률로써 제한할 수 있으며 ……")을 삭제하고, 장애인과 성 소수자 등 소수자의 권리 보장과 양성 평등 조항을 주권자의 권리로서 명시해야 한다.

사회 헌법은 주거, 의료, 교육, 일자리의 4대 기본권을 주요 골간으로 한다. 하지만 이것뿐만이 아니다. 인격권, 생명권, 평화권 등도 넓은 의미의 복지권과 사회적 기본권으로 인정하고 국가 차원에서 실현해 나간다.

평화권은 평화 공동체를 지향하는 사회 국가의 기본권 중 하나다. 평화권은 인간 개개인이 전쟁의 고통으로부터 해방될 권리에서 출발한다. 즉, 전쟁에서 인간이 죽임을 당하거나 부상을 당하지 않을 권리, 즉 생명의 권리와 안전의 권리다.

이것은 전쟁이라는 특수한 상황뿐만 아니라 일상적인 인간 삶의 영역으로도 확대되어야 한다. 즉, 외부나 조직의 부당한 폭력과, 폭력의 강요에서 해방될 권리로 확대 해석해야 하는 것이다. 예컨대 국가의 군대에 속하는 것을 거부할 권리(민중의 비무장권)와 부당한 명령을 거부할 선택적 병역거부의 권리도 여기에 속한다. 그 밖에 방어적 목적만을 위한 방위권인 전수방위

defensive defense의 원칙도 평화권을 구성하는 중요한 원칙이다.

생명권과 인격권 역시 사회적 기본권으로 명시해야 할 항목이다. 생명권은 국가나 타인에 의해 생명을 침해받지 않을 권리다. 예컨대 국가의 또 다른 폭력 행위인 '사형제도'와 같은 의제가 여기에 속한다. 1960년대에 한국의 대법원은 사형이 합헌이라는 판결을 내렸다. 헌법재판소도 사형을 합헌이라고 판결했다. 반면 유럽연합 기본권 헌장(기본법)은 모든 사람이 생명권을 가지며 따라서 누구도 사형 혹은 처형을 당할 수 없다고 천명한다. 미국 연방최고재판소도 1972년 퍼먼 대 조지아 사건 Furman vs. Georgia 판결에서 "사형이 인간 존엄성에 반하는 잔혹하고 이상한 형벌"이라고 규정한 바 있다. 사회 헌법은 인간의 보편적 권리로서 생명권과 인격권을 배타적으로 보장해야 한다.

3. 국가기구의 얼개를 뜯어고치자 : ① 정부 구조

사회 국가의 정치제도는 사회와 정치, 경제와 정치를 분리하지 않고 하나의 체계로 통합하며 인민의 자기결정권을 보장하는 민주적인 규칙과 규범을 지향한다. 사회 국가의 정치제도는 아래의 세 가지 목적에 부합해야 한다.

첫 번째 목적은 정치가 시장의 효율성 담론에 지배되지 않고 공공적 가치를 최우선으로 삼아야 한다는 것이다. 신자유주의 시대에 국가의 존재 이유, 정부의 정당성 근거, 정당의 역할도 일차적으로는 바로 여기에 있다.

두 번째 목적은 사회 국가가 지속 가능하도록 만들 제도를 수립해야 한다는 것이다. 자본 국가·시장 국가를 사회 국가로 바꾸자면, 그 과정도 중요하지만, 사회 국가가 틀을 갖춘 후 이를 지속 가능하게 할 정치제도 역시 중요하다. 물론 제도의 적실성만으로 그 체제를 유지·발전시킬 수는 없다. 제도가 아무리 좋더라도 이를 유지하고 발전시킬 행위자(정당과 시민사회)의 실천이 없다면 이것은 한낱 모래성에 불과할 것이기 때문이다. 그래서 사회 국가의 정치제도는 무엇보다도 논쟁과 합의, 민심의 수렴을 보장할 광장forum의 역할을 해야 한다.

세 번째 목적은 사회의 역동성을 바탕으로 작동하는 제도를 설계해야 한다는 것이다. 제도는 항상 사회와 함께 호흡해야 한다. 좋은 건축물은 모든 사람이 얼마나 쉽게 접근하고 이용할 수 있는지에 따라 우선적인 평가를 받는다. 정치제도 역시 마찬가지다. 좋은 제도란 사회가 가진 역동적 에너지, 즉 인민의 참여와 자발성, 그리고 권리를 제대로 보장하고 반영하는 제도다.

사회 정부는 '네트워크 정부'를 지향한다

사회 국가의 운영을 위임받은 정부를 편의상 '사회 정부'라고 부르겠다. 사회 정부는 그동안 한국 사회에 뿌리 깊게 똬리를 틀어 온 관료주의의 혁명적 전복으로부터 출발한다.

1980년대 이후 한국 사회는 한편으로 급속하게 시장화·자본화했지만, 다른 한편으로는 관료주의가 의연히 존재했다. 관료주의의 문제점은 국민으로부터 위임받은 주권을 관료들이 독점하여 자신들의 배타적 권력으로 전락시킨다는 데 있다. 국가관료주의는 민주화 이후에도 여전히 성역으로 존재했고, 시장주의와 개발주의가 국가정책으로 자리 잡는 데 통로 역할을 해 주었다. 민주화 이후 민주주의의 지체 현상은 이러한 국가관료주의의 공고화와도 밀접한 관련이 있다.

'민주 정부'를 자임하던 김대중 정부와 노무현 정부도 전통 관료에 대한 의존 양상을 극복하지 못했다. 오히려 이른바 '민주화 세대'가 사회경제 의제에 대한 철학과 정책 생산 능력이 부족했던 탓에 국가관료주의를 더욱 강화시키는 결과를 빚었다.

사회 정부는 국가관료주의를 극복하고 민주성을 강화하며 공공성과 실질적 참여를 기본적 운영 원리로 삼아 재편된 정부 체제다. 사회 정부는 두 가지 축을 중심으로 구성된다. 그 첫 번째 축은 지속 가능한 생태와 복지 그리고 대안적 성장의 선순환을 위한 정부 내 조직 개편이고, 다른 한 축은 진보적 시민사회와의 네트워크를 통해 아래로부터 사회 정부의 철학과 정책을 견제하고 뒷받침하는 '네트워크 정부'의 지향이다.

사회 정부는 가장 먼저 국가 폭력의 합법적 수단 역할을 해 온 낡은 제도와 억압적 국가기구부터 폐지하거나 민주적으로 개혁해야 한다. 국가보안법은 이러한 구시대 제도의 상징이다. 국가보안법은 "반공을 제일의 국시"로 하는 과거 억압적 국가의 대표적 통치 기제였고, 신체의 자유에 대한 박탈은 물론 개인의 자유로운 상상력을 억압하는 대표적인 구시대의 유물이다. 따라서 당연히 폐지해야 한다. 이와 함께 군과 경찰 조직도 민주적으로 개편해야 한다. 조직 내 인권을 보호해야 하고, 상명하복의 수직적 조직 체계에서 조직원의 자율성을 보장하는 민주적 조직 체계로 바꿔야 한다.

사회 정부의 제1원칙은 당연히 사회권의 최대한 보장이다. 이 원칙을 실현하기 위해 우선 사회부총리를 신설한다. 사회부총리는 이미 존재하는 경제부총리와 함께 '차별 없는 복지와 공정한 성장의 선순환'을 추구하는 균형 잡힌 정부 조직의 두 기둥이 된다. 사회부총리는 노동과 복지, 교육, 여성 등 사회정책을 총괄하는 역할을 하며, 노동복지부 장관이 이를 겸임한다. 경제부총리는 재정과 경제·기업 정책의 책임을 맡는다. 기존 재경부는 재무부로 축소하고, 경제부총리가 재무부 장관을 겸임한다. 기존 재경부의 금융 기능은 금융감독위원회로 이관한다.

한편 예산 편성 과정에서 사회 참여의 원칙을 실현하기 위해 대통령 직

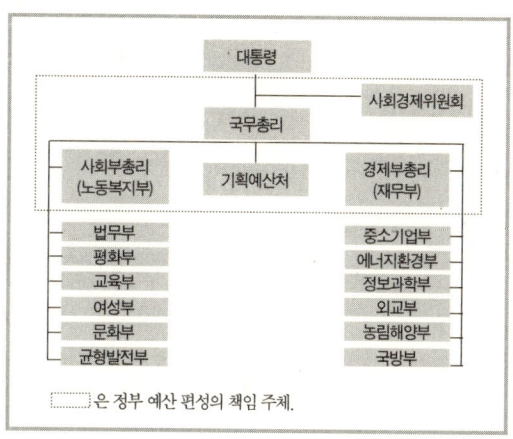

그림 16 | 사회 정부의 기본구조

속으로 지역 대표, 시민사회(노동, 농민 등) 대표, 학계 등으로 구성된 '사회경제위원회'를 설립한다. 사회경제위원회는 복지 확대, 지역 균형과 지속 가능한 발전 등 사회 국가의 원칙들에 부합하는 국가 예산의 가이드라인을 제시한다. 이 가이드라인은 기획예산처의 예산안으로 구체화된다. 예산 편성의 실무는 기획예산처에서 주관하되, 거시적 예산 편성 원칙 아래 경제부총리와 사회부총리가 동등한 자격을 갖고 합의에 의해 결정권을 행사한다.

  이러한 사회 참여적 정부 운영 형태가 의회와 정당의 역할을 축소시킨다는 반론이 있을 수도 있다. 하지만 사회 정부의 존립과 지속 가능성을 보장하자면 기존의 대표 기구 간 견제와 통제뿐만 아니라 아래로부터, 특히 시민사회로부터 다양한 감시와 균형 그리고 연대가 필요하다. 물론 국회와 정당이 국민의 대표성을 가진 정치 행위자이기는 하지만, 그렇다고 대표성의 통로가 그것으로 제한되는 게 바람직한 것은 결코 아니다. 사회 참여적 정부 운영 형태를 통해 참여와 견제의 정치 주체를 좀 더 확대하고 정부 운영의 공공성을 강화해야 한다.

행정자치부와 건설교통부는 없애고 노동부와 복지부는 통합하고

사회 정부의 운영 원칙에 맞게 각 정부 부처의 구성 및 성격, 그리고 명칭도 변경해야 한다. 노동부와 복지부는 노동복지부로 통합해서 양자 간의 정책 연관성을 강화한다. 통일부는 평화부로 명칭을 변경하고, 통일 정책과 관련된 각종 기능(통일 정책 수립과 관련된 대통령비서실, 총리실, 통일부, 외교부, 국방부, 민주평화통일자문회의의 기능)을 일원화한다. 이와 함께 평화권을 정부의 주요 정책 영역으로 삼는다.

외교통상부의 경우, 철저한 해체와 재구성이 필요하다. 현재의 외교통상부 체계에서 특히 문제가 되는 것은 통상 기능이다. 기업 경쟁력이 마치 국가 경쟁력인양 오도하면서 대기업 위주의 통상 정책을 펼치고 있는데, 그 결과가 바로 한미 FTA다. 또한 현재의 통상교섭본부는 오로지 협상 체결에만 매진할 뿐, 그 결과에 대해 아무런 책임을 지지 않는다. 게다가 통상 협상에 관하여 정부 안에서조차 아무런 견제를 받지 않고 있다. 외교통상부에서 외교부를 분리하고 통상 업무(통상교섭본부)는 총리실 직속으로 전환하여 통상 정책 방향에 대해 각 부처 간 논의와 합의를 거치도록 만들어야 한다.

행정자치부와 건설교통부 역시 마찬가지다. 현재 행정자치부는 그 명칭에 걸맞지 않게 지방 정부에 대한 불필요한 간섭과 통제를 일삼아왔다. 예를 들어 지역의 특색, 문화와 복지 관련 조례의 다양성 등이 표준화라는 미명 아래 행정자치부 법령과 치침(주민투표표준조례안, 주민참여예산제운영조례 표준안 등)에 따라 침해받고 있다. 또한 공직 개혁을 위한 자발적 참여 조직이라고 할 수 있는 공무원노조에 대해서도 일방적인 탄압과 무력화 시도를 계속해 왔다. 건설교통부는 대표적인 개발주의형 정부 부처다. 중앙부서에 건설부를 설치하고 있는 나라는 드물고, OECD 국가 중에서는 한국이 유일하다. 이런 점에서 현재의 행정자치부와 건설교통부는 폐지하고, 지방정부의 자치행정을 지원하며 균형발전을 적극 기획·실행하여 미래지향적 국토 정책을 담당할 균형발전부를 신설한다.

또한 현재의 중소기업청은 중소기업부로 상향 조정한다. 그리고 이 중소기업부는 또 다른 신설 부처인 에너지환경부와 함께 기존의 산업자원부의 역할을 분담한다.

4. 국가기구의 얼개를 뜯어고치자 : ② 권력 구조

'권력 구조'(혹은 통치 구조)를 정부 형태(대통령제, 의원내각제 등)만으로 받아들이는 경우가 흔하다. 하지만 국가의 권력 구조는 권력의 소재와 그 행사 방식에 대한 규칙을 총체적으로 규정하는 것이다. 따라서 권력 구조를 논하려면, 정당체제, 의회제도, 선거제도 간의 상호관계에 초점을 맞추어야 한다.

대통령제를 유지하되

사회 국가의 정부 형태는 단적으로 말해 대통령제를 취한다. 물론 민주화 이후 한국의 대통령제는 이른바 '제왕적 대통령제'imperial presidency, 즉 견제받지 않는 무소불위의 권력 형태라는 비판을 받아 온 것이 사실이다. 그리고 이러한 승자독식의 대통령제를 대신해 이제는 권력 분점과 합의제에 유리한 의원내각제로 정부 형태를 바꿔야 한다는 주장이 적지 않은 지지를 받고 있다.

아래에서 다시 설명하겠지만, 정부 형태의 변경만으로 국가권력의 민주성이 보장되는 것은 결코 아니다. 무엇보다 제도정치의 중핵이라고 할 수 있는 현재의 정당과 정당체제가 함께 바뀌어야만 국가권력의 민주성을 보장할 수 있을 뿐만 아니라 사회권 보장 중심의 정치 체제의 조건 또한 마련할 수 있다. 그리고 정당체제를 이렇게 바꾸자면 이것을 합리적으로 유인할 선거제도의 개혁 역시 중요하다.

대통령과 의회는 권력 구조에서 이원적 민주성을 갖는다. 둘 다 국민의 직접투표로 선출되는 민주적 대표성을 가지며, 서로 견제와 균형의 기능을 행사한다. 민주화 이후 이러한 이원적 민주성이 정치적 대립으로 비화하는 것을 두고 흔히 '분할정부'divided government라고 부르는데, 이 현상을 굳이 의원내각제 특유의 합의의 정치와 대비하며 정쟁의 근원으로 낙인찍는 것은 불합리해 보인다. 한국의 분할정부 현상은 정쟁과 갈등의 원인이라기보다는 오히려 그 결과이기 때문이다.

의회의 역할을 강화한다

의회는 대통령과 함께 국민의 대표성을 갖는 위임 기구로서 정부를 견제하는 역할을 한다. 하지만 사회 국가에서 의회는 그 고유 기능인 대對 정부 감시와 견제, 예산 편성, 법률 입안으로부터 한 걸음 더 나아가서 사회 갈등의 조정 기구가 되어야 한다.

이미 유럽에서는 1970년대부터 국회가 입법 발의 측면에서 행정부의 전문성을 따라갈 수 없는 상황이 되어 버렸다. 그래서 '의회 쇠퇴론'이 등장하기까지 한다. 현대 의회가 입법law-making 기구에서 법률 발효law-effecting 기구로 바뀌고 있다는 분석도 바로 이러한 의회 기능의 변화를 반영하는 것이다. 이런 상황에서 유럽의 의회는 점차 그 중심축을 '대표 기능'과 '사회 갈등의 조정 기능' 쪽으로 전환하여 의회 정치를 재활성화하려 한다.

반면 한국의 국회는 이러한 사회 갈등 조정 기능을 제대로 수행하지 못하고 있다. 방사능폐기물처리장 건설을 둘러싸고 정부와 지자체, 그리고 지역주민 간 갈등이 물리적 충돌로까지 폭발한 전북 부안의 경우가 그 대표적인 사례다. 국회는 국회법이 규정하는 국정감사와 국정조사 그리고 청문회 등등 사회 갈등을 조정할 다양한 제도적 장치를 갖고 있었음에도 불구하고 아무런 역할도 하지 못했다. 오히려 시민사회 단체가 갈등 조정의 몫을 떠맡고 나섰다. 국회는 사실상 직무 유기를 한 셈이다.

의회의 사회 갈등 조정 기능을 강화하고 분권과 자치를 권력 구조 내에서 더욱 충실하게 실현하기 위해서는 현재의 단원제 의회를 양원제로 변경하는 방안을 고려해 볼 수 있다. 즉, 현재의 단원제 의회 구조를 지역 대표 성격을 갖는 제1원과 국민 대표 성격을 갖는 제2원의 양원제 의회로 바꾸자는 것이다.

양원제 도입은 한반도 통일 이후의 권력 형태로 떠오르는 국가연합·연방제 문제와도 맞물려 있다. 우선 지자체의 분권과 자치 기능을 강화할 제도들(예를 들면 위에서 제안한 '사회경제위원회'의 지역 대표 참여)을 구축하면서, 통일 과정의 추이에 따라 양원제 도입을 적극 고려해 볼 만하다.

5. 사회 국가의 정치, 그 출발점 : ① 독일식 정당명부 비례대표제

사회 국가의 새로운 정치 모델을 구축하기 위한 출발점은 정당정치의 복원과 사회운동의 활성화다. 정당정치의 복원이란 이념과 정책에 의한 정당 대결 구조를 확립하는 것을 뜻한다.

현재의 정당 구조는 1987년 이후 등장한 지역주의 정당 구조의 연장선 위에 있다. 1997년 IMF 체제는 한국 사회 내에 신자유주의를 촉진시키는 결정적인 계기였는데, 정작 정당 구조는 이러한 경제 환경 변화에 대응하지 못했다. 즉, 사회경제적 균열 구조를 반영하지 못하는 보수 우위의 1987년 정당체제가 끈질기게 지속되어서, 정당정치의 성장과 정치발전을 가로막았을 뿐만 아니라, 사회경제 의제를 주된 정치 쟁점으로 다루는 데 근본적인 장벽이 되었다.

진보 대 보수의 정당체제가 실질적으로 작동하자면 무엇보다 진보정당의 성장과 외연 확대가 필요하다. 즉, 진보정당 스스로가 대중의 신뢰를 받는 정치 주체로 부상하려고 노력해야 한다는 것이다. 진보정당의 혁신과 외연 확대 문제는 이 책의 8장에서 다시 이야기하도록 하고, 여기서는 우선 그 제도적 조건을 제시하겠다. 그것은 바로 독일식 정당명부 비례대표제의 도입이다.

선거제도 개혁의 정답은 독일식 정당명부 비례대표제

현행 국회의원 선거제도는 소선거구제(한 지역구에서 한 사람의 국회의원 선출)를 기본으로 하고, 여기에 전국 단위로 정당투표를 분리 실시하는 혼합형 방식이다. 즉, 유권자에게 두 개의 투표용지를 주는데, 한 투표용지로는 자신의 지역구 후보를 선택하고, 다른 투표용지로는 자신이 지지하는 정당을 선택한다.

이러한 '1인2표' 투표 방식은 2001년 헌법재판소의 판결을 계기로 도입되었다. 과거에는 지역구 의원에 대한 투표 선택이 그대로 비례대표(전국구) 선출에 반영되는 방식이었다. 그러나 이런 비례대표 선출 방식은 유권자의 선호를 심각하게 왜곡하는 문제가 있었기 때문에 헌법재판소가 이를 위헌이라고 판결했다. 이후 선거법이 개정되었고, 새로운 1인2표 방식이 2002년 지방선거부터 적용되었다.

표 15 | 15~16대 국회의원 선거 정당 득표율과 의석수

15대(1996년)				16대(2000년)			
정당	득표율	의석수	편차	정당	득표율	의석수	편차
신한국당	34.5	139(46.5%)	11.0	한나라당	39	133(48.7%)	9.7
새정치국민회의	25.3	79(26.4%)	1.1	민주당	36	155(42.1%)	6.1
자민련	16.2	50(16.72%)	0.5	자민련	9.8	17(6.2%)	-3.6
통합민주당	11.2	15(5%)	-6.2	민국당	3.7	2(0.7%)	-3.0
				민주노동당	1.2	0(0.0%)	-1.2

하지만 현재의 국회의원 선출 제도는 여전히 대표성과 비례성의 측면에서 문제점을 안고 있다. 선거제도에서 가장 중요한 것은 유권자의 선호를 제대로 반영하는지 여부다. 그런데 현행 방식 역시 과거의 국회의원 선출 제도와 마찬가지로 정당의 득표율을 의석수에 온전히 반영하지 못하고 있다. 이것은 비록 정당명부 비례대표제를 도입했음에도 불구하고 지역구에 비해 그 비율이 현저하게 낮아 생색내기에 그치고 있기 때문이다.

16대 국회에서 국민들의 정치개혁 요구를 수용한다는 취지로 구성된 "범국민정치개혁협의회"는 "지역구와 비례대표 비율을 2 대 1로 하고, 장기적으로 1 대 1의 비율로 개정할 것"을 권고한 바 있다. 하지만 결국 보수정당들의 이해관계 때문에 비례대표를 10명 늘려 총 56명으로 하는 동시에 지역구 의석도 243명(기존 227명)으로 슬그머니 늘려 놓았다. 비록 정당명부 비례대표제를 도입했다고는 하지만 그와 함께 지역구 대 비례대표 비율을 4.3 대 1로 맞춤으로써 그 취지를 무색하게 만들어 버린 것이다.

그럼 대안은 무엇인가? 정당 득표율에 비례해 의석수를 결정하는 '독일식 정당명부 비례대표제'를 도입해야 한다. 그래야 유권자의 의사를 공정하게 대표한다는 대표성과, 사표를 최소화하고 유권자의 선호를 실제 국회 의석수에 정확하게 반영한다는 비례성을 확보할 수 있다.

비례대표제는 완전 비례대표제와 혼합형 비례대표제로 나눌 수 있다. 완

전 비례대표제란 전국을 하나의 지역구로 삼는 방식이며, 이스라엘, 네덜란드 등에서 시행하고 있다. 즉, 유권자는 정당에 대해서만 투표한다. 혼합형 비례대표제란 말 그대로 소선구제가 갖는 지역대표성의 장점과 정당 득표율을 의석수에 온전하게 반영하는 비례성을 함께 절충한 방식이다.

혼합형 비례대표제는 다시 '병립식'과 '병용식'으로 나뉜다. 현재 일본과 한국의 선거제도처럼 지역구 선출과 비례대표 선출을 따로 하여 두 부문에서 획득한 의석수를 단순하게 합산하는 것이 병립식이다. 그런데 이 방식은 비록 비례대표 형식을 취함에도 불구하고 비례성은 상당히 떨어진다는 단점이 있다.

반면 병용식 비례대표제는 지역 선거구의 단순 다수제 선출 방식을 인정하면서도 전체 의석수는 정당 득표율에 따라 결정한다. 따라서 유권자의 의사가 공정하게 대표되고, 사표死票 없이 비례성이 정확하게 반영된다. 독일의 선거제도가 바로 이 방식이다. 병용식은 우리의 정치 환경에도 가장 잘 맞는다.

독일식의 원리는 다음과 같다. 첫째, 전국에서 획득한 정당 득표율에 따라 전국 단위의 정당 의석수를 결정한다. 둘째, 권역별(독일의 경우는 주州) 정당 지지율에 따라 해당 정당의 전국 의석수를 배분한다. 셋째, 이때 권역에 배정된 의석수에 권역에서 선출된 해당 정당의 국회의원수를 뺀 나머지가 권역의 비례대표 의석으로 결정되는 것이다. 만약 권역에 배정된 의석수보다 지역구 선출 의석수가 많으면 해당 정당의 권역 비례대표 의석은 없게 되는 것이고, 초과한 의석(초과 의석)은 그대로 인정된다.

제17대 국회의원 선거에서 울산 지역의 민주노동당 의석수 산출을 예로 들어 보자. 제17대 총선에서 민주노동당의 전국 정당 득표율은 13.19퍼센트(920,229표)였다. 그러므로 전체 의석수는 총 의석수 299석 중 40(299 × 0.13)석이 된다. 이 중 울산 지역에서 민주노동당이 획득한 정당 득표수는 83,247

표 16 | 독일식 정당명부 비례대표제 도입시 제17대 총선 국회 의석수 비교

구분	민주노동당	한나라당	민주당	열린우리당
득표율	13.19	38.44	8.84	39.53
의석수(독일식)	40	111	22	119
실제 의석수	10	121	9	152
편차	-30	+11	-13	+33

표였다. 이는 민주노동당이 전국에서 득표한 수의 9퍼센트(83,247 ÷ 920,229 × 100)에 해당한다. 그러므로 민주노동당이 획득한 전국 의석수 40석 중 9퍼센트에 해당하는 4석(3.6에서 반올림)이 울산 지역의 총 민주노동당 의석이다. 당시 지역구에서 한 명이 당선되었으므로 나머지 세 명이 비례대표 명부에서 순위대로 선출된다.

요컨대, 현행 국회의원 선거제도는 정당명부 비례대표제를 부분적으로 도입하긴 했지만 여전히 비례성을 온전히 보장하지 못하는 절름발이 비례대표제다. 18대 총선을 앞둔 지금, 정당정치·책임정치를 복원하기 위해서는 독일식 정당명부 비례대표제를 반드시 도입해야 한다. 이것은 대통령의 대표성 확보를 위한 대통령 선거의 '결선투표제' 도입과 함께 더 이상 미룰 수 없는 정치 개혁의 제1과제다.

6. 사회 국가의 정치, 그 출발점 : ② 실질적인 주권자 참여 정치

민주주의의 또 다른 상징으로 평가받는 것이 지방자치다. 지방자치는 크게 두 가지 정치적 의미를 지닌다. 하나는 중앙권력으로부터의 지역 공동체 자치이고, 다른 하나는 주민 참여를 통한 지역 정치의 실질적인 민주화다. 전자가 지방자치의 필요조건이라면, 후자는 지방자치의 충분조건이라고 할

수 있다.

하지만 그동안 한국의 지방자치는 '중앙 대 지방' 차원에서 분권만을 배타적으로 강조해 왔다. 그러면서 지방 혹은 지역 내 민주주의 체계와 참여 구조에 대한 고민은 소홀히 했던 것이 사실이다.

이것은 지방자치의 복원·정착 및 분권화 과정이 '중앙 권력'과 '지방 권력', '중앙 엘리트'와 '지역 엘리트'의 이해관계 속에서 진행된 데서 비롯된다. 이것은 또한 '통치의 효율성'과 '효율적인 개발체제 구축'이라는 국가권력의 지배 담론과도 무관하지 않은데, 특히 1997년의 IMF 위기는 분권화 논의가 국가 경쟁력 차원에서 급물살을 타는 계기 역할을 했다.

한국의 지방자치, 무엇이 문제인가?

이에 따라 현재 한국의 지방자치는 다음과 같은 문제들을 드러내고 있다.

첫째, 자치단체장의 독주 체제와 지방의회의 주변화 혹은 기생 현상이다. 강력한 집행부와 미약한 의회라는 지방 권력 구조 덕분에 지방 토호 세력과 이익집단이 일반적인 지역 주민의 '개발' 요구에 편승하여 서로 결탁할 수 있었다. 지방의회는 이를 견제·감시하기는커녕 단체장을 비호하거나 또 다른 결탁 세력이 되었을 따름이다.

둘째, '중앙 집중형 개발'에서 '지방분권형 개발'로의 변형이다. 중앙정부와 마찬가지로 지방정부 역시 사회 공공성과 주민의 복지권을 제1의 원칙으로 보장해야 한다. 그러나 '분권만능론' 분위기 속에 오히려 복지 재정은 점차 축소되고 있다. 〈표 17〉의 광역단체 개발 공약 비율에서 단적으로 드러나듯이 개발 공약이 80퍼센트 가까이나 차지하고 있고, 사회복지나 환경 공약은 10퍼센트에 불과한 실정이다.

참여정부는 2004년 "국고보조사업 533개 중 163개 사업을 2005년부터

표 17 | 각 광역단체의 개발 공약 비율

지역	전체 공약		개발 공약 (도로, 공항, 지하철, 관광단지 등)		사회복지·환경 공약	
	(원)		(원)	(%)	(원)	(%)
서울특별시	22조6천4백억		13조9천3백억	61.5	3조7천3백억	16.5
부산광역시	3조9천8백억		3조6천8백억	92.5	9백80억	2.5
대구광역시	4조1천4백억		4조8백억	98.5	67억	0.2
인천광역시	6조4천억		5조3천억	87.7	3천7백5십억	6.2
광주광역시	5조4천억		4조3천억	79.0	2백10억	4.0
대전광역시	-		-	-	-	-
울산광역시	3조6천9백억		2조9천2백억	79.0	4천9백억	13.3
경기도	-		-	-	-	-
강원도	1조1천4백억		8천2백억	72.4	3백억	2.6
충청북도	8조9백억		6조8천3백억	84.4	7천8백억	9.7
충청남도	2천7백억		1천9백억	70.2	5백8십억	20.8
전라북도	2조3천6백억		1조5천억	63.6	1천7백억	7.4
전라남도	2조6천억		1조3천8백억	53.0	5백6백억	21.6
경상북도	14조6천2백억		12조5천2백억	85.6	1조3천4백억	9.2
경상남도	-		-	-	-	-
제주도	3조9천3백억		2조7천8백억	70.9	2천2백억	5.7
전국 종합	74조1천2백억		56조4천억	76.1	7조9천억	10.7

자료: 『경향신문』, 2006년 4월 10일.

지방 이양한다"는 내용의 '국고보조금 정비 방안'을 발표하면서 최종적으로 12조7,000억 원의 국고보조금 가운데 9,851억 원(13개 부처, 149개 사업)을 지방으로 이양했다. 이때 지방으로 이양된 사업 149개 가운데 보건복지부 사업은 67개(41.1퍼센트)였고, 액수로도 복지부가 5,959억 원으로 가장 많았다. 2위를 기록한 건설교통부(1,331억 원)보다 다섯 배나 높은 수치였다.

더군다나 복지부의 사업 가운데에서도 노인 복지, 장애인 복지, 아동 복지, 쪽방 생활자 지원 사업 등 사회취약계층 복지 서비스 사업이 대거 지방으로 이양되었다. 보건복지부의 예산 5조 원 중에서 가장 큰 비중을 차지하는 기초생활급여(1조6,771억 원)와 의료급여(1조8,807억 원)를 제외한 나머지 1조3,790억 원 가운데에 지방으로 이양된 사업은 43.2퍼센트를 차지했다. 이러한 복지 재정의 지방 이양은 자치단체의 취약한 재정자립도와 맞물려 복지 비용의 전반적인 삭감과 지역 간 불균형을 낳고 있다.

셋째, 분권 행정은 있었지만, 분권정치·지역정치는 없었다. 현재의 지방자치는 행정 영역에만 국한돼 전개되고 있고, 정치 세력도, 언론도 분권이 갖는 통치의 효율성, 그리고 신자유주의 논리에 걸맞은 경쟁력 차원만 주목하는 형편이다. 이 때문에 참여예산제, 주민소환제, 주민투표제 등 참여민주주의, 풀뿌리 민주주의는 부각되지 못하고 있다.

사회 국가는 대중의 참여로 건설된다

사회 국가는 주권자의 실질적인 정치 참여를 지역에서부터 보장하고 이들의 결정을 존중하는 다양한 참여민주주 제도를 도입·실행할 것이다. 우선, 현재 부분적으로만 도입되고 있는 참여예산제를 전국의 지자체에 단계적으로 확대해야 한다.

앞서 1장에서도 소개한 바 있지만, 브라질의 포르투 알레그레 시는 주민 참여를 통해 자치 예산의 우선순위를 결정하는 참여예산제를 처음으로 실행했다. 이 실험은 신자유주의 지구화의 거센 물결 속에서 정치를 소생시켰다는 평가까지 받는다. 참여예산제도는 가난한 이들에게 유리한 방향으로 공공 정책의 우선순위를 뒤집는 수단이었고, 지방 행정의 관료주의를 민주적으로 변화시킨 정치적 원동력이기도 했다.

이와 더불어 현재 실시되고 있는 주민소환제를 보완(성립 요건의 완화)해야 한다. 주민발안제, 주민투표제는 국민발안제, 국민투표제의 제도적 보장으로까지 발전해야 한다. 국민발안제와 국민투표제는 사회 국가의 중요한 정치 참여 통로가 될 것이다.

이와 같이, 대의제 민주주의의 한계를 보완하기 위해 직접 민주주의 제도들을 지속적으로 확대해야 한다. 다만 명심해야 할 것은 직접 민주주의의 브라질 포르투 알레그레 시의 참여예산제도란 무엇인가?

포르투 알레그레 시의 참여예산제도(Participatory Budgeting System)는 직접 민주주의와 간접 민주주의의 요소를 포함하는 다단계 구조를 가지고 거의 1년 기간 동안 시 예산안을 논의하고 결정하는 제도다.
먼저 첫 단계로서 주민들이 지역 단위로 직접 참여하거나 의제별로 나눠 참여하는 지역별 시민총회(Regional Plenary Assembly)와 의제별 시민총회(Thematic Plenary Assembly)가 있다. 시민총회는 1년에 두 차례 소집된다. 1차 총회의 안건은 전년도 예산의 보고, 시민들의 요구 취합, 대의원 선출 등이다. 2차 총회의 안건은 요구 사항의 우선순위를 결정하고 참여예산평의회(Participatory Budgeting Council)의 평의원을 선출하는 것이다.
1차 시민총회에서 선출된 대의원들은 대의원포럼을 개최하여 1차 시민총회와 각 지역위원회에서 요구한 사항들을 검토하고 우선순위를 평가해 2차 시민총회에 보고한다. 2차 시민총회를 거쳐 올라온 지역별 우선순위와 의제별 우선순위는 2차 시민총회에서 선출된 평의원들과 시민단체 및 공무원 대표로 구성된 참여예산평의회에서 조정되고 결정된다.
즉, 참여예산제도의 예산 토론은 1차 시민총회(3~4월), 대의원포럼(4~6월), 2차 시민총회(6~7월), 참여예산평의회(8~9월), 시장의 인준 및 의회심의(10~12월)의 과정을 거친다(한상진 외, 『진보적 지방자치, 무엇을 했고 무엇을 해야 하는가』, 진보정치연구소, 2006 참고).

왕도는 존재하지 않는다는 점이다. 어느 한 제도가 '정답'이 될 수 있는 것은 아니다. 어느 한 제도에 우위를 둘 게 아니라 다양한 제도들을 서로 결합·보완함으로써 참여민주주의를 좀 더 풍부하고 내실 있게 가꿔야 한다.

7. 사회 국가의 정치, 그 출발점 : ③ 사회운동과 진보정당의 결합

사회 국가의 공공 정치를 실현하기 위해서는 국가 복지를 확대해야 할 뿐만 아니라 '복지연대', '복지동맹'을 지역 정치 수준에서 구축해야 한다. 복지동맹이 주민들의 자율적인 결사체라는 구체적 형태로 등장하게 만들어야 한다. 그래서 인민의 자치권을 법률의 차원이 아니라 정치의 차원으로 이동시켜야 한다.

그러자면 국가 복지를 지역사회로 확대시킬 실질적인 이해관계자 간 연대와 동맹이 정치의 주체로 등장해야 한다. 이것은 사회운동과 정당정치의 결합을 통해 가능하다. 여기에 그 몇 가지 과제들을 제시해 보겠다.

먼저 국가를 민주화해야 한다. 참여와 공공성, 그리고 자율성을 새로운 사회 운영 원리로 정착시키자면 관료적 자본(시장) 국가와 그 지배 헤게모니 기구인 기성 정당들의 체제를 극복해야 한다. 그리고 이것은 진보정당과 시민사회 사이의 역동적 관계가 국가기구 안에 다양한 민주적 참여의 형태로 반영될 때에만 가능하다. 진보정당은 제도정치와 운동정치의 변증법을 통해 사회적 헤게모니의 정치를 주도해야 한다.

둘째, 능동적 복지 체제의 구축이다. 즉, 시혜가 아니라 권리로서 복지 체제를 공고화하는 것이다. 국가의 당연한 의무로서 공공복지 체제를 구축하는 한편, 계급·계층 간 복지동맹을 통해 지속 가능한 복지 체제, 밑바탕이 튼튼한 복지 사회를 일궈야 한다.

복지동맹은 두 가지 측면에서 아래로부터의 헤게모니 전략이기도 하다. 능동적 복지 사회를 구축하고 발전시킴으로써 기존의 '개발'과 '성장' 가치에 맞서 새로운 대안적 가치를 공유하는 역사적 블록을 형성한다는 점이 그 하나다. 그리고 다른 하나는 진보정당(민주노동당)의 지지층을 확대·강화하는 아래로부터의 사회 연대 전략이라는 점이다.

셋째, 자본과 보수 정치권력이 주도하는 '시장주의'가 아니라 진보 정치 세력과 진보적 시민사회가 주도하는 '참여의 평등주의'로 사회의 성격을 바꾸는 것이다. '노동 없는 민주주의', '자본 주도 성장주의'를 지양하고 '심의 민주주의', '노동 참여의 민주주의'를 지향해야 한다. 이것이 곧 '탈신자유주의'의 국가적 비전이자 사회적 가치 체계라 할 수 있다.

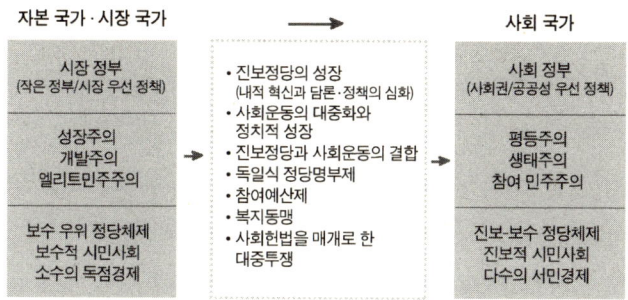

그림 17 | 자본 국가·시장 국가에서 사회 국가로 나아가는 정치적 변화 과정

넷째, 지역을 중심으로 대안 정치 운동을 펼쳐야 한다. 예컨대 진보정당의 인적·물적 지원과 지역운동을 서로 결합하여 복지 지도welfare mapping (복지 수요와 대상, 지역 현안에 대한 실사구시적 조사. 주택·인구 이동·교육·교통에 대한 10년 설계운동과 같은 단계적 지역거점 운동) 작성 등 기초 조사에 착수할 수 있다. 그래서 지자체 단위에서 복지정책을 추진하도록 압박하는 지역 복지 연대체, 생활 연대체를 건설하자는 것이다.

마지막으로 대안 담론·대항 담론을 지속적으로 개발해야 한다. 아래로부터의 헤게모니 구축을 위해서는 물리적·조직적 운동 못지않게 대중을 움직이기 위한 담론 투쟁도 중요하다. 이것은 진보정당(민주노동당)의 '영향력의 정치' 문제이기도 하다. 진보정당은 이제 지식 수혈의 대상이라는 위치에서 벗어나 사회적 담론 형성의 저수지 역할을 할 '진보 지식 공동체'를 형성해야 한다. 진보 지식 공동체는 생태(녹색), 젠더 등 진보의 다양한 가치들을 내면화하고 성찰함으로써 '진보의 진보'를 이뤄 내야 한다.

8장
사회 국가 운동, 이렇게 시작하자

1. 독립, 민주화 이후의 과제는 사회 국가 만들기

지난 세기 전반기, 한반도 민중의 꿈은 독립 국가 건설이었다. 그리고 그 나머지 절반 동안에는 민주 국가를 세우려는 끊임없는 노력이 있었다. 이제 우리의 다음 과제는 보다 강한 민주 국가를 향해 나아가는 것, 즉 사회 국가를 건설하는 것이다. 좀 더 정확히 말하면, 21세기의 요구에 걸맞은 녹색 사회 국가의 기틀을 쌓고 이것을 평화 공동체의 건설로까지 확장하는 것이다. 이것이 바로 우리 세대의 과제이자 21세기의 민주화 운동이다.

이 운동은 지금 곧바로 시작돼야 한다. 비록 이미 그 맹아적인 흐름들은 존재하지만, 그것만으로는 안 된다. 여러 다양한 시도들이 서로 합류해야 한다. 급하다. 더는 머뭇거릴 시간이 없다. 앞으로 10년 안에 이 운동이 한국 사회를 뒤바꿀 거대한 해일로 성장해야 한다.

향후 10년 안에 사회 국가 만들기에 매진해야 하는 이유

왜 '향후 10년 안'이라고 못을 박는 것인가? 여기에는 다음과 같은 절박한 이유들이 있다.

첫째, 이 책의 앞 장들에서 제시한 것과 같은 노력들이 없다면 사회 양극화는 더욱더 심각해지기만 할 것이다. 이 추세가 그대로 계속되기만 해도 그 결과는 참혹하다. 어차피 소득 양극화가 지속된다면 이것은 가계 저축의 격차로 이어지게 되고 결국 자산 양극화를 낳을 수밖에 없다. 그런데 이미 지금도 소득 양극화보다 더 심각한 자산 양극화(특히 주택 등 부동산에서)가 나타나고 있다. 엎친 데 덮친 격이다. 더구나 3장에서 밝힌 대로 한국 사회에서는 복지제도가 소득 양극화를 완화하는 게 아니라 오히려 더욱 부추긴다. 비정규직·저소득층이 사회복지의 사각지대에 방치돼 있기 때문이다. 사회가 완전히 소수의 '1등 시민'과 다수의 '2등 시민'으로 갈리게 된다.

이렇게 되면 경제 체제 자체도 제대로 작동하지 못하게 된다. 생산은 잘 되는데 분배만 문제인 게 아니라 생산 자체도 벽에 부딪히게 된다는 것이다. 소수의 '1등 시민'은 계속 금융 투자(사실은 투기!)로 불로소득을 얻는 재미에 빠져들 테고 다수의 '2등 시민'은 점점 더 노동 의욕을 상실할 것이기 때문이다. 신자유주의는 자본주의 체제가 작동하기 위해서도 꼭 필요한 양질의 노동력 재생산에 실패하고 만다. 더구나 소득 수준이 전반적으로 낮아지고 불안정해지기 때문에 소비 시장도 위축되고 만다. 보수 우파가 항상 되뇌는 그 '성장'이란 것도 이제는 허깨비를 부르는 주문 신세가 된다.

둘째, 한국 사회가 이렇게 신자유주의 세계화의 늪에서 허우적댈 때, 이 좁은 나라 바깥에서는 거대한 변화의 조짐이 서서히 나타나고 있다. 1970년대부터 지금까지 30년 이상을 풍미해 온 신자유주의 시대가 뭔가 커다란 전환점을 맞이하는 분위기다. 미국, 유럽, 일본의 3극이 중심이 된 전 지구적 자본주의 질서가 균열을 보이고 있다. 중국, 인도, 러시아가 부상하고 있고, 남미 통합 움직임도 있다.

하지만 더 심각한 균열은 세계 자본주의의 중심 중의 중심인 미국 경제의 불안정성이다. 미국 경제는 신자유주의 세계화의 버팀목과도 같다. 아시아의 엄청난 제조업 생산은 미국 소비 시장에 의존하고 있고, 전 세계의 금융 자본이 미국으로 몰린다. 그런데 다름 아닌 그 미국 경제가 지금 무역수지와 경상수지의 '쌍둥이 적자'라는 중증질환에 시달리고 있다. 또한 미국 내부를 들여다보면, 2007년 서브프라임 사태에서 드러나듯이 가계 부채 증가로 인해 금융 불안정성이 커지고 있다. 세계는 지금 미국이라는 흔들리는 바늘 끝 위에 서 있는 셈이다.

많은 경제 전문가들이 미국의 대외 순채무가 GDP의 절반 이상이 될 2010년경에 미국 경제가 급격한 조정(대체로 심각한 경제 위기와 함께 하는)을 겪을 것이라고 전망한다. 그렇게 되면 미국이라는 바늘 끝 위에 서 있던 세계의 다른 지역, 다른 나라들도 함께 흔들리지 않을 수 없다. 물론 그렇다고 세상이 갑자기 무너지는 것은 아니다. 하지만 신자유주의 세계화와는 뭔가 크게 다른 흐름이 대세로 등장하리라는 것만은 분명하다. 그렇다면 지금은 한국의 자본 국가가 추진하는 것처럼 한미 FTA 따위에 헛된 기대를 걸 때가 아니다. 이렇게만 나아가다가는 구한말 무렵처럼 우리는 다시 역사의 미아가 되기 십상이다.

셋째, 한반도의 변화가 어떤 방향으로든 통일을 재촉하고 있다. 북한 핵 문제가 어떻게든 풀리고 남북 간 교류가 활성화되면 우리의 예상보다 훨씬 빠른 속도로 남북 통합 논의가 시작될 것이다. 한데 문제는 국가연합이니 연방제니 하는 통합의 방식이 아니다. 그보다는 남북한이 서로 통합해서 한반도 전체에 어떠한 사회를 만들려 하는지가 더 중요하다. 북한을 남한의 신자유주의적 자본주의에 끌어들이는 게 과연 답이 될 수 있을까? 북한의 국가 사회주의가 우리의 참고 사례나마 될 수 있을까? 모두 다 끔찍한 가능성일 뿐이다. 남한에 비해서든 북한에 비해서든 지금보다 더 나은 사회를 만드는 게 아니라면 통일은 결코 역사의 진보로 다가올 수 없다. 남한은 남한대로 자본 국가를 대체할 사회 국가를 준비하고 북한은 또 북한대로 20세기의 국가 사회주의 체제를 새로운 세기에 부합하는 민주적·진보적 체제로 바꿔 나가지 않으면 안 된다.

넷째, 한반도 정세가 호전의 기미를 보임에도 불구하고 우리를 불안하게 하는 요소가 있다. 그것은 바로 동아시아 정세다. 한반도에서 20세기의 냉전이 채 정리되기도 전에 그 주변에서는 21세기의 냉전이 시작되고 있다. 중국·러시아(이른바 대륙 세력)와 미국·일본(이른바 해양 세력) 사이의 대립 전선이 점점 더 선명히 꼴을 갖춰 가고 있는 것이다. 특히 미국 안에 이런 대립 구도를 만들기를 원하는 세력이 버티고 있기 때문에 이 추세는 결코 쉽게 변화하지 않을 것이다. 더구나 미국 경제가 침체에 빠지고 그래서 중국 역시도 경제 위기의 타격을 입게 되면, 지금은 그저 하나의 가능성으로만 이야기되는 군사적 긴장이 점점 더 첨예한 모습으로 현실화될지 모른다.

이 대립 구도의 한 복판에 바로 한반도가 있다. 따라서 한반도 민중의 염원과는 상관없이 동아시아의 균열과 대립이 한반도를 다시 혼란에 빠뜨릴 위험이 다분히 존재한다. 그런 위험이 닥치기 전에 오히려 우리가 동아시아의 긴장을 누그러뜨릴 주요 행위자로 부상해야 한다. 그러자면 한반도가 유럽 대륙의 스칸디나비아 반도처럼 이 지역(동아시아)의 체제 모범 국가이자 평화 주도 국가로 부상해야 한다. 시간이 없다. 더구나 한미 FTA 따위에 휩쓸려서는 더더욱 시간과 에너지만 낭비하게 된다.

다섯째, 화석 에너지 고갈과 지구 온난화 등 지구 생태 위기가 벌써부터 심각한 양상을 보이고 있다. 위기의 진전 속도가 인간의 예측을 추월하고 있다. 석유의 경우에는 이미 이른바 석유 정점oil peak을 넘어서서 석유가 더 이상 효율적인 에너지 역할을 할 수 없는 상태에 들어선 것 아니냐는 관측까지 있다. 모자란 석유 대신 곡물에서 연료를 뽑아내려고 하다 보니 이제는 곡물 가격까지 덩달아 뛴다. 에너지 위기가 식량 위기까지 몰고 올 판이다.

물론 이 경우에도 그렇다고 인류 문명이 갑자기 붕괴하는 것은 아니다. 하지만 지구 생태 위기가 가속화하면 할수록 이것은 경제 불안이나 강대국 간 긴장·충돌 같은 인간 사회의 위기로 옮겨져 나타날 것이다. 식량 위기나 에너지 위기 앞에서 국제사회의 규범이니 동맹 관계니 하는 것들은 바람 앞의 종잇장 신세일 게 뻔하다. 그런데도 지금 이 나라는 너무나 태평하다. 에너지 문제 하나만 봐도, 도대체 강대국의 석유·가스 확보 전쟁에 어깨를 들이밀려는 것 외에 다른 무슨 대비를 하고 있는가? 세계 곳곳에서 식량 위기 가능성을 우려하는 이때에 한국 정부는 농업을 죽이지 못해 안달이다. 석유 문명·에너지 과소비 문명에서 기득권을 누리는 세력들이 사회를 주도하는 한 미래의 준비는 요원하다. 아니, 저들은 스스로 나서서 미래의 재앙을 키우고 있다.

2. 사회 국가 건설의 길 : 유럽이냐 라틴아메리카냐

사회 국가를 만드는 운동은 어떤 모습을 띠게 될까? 과거의 민주화 운동과 비슷할까? 아니면 전혀 다를까? 예를 들어 1980년대 민주화 투쟁을 정치적으로 주도한 것은 김영삼·김대중이 이끌던 보수 야당, 신민당이었다. 운동으로 보면 학생운동이 가장 열심이었다. 일부 노동조합이나 농민회가 치열한 투쟁을 벌이기도 하고 6월 항쟁 끝 무렵에는 노동자들이 시위대의 다수를 이루기도 했다. 하지만 어쨌든 맨 앞에 선 것은 대학생들이었다. 대중의 여론을 이끈 것도 노동자·민중 운동이 아니라 중간층 지식인들이었다.

그럼 제2의 민주화 운동이라는 사회 국가 건설 운동도 이와 비슷한 모양새를 띠게 될 것인가? 이 물음에는 확실히 '아니다'라고 답해야 하겠다. 우선 그간 한국 사회가 너무나 크게 바뀌었다. 더구나 다른 나라들의 경우를 봐도 사회 국가를 만드는 과정은 우리의 민주화 경험과는 사뭇 달랐다. 무엇보다도 운동의 주역이 달랐다.

사회 국가를 건설하는 유럽의 길 : 진보정당과 노동조합

외국 사례들을 살펴보기 전에 우선 밝혀야 할 게 있다. 사회 국가의 건설 과정은 역사상 크게 두 가지 유형으로 나뉜다는 것이다. 하나는 서유럽(그리고 오스트레일리아, 뉴질랜드 등)에서 주로 나타나는 유형이고, 다른 하나는 라틴아메리카에서 자주 볼 수 있다. 그래서 전자를 사회 국가를 건설하는 '유럽의 길'이라고, 후자는 '라틴아메리카(혹은 중남미)의 길'이라고 부르겠다.

먼저 유럽의 길부터 살펴보자. 유럽의 길의 가장 큰 특징은 진보정당과 산업별 노동조합이 사회 국가 건설의 두 축 역할을 해 왔다는 점이다. 두 축이라고는 하지만, 사실 그 지반은 같다. 그것은 잘 조직된 노동계급이다. 서유럽 여러 나라에서는 임금 노동자의 상당 부분이 산업별 노동조합을 통해 기업의 울타리를 넘어 단결을 과시해 왔다. 그리고 이들이 또한 진보정당의 고정 지지층이 되었다.

원래 자본주의 초기에 노동조합의 일반적 형태는 직업별 노동조합이었다. 직업별 노동조합은 같은 기술을 습득한 사람들끼리 모인 조직이다. 당시의 노동자들에게는 이게 가장 익숙한 조직 형태였다. 자본주의가 등장하기 전까지 도시 수공업자들의 전통적인 조직 형태는 길드(동업조합)였는데, 이것 역시 같은 기술을 보유한 사람들의 모임이었던 것이다.

한데 직업별 노동조합은 한 가지 커다란 약점을 지니고 있었다. 그것은 가입의 문턱이 높다는 것이었다. 직업별 노동조합에는 대개 백인 남성인 숙련 노동자들만이 가입할 수 있었다. 하지만 산업화가 진행되면 될수록 반숙련·미숙련 노동자들이 늘어났다. 전체 임금 노동자 중에서 숙련 노동자가 차지하는 비중은 줄어들고, 반면 반숙련·미숙련 노동자가 노동계급의 다수를 차지하게 됐다. 즉, 직업별 노동조합의 바깥에 방치된 노동자들이 늘어났다. 이제 이들까지 포괄할 수 있는 새로운 단결의 틀이 필요했다.

그렇게 해서 등장한 게 Industrial Union, 즉 산업별 노동조합이다. 사실 '산업별 노동조합'은 그리 좋은 번역어는 아니다. '산업〈별〉'이란 말이 뭔가, 어느 산업에 종사하느냐에 따라 나뉜다는 '나뉨'의 측면을 강조하는 듯이 들리기 때문이다. 하지만 원래 Industrial이 의도하는 것은 '나뉨'이 아니라 '뭉침'이었다. 어떤 기술을 갖고 있는지 혹은 어느 직종에 종사하는지에 상관없이 모두 다 뭉치고 보자는 게 산업별 노동조합운동의 애초 취지였다. 즉, 직업별 노동조합의 약점인 높은 문턱을 없애 버린 게 산업별 노동조합이다. 사실상 어떤 문턱도 없는 조직, 그래서 자기 노동력을 팔아서 먹고사는 사람이라면 누구나 함께 할 수 있는 조직을 만들자는 게 산업별 노동조합운동의 이념이었다.

이 새로운 노동조합운동은 노동자들 사이에서 연대의 정신을 유례없이 고취시켰다. 이전에는 같은 직업을 가진 사람들만을 '형제' 혹은 '자매'라고 불렀는데, 이제는 임금 받아 입에 풀칠하는 사람들이 모두 한 가족이 되었다. 사람들이 생각하는 공동체의 범위가 그 정도로 넓어졌다. 그래서 한 번 파업을 해도 한 공장이나 업종에 그치지 않고 공단 전체, 지역 전체가 들썩들썩하게 되었다. 이 책의 1장에서 우리는 "(우리 중) 한 사람의 상처는 우리 모두의 상처"라는 미국 노동운동의 격언을 소개한 바 있다. 이 말이 등장한 것도 1930년대 미국의 산업별 노동조합운동을 통해서였다.

이렇게 산업별 노동조합이 등장해서 다수의 노동자들을 조직하고 있을 때 다른 한편에서는 진보정당이 등장해 주요 정치 세력으로 성장했다. 가장 오래된 진보정당은 지금의 독일 사회민주당이다. 이 당의 역사적 뿌리는 1860년대까지로 거슬러 올라간다. 독일 사회민주당이 일정한 성공을 거두고 나서 유럽 여러 나라에 이 당을 모방한 정당들이 우후죽순처럼 등장했다. 스웨덴 사회민주당이니 프랑스 사회당이니 영국노동당이니 하는, 지금 우리가 '사회민주주의 정당'이라고 부르는 정당들이 이렇게 해서 탄생했다.

유럽의 진보정당들은 초기에 상대적으로 안정적인 성장 곡선을 그렸다. 그럴 수 있었던 이유는 좀 역설적이다. 이때까지만 해도(1차 대전 직전까지) 아직 어느 나라도 보통선거권을 인정하지 않았다. 민주주의가 가장 발달했다는 미국이나 프랑스에서도 여성들은 선거권을 갖지 못했다. 그리고 다른 모든 나라에서는 일정한 액수 이상의 재산세를 납부하는 남성들에게만 선거권을 줬다. 즉, 자본가와 부유층에게만 참정권이 있고 대다수 노동자들에게는 없었다. 그래서 각 나라에 진보정당이 등장하자마자 맨 처음 한 일은 노동자와 여성에게도 투표권을 달라는 운동이었다. 이탈리아나 스웨덴, 벨기에 등지에서는 보통선거권 확보를 위해서 정치 총파업까지 불사했다.

그런데 이런 투쟁의 결과로 조금씩이나마 유권자의 폭이 넓어지면 이것은 고스란히 진보정당의 지지율 확대로 이어졌다. 새 유권자들은 대부분 노동자나 가난한 사람들이었다. 그리고 그 전에 다른 당에 표를 던져 본 경험이 없는 사람들이었다. 이런 상황에서 이들에게 한 표의 권리가 주어졌을 때 이들이 누구를 지지하겠는가? 당연히 노동자의 이름으로 선거권 확대 운동을 벌여 온 진보정당에 표를 던지지 않겠는가? 따라서 서유럽의 진보정당들은 선거권이 확대되면 될수록 자연스럽게 고정 지지층을 늘리며 집권을 향해 나아갈 수 있었다.

그렇다고 진보정당이 사회를 바꾸는 과정도 그처럼 안정됐던 것은 아니다. 1차 대전 끝날 무렵이 되면 유럽 각국에서 진보정당이 제1당으로 부상하게 된다. 그 지지율은 대개 30퍼센트대였다. 그런데 지금도 그렇지만, 대다수 유럽 국가의 정체政體는 내각책임제였다. 내각책임제에서 정부를 구성하자면 의회의 과반수를 점해야 한다. 비록 제1당이라 하더라도 의석 과반수를 차지하지 못하면 다른 정당과 함께 연립정부를 구성해야 한다. 즉, 보수주의 혹은 자유주의 우파 정당과 권력을 나누어야 한다.

실제 유럽 진보정당의 초기 집권 형태는 좌우 연립정부였다. 지금도 좌파 단독정부보다는 어떤 식으로든 우파 정당과 권력을 나누는 경우가 더 많다. 그러다 보니 사회 개혁에도 한계가 있었다. 초기에는 누진 조세를 강화하고 복지제도를 늘리는 것조차 우파 정당들이 반대해서 제대로 추진하지 못했다. 중앙정부에서 벽에 부딪히니까 주로 진보정당이 단독 집권한 지방자치단체를 통해 사회복지를 강화하는 방식을 취하기도 했다(지방자치 사회주의). 오직 스웨덴에서만 1932년에 사회민주당 단독정부가 들어서서 의욕적으로 복지국가를 건설하기 시작했다. 이것이 유럽에서 사회 국가 건설이 본격적으로 시작된 최초의 사례였다.

물론 복지국가의 건설 과정에는 또 다른 중요한 역사적 요인들이 있었다. 그 중 하나는 1917년의 러시아 사회주의 혁명이었다. 그리고 또 다른 계기는 소련이 초강대국으로 부상하고 유럽 여러 나라에서 진보정당과 노동운동이 파시즘 격퇴의 주역으로 목소리를 높이게 된 제2차 세계 대전이었다. 이런 대사건을 거치면서 자본가들 사이에서는 사회주의만 아니라면 어느 정도의 양보와 타협은 받아들일 수 있다는 흐름이 나타나기 시작했다. 그래서 스웨덴을 제외한 서유럽 국가들에서는 2차 대전 직후부터 비로소 복지국가 건설이 시작됐다.

서유럽에 등장한 '현실' 사회 국가는 흔히 복지국가라 불린다. 사회권의 확대가 주로 사회복지정책 영역을 넘어서지 않는 범위에서 이뤄졌기 때문이다. 자본 및 우파 정당과의 타협을 중요시하여 이들이 받아들일 수 있는 수준에서 사회 국가를 건설한 결과라고 할 수 있다. 그런데 1970년대 무렵부터 선진 자본주의 국가의 거대 자본은 이러한 타협의 굴레를 점점 거부하기 시작했다. 이른바 신자유주의 세계화 시대가 시작되는 순간이었다. 그리고 이때부터 서유럽의 사회 국가도 금이 가거나 흔들리는 모습을 보이기 시작했다.

사회 국가를 건설하는 중남미의 길 : 진보적 민중주의

어쨌든 유럽의 길의 핵심은 조직된 노동자의 힘에 있다. 이것이 진보정당과 산업별 노동조합이라는 두 개의 조직·운동으로 표현되었고, 사회 국가 건설의 토대 역할을 했다. 그러나 라틴아메리카에서는 이와 달랐다.

무엇보다도 중남미 여러 나라의 자본주의가 유럽과 달랐다. 중남미 국가들은 유럽과 같은 산업화 과정을 밟지 못했다. 산업화 시도는 여러 세대에 걸쳐 계속 반복됐지만, 국내외의 여건 때문에 실패로 끝나거나 상당히 불만족스러운 성과만을 낳았다. 이 지역의 많은 나라들은 아직도 자본주의 중심부를 위한 원료 제공지 신세를 벗어나지 못하고 있다.

그렇기 때문에 인구 구성도 유럽과는 크게 다르다. 인구의 다수가 도시로 몰려들기는 했다. 하지만 이들을 고용할 정규직 일자리가 많지 않기 때문에 대부분의 도시 주민들이 실업과 불안정 고용 사이에서 왔다갔다하는 이른바 주변부 노동자 신세다. 그러다 보니 유럽식의 노동조합운동도 발전하기 힘들다. 유럽식 노동조합운동은 미숙련 노동자들을 대상으로 하는 경우에도 어쨌든 자본의 주요 투자 영역에 항시적으로 고용된 상태를 전제로 한다. 그런데 중남미 국가의 도시 주민들은 훨씬 더 불안정한 처지다.

더구나 중남미가 유럽과 다른 또 다른 중요한 특징이 있다. 그것은 대통령 중심제를 채택하고 있다는 점이다. 중남미 여러 나라의 대통령 중심제는 유럽 나라들의 내각책임제보다도 역사가 더 오래됐다. 대통령 중심제에서는 내각책임제에 비해 정당이 뿌리를 내리고 정치 세계를 지배하기가 쉽지 않다. 매번 대통령 선거 때마다 유력한 대선 주자 개인이 등장하고 그때마다 그를 중심으로 정당이 재편되기 때문이다. 그래서 중남미에서는 진보정당이 발전하기도 쉽지 않다.

이런 사회에서 민주적 경로를 통해 가난한 이들의 이해를 대변하자면 그 방식이 유럽과는 확연히 다를 수밖에 없다. 그래서 등장한 게 저 유명한 포퓰리즘 populism이다. 포퓰리즘에 대해서는 학자들마다 여러 가지 서로 다른 정의와 해석을 내놓는다. 보수 언론은 무턱대고 무슨 악의 화신인 양 취급한다. 우리는 일단 중남미 포퓰리즘의 핵심을, 민족주의적이고 대중 친화적인 시각을 지닌 대통령이나 대선 주자가 대중의 다양한 세력들을 광범하게 규합하여 그 힘으로 외세나 기득권층의 이해와 맞서는 현상으로 본다. 그리고 '대중주의', '인기영합주의' 등 여러 가지 번역어 중에서 '민중주의'라는 말을 선택하고자 한다.

민중주의의 고전적 형태로는 멕시코의 카르데나스 정부(1934~40년) 아르헨티나의 페론 정부(1946~55년) 그리고 과테말라의 아르벤스 정부(1950~54년) 등을 들 수 있다. 당시 이들 나라에도 진보정당이 있고 노동조합이 있었다. 하지만 유럽에 비하면 사회적 영향력이 미약했다. 이런 상황에서 페론이나 아르벤스 같은 정치인이 나서서 여러 민중 분파들(노동조합, 도시 빈민, 빈농, 중소 자본가 등)을 결집시켰다. 그리고 이렇게 일시적으로 형성된 지지 기반을 바탕으로 급진적 개혁을 추진했다.

그러나 고전적 민중주의는 사회 국가 건설에 그리 성공적이지 못했다. 미국의 제국주의 개입으로 무참히 좌절된 경우도 있지만(과테말라), 더 뼈아픈 것은 내부의 한계와 모순으로 실패한 경우가 많다는 사실이다(멕시코, 아르헨티나). 일단 민중주의의 중핵 역할을 하던 지도자가 무대에서 사라지면서 한때 절정에 치달았던 사회 개혁의 열기도 쉽게 수그러들고 말았다(멕시코). 혹은 지도자 자신의 임기응변식 개혁 조치 때문에 지속 가능한 사회 국가를 만드는 데 실패하기도 했다(아르헨티나).

그런데 최근에는 이러한 고전적 민중주의와는 사뭇 다른 형태의 민중주의가 등장하고 있다. 베네수엘라의 차베스 정부(1999~)나 볼리비아의 모랄레스 정부(2006~), 에콰도르의 코레아 정부(2007~) 등이 바로 그러한 사례다. 조희연 교수는 이러한 사례들을 한데 아울러 '진보적 민중주의'라고 부른다. 우리도 이들을 고전적 민중주의와 구별하기 위해 '진보적 민중주의'라는 용어를 받아들인다.

진보적 민중주의도 어쨌든 민중주의다. 그래서 과거 민중주의를 규정했던 핵심 측면들(정치인 개인을 중심으로 한 민중 내 각 부문의 결집과 이를 통한 사회 개혁의 추진)을 계승하고 있다. 하지만 굳이 '진보적'이라는 수식어를 붙이지 않을 수 없게 만드는 중요한 차이점도 존재한다. 그것은 민중운동이 주도권을 발휘하며 사회 변화 과정에 직접 참여한다는 점이다. 과거에는 민중주의적 정치인이 민중운동을 기껏해야 동원의 대상으로 바라보았었다. 하지만 이제는 서로 대등한 협력 관계를 지향한다.

물론 민중운동 안에는 노동조합운동도 포함된다. 하지만 과거 유럽에서 그랬던 것처럼 노동조합운동이 결정적인 역할을 하지는 못한다. 오히려 그동안 미조직 상태에 있었던 도시 빈민을 지역 공동체의 틀로 단결시키는 운동이나 빈농 혹은 농촌 프롤레타리아트의 운동이 주력을 이룬다.

중남미에서는 지금 이러한 운동이 특정 좌파 정치인이나 정치 세력과 협력하여 사회 국가의 가장 밑바닥 토대를 쌓고 있다. 이제 막 시작이니까 그 성패를 이야기하기에는 아직 이르다. 하지만 이렇게 민중운동이 성장하여 사회 개혁의 주역을 맡고 있기 때문에 과거의 민중주의 실험보다는 확실히 더 낙관적인 미래를 점쳐 볼 수 있다.

한국, 유럽의 길인가 아니면 중남미의 길인가?

사람에 따라 유럽의 길과 중남미의 길에 대한 평가가 서로 다를 것이다. 유럽의 길이 바람직하다고 여기는 사람들도 있을 것이고, 중남미의 길에 더 끌리는 사람들도 있을 것이다. 하지만 어느 한쪽이 더 바람직하다고 해서 어느 사회나 그 길을 선택할 수 있는 것은 아니다. 라틴아메리카만 해도 진보적 민중주의 전략을 취하게 된 데는 다 이유가 있다. 대중이 처한 상황이 과거와 현재의 유럽에 비해 훨씬 더 열악하다는 점이 바로 그 이유다. 노동조합을 만들어 유지할 자원조차 갖지 못한 대중, 진보정당이 존립하고 버텨 나가기 힘든 사회에 유럽의 길을 교과서처럼 강요한다고 해서 될 일이 아니다.

결국 유럽의 길과 라틴아메리카의 길을 가르는 핵심 변수는 진보정당과 노동조합을 발전시킬 수 있는 잘 조직된 노동계급의 존재 유무다. 노동계급의 다수가 그럴 자원과 역량을 갖추고 있다면 유럽의 길을 좇아볼 만하다. 하지만 그렇지 못하다면 다른 길을 모색해야 한다.

한국 사회에서 사회 국가를 향해 나아가는 여정이 유럽 쪽에 보다 가까워질지 그렇지 않을지 역시 결국은 이 변수에 따라 결정될 것이다. 이 대목에서 우리는 판단을 내려야 한다. 과연 앞으로 한국 사회에서도 초기업 단위 노동조합을 통해 노동계급의 다수를 조직하고 이를 바탕으로 진보정당을 육성하는 게 가능할까? 혹시 이미 비정규직 노동자들이 임금 노동자의 다수를 차지하고 있기 때문에 유럽식 노동조합만으로는 더 이상 단결된 힘을 만들어 낼 수 없는 상황이 되어 버린 것은 아닐까?

물론 현실이 언제나 그렇듯이, 어느 한 유형으로 똑 부러지게 나눠지지 않는 혼합적 유형도 존재한다. 그리고 한국에서 사회 국가 건설 과정은 오히려 이러한 혼합 형태가 될 가능성이 높다. 이 유형의 대표적 사례는 브라질의 룰라 정부(2003~)다.

룰라 정부의 여당인 브라질 노동자당의 성장 과정은 중남미의 전형적 사례와는 거리가 멀다. 사실 과거에도 중남미 국가라고 해서 다 민중주의 전략을 취한 것은 아니었다. 칠레와 같은 예외가 존재했다. 칠레 아옌데 정부(1970~73년)가 들어서는 과정은 중남미보다는 유럽의 길에 가까웠다. 사회당과 공산당이라는 유럽형 진보정당이 노동조합운동을 기반으로 삼아 집권에 성공했던 것이다. 노동조합운동과 함께 성장한 브라질 노동자당도 라틴아메리카에서 유럽식 진보정당의 성공 가능성을 보여 주는 예외적 사례였다.

하지만 노동자당이 비록 노동조합운동을 기반으로 탄생했을지라도 그 성장 과정에서 밑거름 역할을 한 것은 노동조합운동만이 아니었다. 오히려 '땅 없는 농민들의 운동'MST이라는 빈민·빈농 운동이 더 역동적인 지지 기반이 되어 주었다.

더구나 룰라 정부가 들어서고 나서 그 지지 기반이 변화했다. 애초에 룰라 정부와 노동자당의 주요 지지 기반은 남부 공업 지역의 조직 노동자와 중간층이었다. 한데 2006년의 재선 결과를 보면 그 기반이 북부의 저발전 지역으로 이동한 것을 확인할 수 있다. 남부에서는 1차 투표에서 룰라가 유력 경쟁자인 알크민 후보의 53퍼센트에 비해 35퍼센트밖에 얻지 못했지만, 북부에서는 56퍼센트로 단번에 과반수를 넘겼다. 즉, 남부의 조직 노동자와 중간층보다도 북부의 빈농들이 더 열렬히 지지했다는 이야기다.

이것은 1기 룰라 정부가 제한된 수준에서 민중주의적 정치를 펼친 결과였다. 진보 세력의 탄생과 성장은 유럽식이었지만, 집권하고 나서는 중남미의 색깔을 보이고 있는 것이다. 이것은 무엇보다도 브라질의 사회구조 때문이다. 브라질은 라틴아메리카에서는 그래도 가장 산업화된 나라이지만, 인구의 다수가 주변부 노동자이거나 빈농이다. 이들에게 접근하고 그 힘을 모아 사회 국가 건설의 토대를 쌓기 위해서는 역시 나름의 진보적 민중주의 전략이 필요했던 것이다.

이게 브라질만의 특수한 경험은 아닐 것이다. 북반구의 선진 자본주의와 남반구의 저발전 사이에서 동요하는 사회라면 결국 사회 국가로 나아가는 과정에서 이러한 특수한 혼합 형태를 취하지 않을 수 없는 게 아닐까? 지금 한국도 바로 그러한 사회 중 하나다.

3. 지금 사회 국가를 건설한다면

이쯤에서 한번 상상의 날개를 펼쳐 보자. 만약 사회 국가 건설을 주장하는 세력이 지금 당장 집권한다면, 무엇부터 어떻게 바꿔 나갈까? 가령 2007년 대통령 선거에서 민주노동당의 권영길 후보가 당선된다고 생각해 보자. 언뜻 너무 공상적인 것처럼 들리는 '무상의료, 무상교육, 무상주택' 같은 슬로건을 과연 어떠한 구체적 개혁 정책으로 실현시켜 낼까?

좀 느닷없는 이야기로 들릴 수도 있다. 이렇게 되려면 아직 더 많은 시간과 노력이 필요하다는 걸 다들 알고 있기 때문이다. 그래서 또 사회 국가 건설 '운동'을 이야기하는 게 아닌가?

하지만 한 번쯤 이런 상상을 해 보는 것도 나쁘지는 않다. 이러한 사고 실험을 전개하다 보면, 지금 한국 사회에서 사회 국가 운동이 주목해야 할 가장 시급하고 중요한 의제들이 무엇인지 새삼 확인해 볼 수 있기 때문이다.

한미 FTA는 무효화하고 4대 기본권 실현에 착수한다

지금 민주노동당이 집권한다면 가장 먼저 할 일은 단연 한미 FTA를 무효화하는 것이다. 이미 4장에서도 지적한 바 있지만, 한미 FTA는 단순한 통상 협정이 아니다. 한국의 경제·사회 체제를 미국식 자본주의로 완전히 뜯어고치자는 거대 기획이다. 즉, 자본 국가·시장 국가를 아예 돌이킬 수 없는 현실로 굳히자는 것이다.

이런 기획과 사회 국가 기획이 함께 갈 수는 없다. 둘은 어느 한쪽을 선택하면 다른 하나는 버려야 하는 대립 관계에 있다. 한미 FTA를 용인하고 그것과 타협하면서 사회 국가를 건설할 수는 없다. 따라서 어떤 수를 써서든 한미 FTA는 폐기해야 한다.

대신 새 정부는 곧바로 4대 개혁에 착수할 것이다. 노무현 정부가 17대 국회 초기에 시도한(사실은 시늉만 내다가 그만둔) 이른바 '4대 개혁 입법'은 국가보안법 개폐, 사학법 개정, 언론관계법 개정, 과거사 청산 입법이었다. 그리고 다른 한편으로 균형발전을 내세우며 행정수도 이전을 추진했다. 여기에서 노무현 정부의 철학과 노선이 드러난다. 노무현 정부는 지역주의 정치를 또 다른 지역주의 공학으로 해결하려 했고, 민주화의 남은 과제들을 해결하는 일을 가장 중요시했다.

반면 우리의 '4대 개혁'에서 가장 중요한 것은 사회 국가의 맨 밑 주춧돌을 쌓는 일이다. 흔히 '민주 개혁'에 대비하여 '사회 개혁'이라고 불리는 과제들을 추진하겠다는 것이다. 그 '4대 과제'가 무엇인지는 이 책의 2장에서 이미 밝혔다. 바로 주거, 의료, 교육, 일자리의 4대 기본권을 보장하는 일이다.

사실 이것만으로도 너무 엄청난 과제다. 대통령 임기 5년 안에 다 끝낼 수 있는 일이 아니다. 따라서 단계적 접근이 필요하다. 4대 기본권의 보장에 관한 한 누구도 역사의 시계를 다시 뒤로 돌릴 수 없도록 확고한 출발점을 마련하고, 그 다음부터는 장기 계획을 세워 한 발 한 발 나아가야 한다.

그럼 4대 기본권의 각 영역에서 1단계로 추진해야 할 과제는 무엇인가? 우선 주거의 경우는 1가구 1주택 원칙을 확립하는 데서 출발한다. 그래서 다주택 소유자들이 그 소유분을 처분하게 한다. 이렇게 되면 부동산 시장이 일련의 조정 과정을 거쳐야 한다. 그 과정에서 일정한 혼란이 생길 수도 있다. 하지만 부동산 거품은 어떤 식으로든 해결하고 넘어가야 할 문제다. 시장에 모든 것을 내맡겼다가 경제 전체의 위기로 파급되게 하는 것보다는 이렇게 계획적으로 조정하는 게 고통을 최소화하는 길이다.

교육 분야에서 맨 처음 할 일은 수능을 폐지하여 프랑스나 독일식의 대입 자격고사로 전환하는 것이다. 대학의 신입생 선발도 평준화 방식으로 바꾼다. 2007년 대선 후보들 중 정동영 후보는 후자는 이야기하지 않고 전자만 공약으로 내걸었다. 하지만 그래서는 입시 전쟁을 해결할 수가 없다. 입시 폐지와 대학 평준화는 함께 가야 한다.

물론 대학 서열 체제에서 기득권을 누리는 대학들이 평준화를 반대할 것이다. 그렇다면 우선 국공립대학부터 평준화 체제로 전환하면 된다. 그리고 국공립대학부터 등록금 후불제, 더 나아가 등록금의 단계적 무상화 프로그램을 실시하는 것이다. 그러면 자연히 이쪽으로 학생들이 몰릴 테고, 사립대학 중에서도 다수가 스스로 평준화 체제에 결합하지 않을 수 없게 될 것이다.

의료 영역에서는 일종의 빅딜이 필요하다. 노무현 정부 안에서도 건강보험을 놓고 '빅딜' 이야기가 오가곤 했다. 그 내용은 보험료는 올리면서 본인부담금은 줄이자는 것이었다. 즉, 재정 책임도 늘리고 보험 혜택도 늘리자는 이야기다. 혹자는 감기 등 가벼운 질환의 본인부담금은 늘리는 대신 암 등 중증질환은 무상 의료에 가깝게 만들자는 식의 타협안을 제시하기도 한다. 하지만 문제를 제대로 풀려면 이 정도로는 결코 'big'이라고 내세울 수 없다. 더 넓은 범위에서 그리고 보다 근본적인 수준에서 새로운 약속을 맺어야 한다.

우리가 주장하는 빅딜은 세 가지의 새로운 약속을 맺자는 것이다. 첫째는 건강보험료의 누진화다. 보험료 수준을 전반적으로 인상할 수도 있다. 하지만 여기에는 명확한 전제가 따라붙는다. 이제부터는 소득 수준에 따라 돈 많은 사람들이 더 많은 보험료를 부담해야 한다는 것이다. 둘째는 건강보험의 비급여 항목 전면 폐지다. 본인부담금은 단계적으로 폐지해 나갈 수 있다. 더 급한 것은 비급여 항목부터 폐지하는 것이다. 그래야만 병원이 건강보험의 허점을 노려 장사 거리를 늘리는 일을 막을 수 있다. 셋째는 현재의 행위별 수가제를 폐지하고 총액예산제를 도입하는 것이다. 그래야 이미 의료의 상업화로 너무나 부풀어 있고 앞으로도 노령화 등으로 인해 더욱 팽창할지 모를 의료 비용을 사회가 통제할 수 있게 된다.

마지막으로 일자리 문제. 여기에서 가장 먼저 할 일은 17대 국회에서 노무현 정부와 보수 여·야당이 통과시킨 소위 비정규직 '보호' 입법을 폐지하는 것이다. 이미 이랜드·뉴코아의 비정규직 투쟁에서 드러났듯이 이것은 비정규직을 '보호'하는 게 아니라 자본가들이 비정규직을 사용하는 것을 '보호'

하는 법이다. 따라서 당장 한미 FTA부터 무효화해야 하는 것과 마찬가지로 비정규직 악법부터 폐지해야 한다.

대신 정말 비정규직의 숫자를 줄일 수 있는 새 법체계를 마련한다. 17대 국회에서 민주노동당이 줄기차게 주장한 대로 비정규직을 사용할 수 있는 사유를 제한하면 된다. 대부분의 선진국들이 이런 방식으로 비정규직 증가를 억제하고 있다. 다음 단계로는 이 책의 2장에서 제시한 비정규직의 정규직 전환 기금을 설치해서 가동시킨다. 하지만 이러한 조치는 일단 비정규 고용이 철저히 '예외적'인 것이라는 상식과 규범이 확립된 뒤에야 의미 있는 처방이 될 수 있음을 잊어선 안 된다.

한편 공공부문에서는 전반적인 예산 재조정을 통해 현재 공공부문에 존재하는 많은 수의 비정규직 노동자들을 정규직으로 전환한다. 그리고 공공복지 서비스의 전면 확대를 위해 일련의 사전 준비에 나선다. 우선 사회복지 목적세를 신설하고, 그 초기 재원을 복지 서비스 인력 육성과 인프라 구축에 투입한다. 새로운 세제 도입에 대해 일부 조세 저항이 나타날 수도 있다. 하지만 증세가 공공부문 일자리 창출로 이어져서 특히 여성과 청년 실업자들이 새로운 기회를 얻는 것을 목격하게 되면, 조세 저항도 점차 누그러질 것이다. 이런 준비를 거쳐 보육, 간병, 노인 요양 등 공공복지 서비스를 대폭 확대하기 시작한다.

〈표 18〉은 지금까지 소개한 4대 기본권의 단계적 실현 방안을 정리한 것이다.

동심원적으로 확산되며 서로 합류하는 개혁

4대 개혁이 어느 정도 궤도에 오르는 것과 함께 다른 분야에서도 중요한 개혁 조치들을 추진할 것이다. 이 책의 4장과 5장에서 제시한 경제 영역의

표 18 | 4대 기본권 실현을 위한 단계적 개혁 방안

	주거 공개념	교육 공개념	의료 공개념	일자리 공개념	
				공공부문	민간부문
1단계	1가구 1주택 원칙 확립, 다주택자 소유분 처분	입시 폐지, 대학 평준화, 평준화 체제 안에서부터 등록금 후불제 등 실시	건강보험료 누진화, 건강보험의 비급여 항목 폐지, 총액예산제 도입	현재 공공부문 비정규직의 정규직화, 사회복지 목적세 도입, 공공복지 서비스의 인프라 구축 및 인력 양성 = 공공 고용 확대	비정규직 사용 사유 제한 입법
2단계	공공 주택 확대	국공립대학 통합 완성, 중등교육 내용 개혁	지역거점 병원 및 보건소의 정비·확대	공공복지 서비스의 전면 확대	비정규직의 정규직 전환 기금 도입 및 가동
3단계	↓	국공립대학 점차 확대, 국공립시민대학 육성	주치의제도 전면 실시	↓	

개혁 과제들, 6장에서 제시한 한반도 및 대외 정책 과제들 그리고 7장에서 제시한 정치 개혁 과제들에 착수할 것이다.

여기서 중요한 것은 각 영역의 개혁 노력들이 개별 영역을 넘어 서로 긴밀히 결합되어야 한다는 점이다. 말하자면 '분야별' 개혁 식으로 생각해선 안 된다는 것이다. 사회 국가는 이런 식의 분야별 개혁의 집적으로 만들어지는 게 아니다. 즉, 정책 공학으로 만들어질 수 있는 게 아니다.

우리가 제시한 개혁 조치들은 단지 하나의 출발점, 즉 최초의 충격일 뿐이다. 굳이 예를 들자면 연못에 돌을 던져 파문을 일으키는 것과 같다고 할까? 파문은 동심원적으로 확산된다. 그리고 여러 곳에 돌을 던지면 그 파장이 서로 만나 겹친다. 만약 적재적소에 알맞은 수의 돌을 던진다면 이러한 물결이 연못 전체로 퍼질 것이다.

개혁의 정치도 이와 같다. 각각의 개혁 시도들은 파문처럼 동심원적으로

그 영향의 지대를 확장한다. 그리고 사회의 서로 다른 영역에서 시작된 파장이 결국 서로 합류하고 겹친다. 이런 식으로 개혁의 충격이 한국 사회 구석 구석에까지 영향을 미치게 된다.

이 과정에서 사회 국가를 지지하고 이를 지탱할 주역들이 점점 더 늘어날 것이고, 우리 시대, 우리 사회에 걸맞은 사회 국가의 얼개와 외양이 등장할 것이다. 이것은 공학적인 조립 과정보다는 유기적인 진화 과정에 더 가까울 것이다. 애초에 우리가 설계할 수 있는 것은 사실 최초의 충격 지점일 뿐이다. 그 이후에는 민중들 스스로 우리의 사회 국가를 진화시켜 갈 것이다.

우리는 4대 기본권의 실현을 주축으로 삼아 각 영역의 변화를 서로 결합시키면 점차 하나의 새로운 체제가 구축될 것이라 본다. 언뜻 보면 전혀 상관없을 것처럼 보이는 조치들이 서로 맞물려 가면서 새로운 순환 구조가 모습을 드러낼 것이다.

예를 들어, 〈그림 18〉은 교육 개혁과 다른 영역의 개혁들 사이의 연관 관계를 보여 준다. 현재의 대학 체계를 개편하면 평생·능력 교육을 도맡을 국공립 시민대학을 육성할 수 있게 된다. 한편 기업 내에서 공동 결정제를 추진하고 지역 수준에서 노동의 참여 아래 산업 정책을 펼치면 지식 숙련 노동에 대한 수요가 늘게 된다. 그리고 이 둘이 서로 만나면 결국 지식 노동의 수요와 공급 체계가 형성된다. 이 책 4장에서 주장한 지식 노동 주도의 경제 체제가 점차 그 모습을 드러내게 되는 것이다. 서로 다른 영역의 개혁이 동심원적으로 그 효과를 확대하고 그것이 서로 만나 사회 국가의 얼개를 이루게 된다는 것은 바로 이러한 과정을 염두에 둔 것이다.

그림 18 | 대학 개혁과 기업·산업의 민주화 사이의 상호 결합과 그 효과

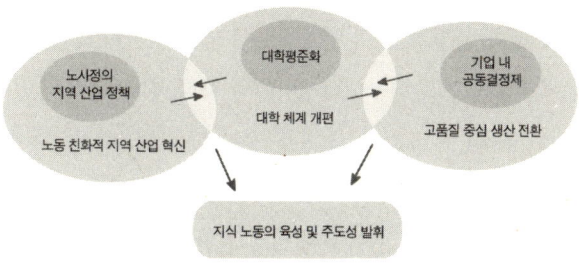

4. 운동의 핵심은 사회 연대의 구축

하지만 상상은 역시 상상일 따름이다. 한차례 상상의 날갯짓을 펼쳤다 하더라도 곧 다시 현실로 귀환하지 않는다면, 그것은 몽상으로 전락해 버린다.

그럼 우리가 돌아가야 할 그 현실은 어떠한가? 지금 사회 국가 운동이 처한 시간대는 어쩌면 광주항쟁 직후의 민주화 운동과 비슷한 게 아닐까? 즉, 운동의 씨앗을 뿌리고 키우는 일부터 시작할 단계라는 것이다.

물론 우리는 안다. 1980년으로부터 불과 7년 뒤에, 그러니까 10년도 채 되지 않아 거대한 대중의 해일이 군사독재정권을 덮쳤다는 것을. 이제 21세기의 새로운 민주화 운동도 일단 제대로 출발하기만 한다면, 빠른 시간 안에 거센 파도가 되어 일렁이리라고 믿는다.

하지만 '제대로 출발해야 한다'는 단서는 결코 가벼운 게 아니다. 그것은 지금까지의 한계와 오류를 직시해야 하며 과감히 새로운 방향을 잡아야 한다는 뜻이다. 1980년대 초에 민주화 운동의 반성과 모색을 둘러싸고 골방에서 벌이던 토론들이 이제는 대중들 사이에서 보다 대규모로 이뤄져야 한다.

다섯 가지 연대가 씨줄과 날줄이 되어 사회 연대를 짠다

일단 사회 국가 운동의 최대 과제는 그 건설의 주인공을 역사의 무대에 등장시키는 일이다. 그 주인공이란 곧 '녹색 사회 국가·평화 공동체 건설'이라는 목표에 동의하는 광범한 대중이다. 물론 그 안에는 서로 다른 이해관계를 지닌 계급·계층과 세력·부문이 존재할 것이다. 하지만 이러한 다양한 이해관계는 사회 연대의 그물망을 통해 서로 결합된다.

이 책의 첫 장에서도 밝혔지만, 사회 연대는 결코 단수가 아니다. 복수의 서로 다른 성격의 연대가 날줄과 씨줄이 되어 사회 연대의 그물망을 이룬다. 그럼 지금 한국 사회에서 그 복수의 연대들이란 무엇인가? 적어도 다음 다섯 가지의 연대를 생각해 봄직하다.

첫째는 노동 연대다. 유럽의 길이든 라틴아메리카의 길이든 임금 노동자의 최소한의 단결 없이 사회 국가를 건설한 사례는 없다. 다만 노동조합이 주된 단결의 틀이 되느냐 아니면 주변부 노동자들의 운동이 주도적 역할을 하느냐의 차이가 있을 뿐이다. 노동 연대의 핵심은 정규직과 비정규직, 대기업과 중소기업, 여성과 남성, 중장년층과 청년층, 정주민과 이주민 사이에 공동의 이해관계와 문화를 다지는 것이다.

둘째는 복지 연대다. 이 책의 앞 장들에서 '복지동맹'이라고 표현한 바로 그것이다. 복지 연대는 노동 연대를 포함하지만 그보다 훨씬 더 광범한 계층을 규합한다. 사회복지를 통한 재분배 정책은 좁은 의미의 임금 노동자들뿐만 아니라 빈곤층·중간층으로부터도 동의를 얻을 수 있으며, 또 그래야 한다. 계층을 막론하고 여성, 노인, 소외 지역 주민을 공동의 대의 아래로 모을 수도 있다.

하지만 신자유주의 기득권 세력과는 대립하지 않을 수 없다. 노동 연대와 복지 연대는 자본 국가를 지탱하는 신자유주의 동맹(재벌, 초국적 자본, 고

위 관료, 보수 언론, 부유층 등)에 맞서면서 발전할 것이다.

셋째는 평화 연대다. 이것은 곧 한반도와 동아시아 평화 정착에 동의하는 대중적 흐름을 뜻한다. 사실 추상적으로 '평화'만을 이야기한다면 반대하는 사람이 누가 있겠냐 싶을 것이다. 하지만 우리가 말하는 평화 연대란 굉장히 구체적이고 어떤 측면에서는 논쟁적이기까지 한 평화 비전에 동의한다는 것을 전제로 한다. 우리가 6장에서 제시한 것과 같은 비전 말이다.

평화 연대의 전형적 사례로는 2차 대전 후 일본에 형성된 평화헌법 옹호 세력을 들 수 있겠다. 전후 일본에서는 항상 최소 3분의 1 이상의 시민들이 자국의 비무장을 규정한 헌법 제9조를 적극 지지해 왔다. 이러한 대중 집단의 존재가 일본의 군국주의화, 더 나아가 동아시아의 군사화 속도를 그래도 늦추는 주요 변수 역할을 했다. 이제는 한반도에도 이런 분명하고 구체적인 평화 비전에 동의하는 대중적 흐름이 등장해야 한다.

평화 연대는 복지 연대와 친화성을 가질 수밖에 없다. 군사비용의 축소는 복지 지출을 늘릴 기반이 되기 때문이다. 반면 수구 냉전 잔재나 호전적 민족주의와는 대립할 수밖에 없다. 평화 연대는 냉전 잔재나 호전적 민족주의 같은 20세기의 어두운 유산들과 선을 긋고 이것과 경합하는 가운데 성장할 것이다.

넷째는 적녹 연대다. 한마디로 생태사회로 전환하자는 모든 시민들의 연대다. 그런데 왜 굳이 생태 연대 혹은 녹색 연대라고 하지 않고 적녹 연대라고 하는 것인가? 생태사회로 나아가자는 데 대한 동의를 늘리기 위해서도 이러한 문제의식을 사회 국가의 오랜 전통, 즉 평등 혹은 민주적 사회주의와 결합하는 게 바람직하기 때문이다. 흔히 이러한 전통을 대변하는 색깔이 적색이다. 그래서 적색과 녹색을 나란히 놓은 것이다.

여기에서는 두 가지 사례만을 들어 보겠다(좀 더 자세하게는 이 책의 「보론」을 참고하길 바란다). 일단 첫 번째 사례로는 4장에서 제시한 재생 가능 에너지 산업 육성을 들 수 있겠다. 화석 에너지에서 태양 에너지로 전환하는 일은 이제 더 미룰 수 없는 시급한 과제다. 한데 이것은 화석 에너지 고갈과 지구 온난화를 걱정하는 이들만의 관심사가 아니다. 좀 더 보람 있고 안전하며 지속 가능한 새 일자리를 바라는 사람들의 관심사이기도 하다.

두 번째 사례로는 농업 회생을 들어야 하겠다. 자본 국가의 농업 죽이기 정책에 맞서 농업을 살리는 게 지금 한국 농민의 절체절명의 과제다. 그러나 새롭게 살려 낼 농업은 화학 비료와 유전자 조작 등에 기댄 과거의 농업일 수 없다. 한반도 생태계를 되살릴 생태 농업이어야 한다. 즉, 농민의 이해관계와 생태사회 전환의 문제의식이 하나로 만나야 한다. 비단 농민들만이 아니다. 이것은 도시의 노동자들이 보다 안전한 먹거리를 확보하고 도시 문명의 과잉으로부터 해방될 출구이기도 하다.

마지막으로 이야기할 것은 지역 연대다. 즉, 불균등 발전으로 몸살을 앓고 있는 각 지역 주민들 사이의 연대다. 수도권은 더욱더 과밀화되는데 지방은 사람도 자원도 빠져나가고만 있다. 상대적 박탈감에 시달리는 지역 주민들은 지역주의 정치 세력에 기대를 건다. 하지만 지역주의 정당들은 수도권의 난개발을 우리 고장도 그대로 따라 하기만 하면 모든 게 잘 될 거라는 환상만 부추긴다. 그들 뒤에는 토건국가의 기득권 세력인 건설 자본이 버티고 있다. 즉, 이제까지 지역 연대는 지역주의 정당, 건설 자본 그리고 지방 토호가 주도하는 개발 연대였다.

노무현 정부는 이 문제에 대한 처방으로 '균형 발전'을 제시했다. 하지만 병을 고치기는커녕 더 곪게 만들었다. 노무현 정부의 '균형 발전'은 난개발의 환상을 '균형 있게' 골고루 충족시켜 주겠다는 것에 불과했다. 개발 연대를 해체하려 하기는커녕 지역주의 정당 대신 자신들(구열린우리당 세력)이 개발 연대의 한 축이 되고자 한 것이다.

더 이상 이런 식으로는 저발전과 난개발의 악순환을 막을 수 없다. 우리가 주장하는 새로운 지역 연대는 수도권 집중의 수혜자일 뿐만 아니라 그 피해자이기도 한 수도권 주민과, 소외와 배제의 상태에서 벗어나려는 각 지역의 주민들을 서로 종횡으로 잇는 연대의 그물망이다. 이것은 위에서 제시한 복지 연대나 적녹 연대와 동떨어진 게 아니다. 예를 들어 대학 평준화를 통해 지방 대학을 적극 육성하는 일은 곧 복지 연대의 소재이자 지역 연대의 계기이기도 하다. 유기농 농산물의 직거래 체계를 다지는 일도 마찬가지다. 이것은 생태 농업의 유통 경로를 확보하는 것이면서 동시에 도시 주민과 농촌 주민 사이에 새로운 연대를 구축할 기회이기도 하다.

5. 그러나 연대의 성숙을 가로막는 우리 안의 장애물들

그렇다면 지금 한국 사회의 진보 세력과 사회운동은 사회 연대의 그물망을 짜는 데 제 역할을 다하고 있는가? 불행히도 그 답은 부정적이다. 민주노동당과 민주노총 그리고 시민사회운동은 그 역할을 제대로 해내지 못하고 있다. 노무현 정부의 실패 이후 다수의 유권자들이 진보 세력에게 기대를 걸기보다는 보수 우파에 쏠리고 있는 것도 결국은 이런 이유 때문이다.

일이 이렇게 된 근본 원인은 지난 시기 우리 민주화 운동의 한계와 왜곡·변질에서 찾을 수밖에 없을 것이다. 진보 세력과 사회운동 역시 민주화 운동의 일부였고 그래서 그 한계와 변질로부터 자유로울 수 없었다. 한마디로 역사의 짐에 짓눌려 미래의 희망이 채 싹을 틔우지 못하고 있다. 도대체 어떠한 짐들인가?

노동운동과 사회운동, 무엇이 문제인가?

우선 노동계급의 성장이 정체 상태에 빠져 있다. 노동조합 조직률이 전체 노동자의 10퍼센트 수준에 머물러 있다. 게다가 대기업·정규직 노동자들은 노동조합으로 조직된 반면 중소기업·비정규직 노동자들은 그렇지 못해서 이것이 다시 노동자들 내부의 양극화로 이어진다. 그러다 보니 소수의 조직 노동자와 다수의 미조직 노동자, 소수의 대기업 노동자와 다수의 중소기업 노동자, 소수의 정규직 노동자와 다수의 비정규직 노동자 사이에 하나의 계급 공동체라는 인식은커녕 분열과 차별이 나타나지 않을 수 없다.

여기에는 기업별 노동조합이라는 특이한 조직 형태가 큰 영향을 끼쳤다. 다른 나라에서는 노동조합이라면 기업의 울타리를 넘어서 누구나 쉽게 가입할 수 있는 조직이라는 게 일반적 상식이다. 하지만 기업별 노동조합이 중심을 이루는 두 예외 국가, 한국과 일본에서는 노동조합이 특정 기업 노동자들이 스스로 만들어야 할 조직이다. 즉, 한국과 일본을 제외한 다른 모든 나라에서는 노동조합이란 '가입'하는 조직인 데 반해 우리의 경우는 지금까지도 노동조합이란 '만들어야' 하는 조직이다. 그리고 이렇게 노동조합을 만들고 유지할 만한 조직 자원을 지닌 노동자들은 대개 대기업(혹은 공기업)·정규직·남성 노동자들이다. 그러니 다들 노동조합을 이들 특정 부문 노동자들의 전유물로 여기는 것도 이상한 일만은 아니다.

최근 들어서 민주노총 내에서는 기업별 노동조합의 껍질을 벗고 산업별 노동조합으로 거듭나려는 노력이 이어지고 있다. 하지만 기업별 노조의 잔재가 워낙 뿌리 깊게 남아 있어서 '무늬만' 산별노조라는 비판과 자조의 목소리도 높다. 노동조합운동이 포괄하는 노동자의 범위는 여전히 제한되어 있고, 그래서 특정 노동자들(보수 언론은 이들에게 '노동 귀족'이라는 낙인까지 찍어 놓았다)만의 조직으로 바라보는 시선도 사라지지 않고 있다. 또한 노동조합이 하는 일은 곧 개별 기업 단위의 임금 인상 투쟁이라는 생각도 바뀌지 않고 있다.

한마디로 한국 사회에서 노동조합은 노동 연대의 버팀목 역할을 하지 못하고 있다. 마땅히 사회 연대의 주역이어야 할 세력이 이런 상태에 머물러 있으니 사회 국가를 향한 대장정도 도무지 출발점 언저리를 벗어나지 못하는 것이다. 이 틈에서 자본 국가만 무소불위의 힘을 과시한다.

하지만 노동운동만 문제가 아니다. 그와 함께 시민사회운동의 한계도 따져 보아야 한다. 민주화 이후 민주노조운동이 성장하면서 다른 한편에서는 시민사회운동이 자리를 잡았다. 그런데 한국의 시민사회운동은 대개 중앙 정부를 바라보며 언론을 통해 쟁점을 제기하는 데 치중했다. 굳이 말하면 '중앙-언론'형 시민사회운동이라고 할까. 그 쟁점이란 것들을 보면 대개 언론이 받아들일 만한, 즉 현재 언론의 관심과 그래도 겹칠 수 있는 범위 안의 것들이었다. 1997년 경제위기 직후 소액 주주 운동이 뜨거운 관심을 모았던 게 그 대표적 사례다. 경제 위기와 관련된 다양한 쟁점들이 있었지만, 언론과 시민사회운동의 관심이 서로 일치한 것은 소수 주주의 권리 보장이었던 것이다.

그래서 그 결과가 무엇이었던가? 시민사회운동 역시 한국 정치의 오랜 전통인 '소용돌이의 정치'의 구조를 이어받았다. 즉, 모든 관심과 자원이 중앙 정치에 소용돌이처럼 빨려 들어가는 구조를 그대로 반영했다. 실제 대중의 삶이 이뤄지는 지역의 풀뿌리 시민사회는 중앙 시민사회운동의 발전과는 상관없이 기존 보수 질서에 그대로 방치되었다. 그래서 중앙 정치에서 무슨 일이 벌어지든 지역은 풀뿌리 보수주의와 개발 연대의 온상으로 남았다.

이러한 신판 '소용돌이의 정치'는 현재 한국의 시민사회가 안고 있는 불구의 구조와 직결돼 있다. 민주화 이후 시민사회가 성장했다지만 그 외형적 성장 이면에는 심각한 균열과 한계가 숨어 있다. 중앙 정치나 각종 매체의 가상 공간과 결합된 '중앙' 시민사회와 지역 생활 현장의 '지역' 시민사회 사이의 균열이 그것이다. 즉, 한국의 시민사회는 두 층으로 나뉘어 있으며, 둘 사이는 마치 서로 다른 시간대를 접합시킨 것처럼 어긋나 있다. 그래서 시민사회의 표층에서는 사회 국가의 문제의식조차 진부하게 느껴질 정도로 앞선 논의들이 오가는 반면 그 심층에서는 사회 연대의 싹조차 미약한 기이한 양상이 나타난다. 이제까지 시민사회운동은 이 구조를 극복하기보다는 오히려 그 포로가 되었다. 즉, 노동운동과 마찬가지로 아래로부터 사회 연대의 터를 닦는 데 별다른 성과를 거두지 못했다.

무엇이 우리의 상상력을 가로막는가?

이러한 시민사회의 한계는 시민사회의 중요한 일부인 지식인 사회의 문제로 이어진다. 한국 지식인 사회의 가장 심각한 문제는 뭐니 뭐니 해도 미국 자본주의 문화에 뼛속 깊이 종속돼 있다는 점이다. 지식인 사회의 이러한 식민지성은 보수 언론의 여론 장악력과 결합돼 대한민국을 신자유주의 전도의 메카로 만들고 있다.

하지만 문제는 이것만이 아니다. 과거 민주화 운동의 계승자를 자부하는 이른바 '개혁·진보파' 지식인들도 상황의 악화에 한몫을 하고 있다. 시민사회운동의 상층부와 일부 '개혁·진보' 지식인들은 자유주의 우파 정당의 집권을 민주화나 개혁, 진보와 등치시킨다. 그래서 자유주의 우파를 '비판적 지지'하거나 스스로 그 일부로 참여한다. 민주화 운동으로 성장한 한 세대의 지식인 집단이 자유주의 우파의 인력 충원지 역할을 해 온 것이다.

더욱 심각한 것은 이들의 이러한 행태가 한국 사회의 대안에 대한 상상력까지 제약한다는 사실이다. '개혁·진보파' 내부에서 흔히 전가의 보도처럼 휘두르는 상투어가 하나 있는데, 그것은 '비현실적'이라는 말이다. 아마도 이 책에서 제시한 사회 국가의 비전들 중 상당수도 '이상주의적'이고 따라서 '비현실적'이라는 비난에 시달려야 할 것이다. 여기서 '현실성'의 경계는 도대체 무엇인가? 그것은 이들이 기대를 거는 자유주의 우파가 집권 프로그램으로 받아들일 수 있느냐 여부다. 만약 이 경계를 넘어서는 주장이라면, 설령 그것이 장기적으로 한국 사회에 정말 필요한 처방이라 할지라도, 의미 없는 것으로 치부된다. 결국 권력정치·선거정치의 좁은 틀을 넘어선 장기적이고 근본적인 비전은 '진보' 지식인 사회 안에서도 주변화되거나 사장된다. 암에 대한 처방은 조롱을 당하고 소화제나 진통제만 넘쳐 나는 격이다.

네 번째로 지적해야 할 것은 20세기 진보운동의 낡은 유산이다. 다름 아니라 한국(뿐만 아니라 사실은 동아시아 곳곳)의 진보 세력과 사회운동에 강력하게 뿌리를 내리고 있는 민족주의의 전통이 그것이다. 민족주의는 분명 20세기의 진보와 해방 프로젝트 중 하나였다. 수많은 피억압 민족들이 민족주의를 무기 삼아 제국주의에 맞서 싸웠고, 저마다 자신의 민족국가를 전리품으로 확보했다. 하지만 일단 승리한 민족주의, 즉 민족국가를 쟁취한 민족주의는 진보와 해방의 수단이 아니라 새로운 억압과 모순의 진원지가 된다. 저마다의 민족국가로 굳어진 복수의 민족주의는 서로 간의 끝없는 긴장과 갈등에 빠져들고 말기 때문이다. 이게 바로 지금 동아시아에서 벌어지고 있는 일 아닌가?

앞의 6장에서 강조한 것처럼 전쟁 국가(=안보 국가)는 사회 국가와 양립하기 힘들다. 평화 공동체의 건설 과정과 함께 해야만 사회 국가의 건설도 가능하다. 호전적 민족주의는 사회 연대에 쏟아 부어야 할 에너지를 전쟁(열전이든 냉전이든)과 그 준비 쪽으로 돌리기 때문이다.

그런데도 한국의 진보 세력과 사회운동은 민족주의의 그림자에서 좀처럼 벗어나지 못하고 있다. 한반도 통일을 여전히 '민족국가의 완성'이라는 식으로 바라본다. 그래서 20세기에 해결하지 못한 이 숙제를 해결하는 게 다른 어떤 과제보다도 중요하다고 보기도 한다. 지금 대중들에게 시급히 필요한 사회 국가의 건설보다도 말이다.

마지막으로 또 하나 잊지 말아야 할 것은 세대 간 단절의 문제다. 민주화 세대·민주노조 세대는 은퇴 연령에 가까워지면서 점점 더 자신의 얼마 안 되는 기득권을 방어하는 데만 안주한다. 반면 새 세대는 그런 기성세대의 모습을 못마땅해 하거나 질시하면서 양극화의 고통에 무방비로 노출돼 있다. 그래서 이들을 지칭하는 '88만원 세대'(월 평균 소득 88만 원을 넘기기 힘든 상황에 처한 세대라는 뜻)라는 신조어까지 등장하는 형편이다.[1]

달리 말하면 민주화의 에너지가 소진되고 있다는 것이다. 즉, 그 전통이 세대를 이어 발전하기는커녕 아예 계승조차 되지 못하고 있다는 이야기다. 구세대는 민주화 운동·민주노조 운동의 역사적 기억을 가진 대신 양극화 상황에서 너무나 자기 방어적으로 돼 새로운 민주화 투쟁, 즉 사회·경제적 민주화에는 나서지 못하고 있다. 이에 반해 신세대는 자본 국가의 최대 희생양(비정규직, 청년 실업 등)이면서도 집단적인 역사 주체로 부상할 기미가 보이지 않는다.

그래서 역설적으로 둘 다 보수화한다. 출발점은 물론 다르다. 한쪽은 '자기 방어'가, 다른 한쪽은 '출구 부재'가 그 출발점이다. 하지만 결국 두 길은 한 지점에서 만난다. 그리고 그 수렴의 지점에 한나라당에 대한 유권자 3분의 2의 지지가 자리한다.

소통의 단절과 연대의 구축은 결코 양립할 수 없다. 어느 한쪽이 지속되는 한 다른 한쪽은 존립할 수 없다. 만약 전자가 계속 주된 경향으로 남는다면, 세대 문제는 노령층의 연금 비용 등을 둘러싼 세대 간 갈등과 충돌로까

---

[1] 우석훈·박권일, 『88만원 세대: 절망의 시대에 쓰는 희망의 경제학』, 레디앙, 2007.

지 발전할 수 있다. 연대의 그물망은커녕 만인에 대한 만인의 투쟁이 지배하는 세상이 우리 모두를 기다릴지 모른다.

6. 사회 국가 건설을 위해 노동운동·시민사회운동, 이렇게 하자

2007년 1년 동안 '민주'와 '진보'를 자임하는 사람들 사이에 유행처럼 나돈 말이 있다. '성찰' 그리고 '혁신'이다. 하지만 왠지 공허하게만 들렸다. 실제로 2007년 한 해를 다 보내고서도 대안이 무엇인지 뚜렷이 다가오지는 않았다. 무엇이 부족했는가? '성찰'과 '혁신' 사이에 들어갈 중요한 하나가 빠져 있었다. 그것은 '결단'이다.

결단의 한자는 決斷이다. 斷은 곧 '자른다'는 것. 그렇다면 결단이란 단절을 감행한다는 것, 뭔가를 끊고 잘라 버리고 떠나보낸다는 것이다. '혁신'을 이야기하면서 오직 새로 만들 좋은 것만 이야기해서는 혁신은 되지 않는다. 새 것을 불러들이자면 그 전에 옛 것과 단호히 결별해야 한다. 결단이 필요하다.

한국의 진보 세력과 노동운동·시민사회운동이 사회 국가 운동에 나서기 위해 가장 먼저 해야 할 일은 바로 이 '결단'이다. 이제까지 우리 몸에 익숙해져 있던 걸음걸이를 멈추고 과감히 방향을 바꾸어야 한다. 새 길의 앞에 무엇이 기다리는지는 누구도 장담할 수 없다. 하지만 우리의 오래된 옛 길이 잘못된 것만은 확실하다. 이제 모험, 그러니까 모색과 실험이 아니면 추락뿐이다.

노동조합을 노동조합답게 만들기 : 임금 연대와 소득 연대

우선 노동운동이 무엇을 해야 할지부터 살펴보자. 이제부터 노동운동이 해야 할 일은 한마디로 '노동조합답게 되는 것'이다. '노동조합답게'라니 그럼 이제까지 노동조합이 노동조합답지 못했다는 말인가? 불행히도 그렇다.

이제 이것을 솔직히 인정하자. 기업별 노동조합은 노동조합이 아니라는 것을. 기업별 노동조합은 노동조합들 사이에 연대 투쟁이 활발히 벌어지고 그 투쟁의 성과가 대기업과 중소기업에 고루 분배될 때에는 노동조합으로 구실할 수 있다. 하지만 이런 조건이 사라지게 되면 개별 회사의 종업원 조직에 불과하게 된다. 지금 우리 상황이 딱 이렇다. 종업원 조직에게 공동체의 범위는 회사 울타리를 넘어서지 못한다. 그런데 한국이나 일본을 제외한 자본주의 국가에서 노동조합은 노동자들에게 바로 이 회사 울타리를 넘어선 공동체를 뜻한다. 이런 보편적 기준에 따른다면 기업별 노동조합은 분명 노동조합이 아닌 것이다.

물론 지금 한국의 노동운동은 이것을 뼈저리게 느끼고 있다. 그래서 민주노총의 다수 노동조합이 산업별 노동조합으로 전환하고 있다. 하지만 아직 제대로 된 산업별 노동조합이라고 보기는 힘들다. 산업별 노동조합이라면, 앞의 제2절에서 설명한 것처럼, 문턱이 없어야 한다. 그런데 여전히 문턱이 있다. 그간 기업별 노조 체제에서 노동조합을 자기와는 거리가 먼 조직으로 생각해 왔던 중소기업·비정규직 노동자들이 여전히 남의 조직으로 바라보는 상황이다. 노동조합의 정관에서는 문턱을 없앴지만 노동자들 사이의 마음속 문턱은 사라지지 않은 것이다.

그래서 요즘은 노동운동가들이라면 누구나 다 이렇게 외친다. "미조직 노동자들을 조직하자!" 하지만 그간 노동조합의 바깥에 있었던 노동자들이 단지 새로 산업별 노조가 생겼다고 해서 곧바로 노조로 몰려드는 것은 아니다. 노조에 가입할 이유가 있어야 한다. 노조에 가입하면 자신들의 삶이 지금보다 확실히 나아지리라는 비전과 기대가 있어야 한다.

그 열쇠는 산별노조 내의 대기업·정규직 노동자들이 쥐고 있다. 사실 중소기업·비정규직 노동자들은 자본을 상대로 뭔가를 해 볼 만한 자원과 역량이 부족하다. 그래도 그럴 만한 힘을 가진 것은 여전히 대기업·정규직 노동자들이다. 새로 등장한 산별노조가 정말 제대로 된 초기업단위 노동조합으로 자리를 잡으려면 이 점을 주목해야 한다. 그동안은 대기업·정규직 부문의 투쟁력·교섭력과 여타 부문 노동자들의 삶 사이에는 썩 긍정적인 연관관계가 없었다. 하지만 이제는 이 힘을 중소기업·비정규직 부문의 임금과 노동조건, 생활수준을 끌어올리는 원동력으로 삼아야 한다. 그럴 때에만 다수의 미조직 노동자들이 산별노조에 가입할 이유를 찾을 것이다.

멋진 전망이다. 허나 이 전망의 장밋빛 앞면만을 이야기해선 안 된다. 그것은 정직하지 못한 짓이다. 그 뒷면을 숨기지 말자. 대기업·정규직 부문의 자원과 역량을 중소기업·비정규직 부문의 임금과 노동조건을 끌어올리는 데 쓴다는 것은 그만큼 대기업·정규직 노동자들 자신의 이해관계는 일정하게 유보한다는 이야기가 된다. 산별노조의 자원과 역량이 뻔히 한정돼 있는 상황에서 이쪽도 계속 잘 되고 저쪽도 이제부터 잘 되게 만들겠다는 것은 공허하고 무책임한 약속일뿐이다. 일정 기간 어느 한쪽을 선택해서 거기에 힘을 집중해야 일이 되도 된다. 선택하고 집중하자는 것, 그것은 어느 한쪽이 우선권을 양보해야 한다는 것의 다른 표현이다.

스웨덴이나 노르웨이 등의 노동조합운동은 '동일노동 동일임금' 원칙을 철저히 실현하기 위해 오래 전부터 연대임금제도를 실시해 왔다. 사실 이들 나라에서도 대기업 노동자들은 힘도 세고 기업도 지불 능력이 되니까 다른 부문에 비해 좀 더 많은 임금을 받을 수 있다. 연대임금제도는 다른 게 아니다. 그렇게 하지 않는다는 것이다. 노동조합이 자본과 교섭할 때 대기업, 중소기업 가릴 것 없이 전체 노동자의 임금수준을 정하고서 그 수준에 못 미치는 기업이나 부문의 임금을 끌어올리는 데 힘을 기울인다. 달리 말하면, 더 높은 임금을 받을 수도 있었던 대기업 노동자들이 임금 인상 수준을 일정하게 양보하는 대신 그 인내의 대가로 전체 노동자의 평균 임금수준을 끌어올린다는 것이다.

지금 우리의 산별노조가 고민해야 할 게 이러한 연대임금제도다. 물론 그 구체적인 방식은 좀 다를 것이다. 즉, '한국식' 연대임금제도가 필요할 것이다. 하지만 그 본질은 같다. 상대적으로 자원과 역량이 많은 노동자 집단의 힘으로 그렇지 못한 노동자들의 삶의 질을 끌어올린다는 것이다.

한 가지 방법은 산별노조가 임금 인상을 요구할 때 당분간 상대적 고임금 조합원들과 그렇지 못한 조합원들 사이에 인상률을 차등화하는 것이다. 물론 후자의 인상률을 높게 잡고 전자는 그에 비해 낮게 잡는다. 그래서 일정 시간 뒤에는 두 집단의 임금수준이 최대한 일치되게 한다. 대기업·정규직 조합원들은 이렇게 차등화된 임금 인상 요구안을 자신들의 투쟁 목표로 받아들여야 한다. 그리고 중소기업이 연대 임금수준의 임금을 지불할 수 있도록 대기업과 중소기업 사이의 원하청 관계를 뜯어고치는 데 대기업 노동자들이 앞장서야 한다. 다시 말하지만, 이럴 때에만 중소기업·비정규직 노동자들이 산별노조의 문지방을 넘을 것이고, 한국 노동조합운동의 새로운 시대가 열릴 것이다.

여기에서 시야를 조금 더 확장해 보자. 대기업·정규직과 중소기업·비정규직 사이의 이러한 연대는 전체 조직 노동자와 서민 대중 사이에서도 비슷하게 나타날 수 있다. 전자의 경우에 연대임금이 그 매개라면, 후자의 경우에는 사회임금이 그런 역할을 한다.

사회임금이란 다른 게 아니다. 이 책 2장에서 제시한 4대 기본권의 보장과 3장에 소개한 연대적 복지 체계가 실현됐을 때 그로 인해 생기는 재분배 효과다. 집값이 떨어지고 공공 주택이 늘어나면 주거비 지출이 줄어든다. 이 것은 소득이 직접 늘어난 것은 아니지만 간접적으로 가계의 여유가 늘어나는 결과를 낳는다. 또한 연금이나 고용보험의 사각지대를 없애면 복지 급여가 확대돼서 소득이 직접 늘어나기도 한다. 이런 게 다 '사회임금'이라 불릴 수 있다. 앞에서 이야기한 연대임금제도가 '임금 연대 전략'이라고 할 수 있다면, 사회임금 확대 운동은 '소득 연대 전략'이라고 하겠다.

이제 노동조합은 사회임금 확대 운동을 통해 조직 노동자의 힘을 전체 서민 대중의 삶의 질을 개선하는 원동력으로 삼아야 한다. 즉, 노동 연대를 발판 삼아 복지 연대의 주축 역할을 해야 한다. 이럴 때에만 시민사회 내에서 노동운동의 지적·도덕적 헤게모니를 복구하고 확고히 다질 수 있다.

요즘 '진보' 지식인들 가운데에는 미국이나 일본보다는 유럽이 우리 사회의 대안 모델이 되어야 한다고 주장하는 분들이 많다. 유럽, 그 중에서도 북유럽을 바람직한 사례로 이야기한다. 하지만 지식인들의 논변이나 계몽만으로 한국 사회가 실제 이런 방향으로 나아갈 수 있는 것은 아니다. 북유럽을 지금의 북유럽으로 만든 것은 그들 나라의 노동운동이었다. 노동조합운동이 위에 제시한 방향으로 과감히 나아갈 때에만 이 땅에도 사회 국가 건설의 유럽식 길이 그 모습을 드러낼 수 있다. 방향타를 쥐고 있는 것은 노동조합운동(의 결단)이다.

새로운 사회운동 : 입시 폐지 운동, 동아시아 평화운동, 생태사회 전환 운동

변해야 할 게 노동운동만은 아니다. 시민사회운동 역시 전환을 모색해야 할 때다. 우선 그 시야를 넓히고 새로운 의제를 제시해야 한다. 시민사회운동 역시 노동운동과 마찬가지로 자본 국가에 맞서 사회 국가의 초석을 놓는 일에 직접 나서야 한다. 사실 기존의 시민운동 단체들 가운데에도 이미 이런 방향에서 변화를 모색하는 흐름들이 있다. 사회복지 확대에 새롭게 주목하기도 하고, 아파트 가격 폭등 같은 주거 문제 해결에 나서기도 한다.

하지만 기존의 조직들이 관심의 방향을 이동하는 것만으로는 부족하다. 새로운 의제들을 중심으로, 이렇게 말해도 좋다면, 제2세대의 시민사회운동이 시작되어야 하겠다. 우리는 이러한 운동의 출발점으로 특히 다음 세 가지 쟁점에 주목한다.

첫째는 교육 개혁이다. 우리는 2장에서 교육 문제 해결의 실마리가 대학 개혁에 있다고 지적했다. 그리고 그 구체적 방향으로 입시 폐지·대학 평준화를 제시했다. 그런데 이미 이것을 주장하는 운동이 시작됐다. 2007년에 발족해서 활발한 활동을 벌이고 있는 '입시폐지 대학평준화 국민운동본부'가 그것이다.

사실 교육 이외에도 4대 기본권 실현을 위한 다양한 운동이 필요하다. 공공 주택의 확대를 요구하는 운동도 필요하고, 무상 공공 의료 운동도 필요하다. 그런데도 우리가 유독 입시 폐지 운동을 따로 떼서 강조하는 데는 이유가 있다.

한국 사회에서 입시 문제는 이제 결코 단순한 '교육' 문제만은 아니다. 이 사회의 근본 문제들이 한데 어울려 가장 흉측한 조합을 이루도록 만드는 게 바로 입시 경쟁이다. 아니 입시 경쟁이라기보다는 입시 '전쟁'이라고 해야 어울린다. 국가가 전시에 자국의 모든 에너지를 전쟁에 투입하듯이 한국의 가정은 가계의 엄청난 부분을 입시 전쟁에 쏟아 붓고 있다. 벌면 버는 족족 사교육비로 빠져 나간다. 전시 경제가 경제구조를 기형으로 만들듯이 입시 전쟁은 가계 경제를 불구 상태에 빠뜨린다. 사회 전체로 보면 생산적인 투자나 복지 확대에 쓰여야 할 자원이 애먼 사교육 시장으로 흘러들어간다.

입시 전쟁의 '종전'은 이 모든 자원과 에너지 낭비의 종식을 의미한다. 단지 교육 제도가 개선되는 것뿐만 아니라 가계 지출 구조가 바뀌고 그래서 각 가정의 삶의 모습까지 바뀌게 된다. 사교육 시장이 사라지는 대신 사회 국가를 건설하는 데 쓰일 자원은 더욱 풍족해진다. 입시를 폐지하고 대학 서열 체제를 깨면 이렇게 지금 한국 사회의 막힌 부분을 확 뚫을 수 있다. 그래서 입시 폐지 운동이 그토록 중요한 것이다.

더구나 입시 폐지 운동은 참으로 다양한 집단들을 하나로 묶을 수 있는 운동이기도 하다. 입시 전쟁으로 가장 직접적인 고통을 당하는 10대 청소년들도 관심을 가질 수 있고, 서울 중심의 대학 서열 체제로 인해 상대적 박탈감에 시달리는 지역 주민들도 지지할 수 있고, 대학 구조의 기형화 때문에 미래 전망을 상실한 지식인들도 동참할 수 있는 게 이 운동이다. 특히 청소년들이 참여할 수 있다는 점이 중요하다. 이 운동은 새 세대에게 '경쟁'의 노예가 되는 것 이외의 다른 출구가 분명히 존재한다는 것을 보여 주는 기회가 될 것이다.

두 번째로 우리가 주목하는 것은 평화운동이다. 요즘 북미 대화가 급물살을 타면서 한반도의 정세 변화 속도도 빨라지고 있다. 지금은 아직 먼 미래의 이야기처럼 들리는 남북 간 군축도 몇 년 안에 불쑥 현안으로 등장할지 모른다. 하지만 지금 상황으로 봐서는 병력이나 일부 재래식 무기를 감축하더라도 한반도의 군사비 총량은 줄어들지 않을 가능성이 높다. 아니 더 늘어날 수도 있다. 남북 간 군사 대치가 아니라 동북아 정세를 이유로 끊임없이 첨단 무기를 개발하고 사들일 것이기 때문이다. 한반도 군비 축소를 위해서도 중국, 일본을 포함하는 동북아 전체의 군비 축소를 함께 추진해야 하는 상황이 된 것이다.

따라서 평화운동의 시야도 넓어져야 한다. 한반도만이 아니라 동북아 차원의 군비 축소와 평화 체제 정착을 위한 운동이 있어야 한다. 지금 동북아시아에서 반전평화의 첫 번째 쟁점은 일본 평화헌법(일본의 비무장을 규정한 헌법 제9조)의 수호 문제다. 이 지역에서 가장 대중적인 평화운동도 헌법 개정을 막으려는 일본 시민사회 내의 호헌 운동이다. 이 운동과 연대하는 것이 한국 사회에서 평화운동의 새로운 출발점이 될 수 있다.

일본 우파의 개헌 시도를 비판하는 데 목소리 하나 더 보태자는 것이 아니다. 이것은 한국이나 중국 정부도 한다. 하지만 이러한 비판은 어찌 보면 위선적인 것이다. 두 나라 모두 실제로는 동아시아 군비 경쟁에 함께 하면서도 겉으로 일본에 대해서만 비무장 상태를 요구하고 있다. 평화헌법이 있어도 이미 지키지 않는 일본 정부나 일본에게만 평화 국가를 요구하는 한국이나 중국 모두 이율배반적이기는 마찬가지다.

새로운 평화 운동은 일본에게만 평화 헌법의 유지를 강요하는 게 아니라 동아시아의 모든 나라들이 평화 국가(더 정확히 말하면 평화 공동체)의 대열에 합류할 것을 요구해야 한다. 평화 헌법의 정신을 한국과 중국도 받아들여야 한다고 외치고, 그 구체적 목표로서 세 나라가 서로를 향해 겨누고 있는 첨단 전략무기의 대폭 감축을 요구해야 한다. 이것은 세 나라를 가로지르는 동아시아 시민사회를 구축하는 첩경이자 이 세 나라 안에서 등장하고 있는 호전적 민족주의에 맞설 가장 효과적인 방안이기도 하다.

마지막으로 우리가 강조하고자 하는 것은 생태·환경 운동이다. 물론 생태·환경 운동은 지금도 시민사회운동 내에서 큰 부분을 차지하고 있다. 하지만 이제까지는 정부와 자본의 환경 파괴에 맞서는 운동이 대부분이었고, 생태 사회의 씨앗을 뿌리고 가꾸는 움직임은 상대적으로 드물었다. 이제는 전자가 아니라 후자가 중심이 되어야 한다.

생태·환경 운동에 대해서는 아래의 「보론」에서 다시 다룰 것이므로 부연 설명은 하지 않겠다. 다만 반드시 짚고 넘어가야 할 게 하나 있다. 생태 사회를 만들어가는 운동은 이제까지의 환경운동과는 달리 생산자와 소비자 한 사람 한 사람을 동참시키고 서로 관계 맺게 하는 방식을 취해야 한다는 점이다. 이것은 의제의 혁신 외에 시민사회운동이 풀어야 할 또 다른 변화의 과제와 직결된다. 그것은 곧 '시민 없는 시민운동', 즉 '중앙-언론'형 운동 형태의 극복이다.

운동이 돌아가야 할 곳 : 공동체 만들기

'중앙-언론'형 운동은 시민사회의 표층에서만 영향력을 펼칠 수 있다. 이제 뒤늦게라도 그 심층에 접근하자면 시민들과 직접 얼굴을 맞대며 새로운 뭔가를 만들어 나가는 운동 방식을 취해야 한다. 우리는 이것을 '지역-조직'형 운동이라고 부르고자 한다. 중앙 권력이나 미디어에 근접한 중앙 시민사회보다는 대중의 생활 현장인 지역 시민사회에 뿌리를 내린다는 점에서 '지역'형이라는 것이고, 언론에 기대어 이목을 끄는 것보다는 생활인들의 힘을 모으려 한다는 점에서 '조직'형이라는 것이다.

이미 울산, 인천 등 몇몇 지역에서는 주요 시민운동 단체가 기존 활동 방식의 한계를 절감하며 이런 방향으로 전환하고 있는 중이다. 그런데 이런 움직임은 시민사회운동뿐만 아니라 노동운동에도 큰 의미를 지닌다. 어쩌면 노동운동의 전환과 시민사회운동의 전환이 서로 합류하는 지점이 이 대목이라 할 수 있겠다. 무슨 이야기인가?

'지역-조직'형 운동이란 곧 공동체를 만드는 운동이다. 공동체는 사회 연대의 가장 원초적인 형태다. 지역과 국가 더 나아가 세계로 뻗어가는 드넓은 연대의 가장 밑바닥을 이루는 세포다. 시장은 사람들을 승자와 패자로 나눠 패자에게 발길질을 해대지만, 공동체 안에는 승자와 패자가 있을 수 없다. 서로가 서로의 생존에 책임을 나눈다. 우리의 전통적 표현으로는 '상부상조'다. 즉, '경쟁'이 지배하는 것이 아니라 '협동'이 지배한다.

노동운동의 시작도 바로 이 공동체를 만드는 일이었다. 우리보다 자본주의의 역사가 앞선 유럽에서 노동조합이 처음부터 자본과 맞대결할 힘을 지녔던 것은 아니다. 단체교섭권이 법으로 보장된 것도 이제 100년 될까 말까 한다. 그럼 그렇게 되기 전까지 노동조합은 주로 무엇을 했는가? 조합원(과 그 가족)의 상호부조 활동이었다. 정부의 실업보험제도가 존재하지 않는 상황에서 노동조합이 실직한 조합원의 생계에 도움을 주었다. 영화관도 TV도 없던 시절 노동자들의 여가 시간을 문화 활동 프로그램으로 채운 것도 노동조합이었다. 즉, 이 시기에 노동조합은 곧 노동자들의 생활 공동체였다.[2]

더욱 생생한 사례가 있다. 지금으로부터 100여 년 전 스웨덴이나 이탈리아에서는 동네마다, 마을마다 '민중의 집'이란 게 만들어졌다. 노동자들이 일요일이면 모여서 벽돌을 쌓아 아담한 2~3층짜리 건물을 지었다. 그곳 1층에는 주점을 겸한 값싼 식당을 차렸다. 노동자들이 시간 나면 찾아가 가벼운 마음으로 웃고 떠들며 노래도 부를 수 있는 공간이었다. 2층에는 커다란 홀을 냈다. 거기에서는 공개강좌를 열 수도 있었고 젊은이들이 음악에 맞춰 춤을 출 수도 있었다. 3층에는 진보정당과 노동조합, 진보언론의 지역 사무실이 들어섰다. 그 중에는 생활협동조합에서 낸 상점도 있었다.

스웨덴에서는 '민중의 집'을 회원제로 운영했다. 그 회원 조직의 명칭이 '노동자 코뮌'이었다. '코뮌'commune의 어원은 '공동체'에 가깝지만, 무슨 특별한 의미가 있는 게 아니라, 스웨덴의 기초 지자체 단위를 뜻한다. 스웨덴에서는 지금도 우리의 시·군·구에 해당하는 자치 단위를 '코뮌'이라고 부른다. '노동자 코뮌'은 곧 시·군·구 단위의 노동자 지역조직이었던 것이다.

그런데 스웨덴 노동조합들은 모든 조합원이 최소 2년 동안 이 노동자 지역조직의 회원을 겸하도록 했다. 비록 '최소 2년 동안'이라는 단서가 붙었지만, 일단 노동자 지역조직의 회원이 된 조합원들은 대개 계속 회원으로 남았

---

2 박승옥도 최근 이 점을 지적한 바 있다. 「한국 노동조합, 과연 노동 '운동' 조직인가」, 『노동사회』 2007년 11월호.

다. 달리 말하면, 스웨덴의 노동자들은 노동조합에 가입하면 자동으로 노동자 지역조직의 회원도 됐다는 이야기다. 이렇게 해서 조합원들은 자연스럽게 생활협동조합의 조합원도 되고 공개강좌나 문화활동에도 참여하게 됐다.

이게 스웨덴 복지국가의 밑바닥 토대다. 지금도 스웨덴 곳곳에는 민중의 집이 남아 있다. 물론 100년 전과 꼭 같은 모습은 아니지만, 어쨌든 이때 뿌려 놓은 씨앗이 꽃을 피우고 가지를 뻗어 스웨덴 사회를 뒤덮었다.

지금 우리에게 필요한 것은 결국 이러한 씨앗 뿌리기 아니겠는가? 우리가 사는 동네, 마을에서 21세기 한국판 '민중의 집'을 만드는 것 아니겠는가? 물론 100년 전 다른 나라의 사례를 그대로 반복할 수는 없다. 하지만 요체는 하나다. 가난한 사람들의 공동체를 만드는 것이다.

처음에 무엇을 고리로 삼아 그러한 공동체를 엮어 나갈지는 머리를 맞대고 풀어 가야 할 문제다. 하지만 이미 한국 사회에도 몇 가지 선구적 시도들이 존재한다. 유기농 먹거리를 중심으로 생활협동조합을 운영하기도 하고, 뜻 있는 의료인들과 지역 주민들이 힘을 합쳐 의료 생활협동조합을 만들기도 한다. 협동조합을 만들려다 보니 돈 문제가 생기는데, 지역통화운동을 통해 그 문제를 해결하려 하기도 한다. 시장에서 쓰이는 돈 대신 서로 도움을 주고 도움을 받는 행위가 통화의 역할을 하게 만드는 것이다.[3] 점점 더 많은 지역에서 이런 시도들을 벌이다 보면 결국 한국 사회에 가장 적합한 몇 가지 모델이 그 모습을 드러낼 것이다. 길이 없는 게 아니다. 다만 첫 걸음도 떼지 않았기에 길이 보이지 않을 따름이다.

그 첫 걸음을 떼는 결단에 노동운동과 시민사회운동이 함께 해야 한다. 시민사회운동이 '지역-조직'형으로 전환함과 동시에 산별노조 역시 실천의

---

3 지역통화운동에 대해서는 다음의 책을 참고할 수 있다. 조너선 크롤, 『레츠 : 인간의 얼굴을 한 돈의 세계』, 박용남 옮김, 이후, 2003.

중심을 지역 현장에 두어야 한다. 직장이 서로 다른 노동자라 할지라도 퇴근하고 나서 같은 동네 주민으로 만나는 공간이 지역이다. 다양한 형태의 비정규직 노동자들과 좀 더 쉽게 접할 수 있는 공간도 지역이다. 따라서 산별노조는 조합원들이 가족과 함께 참여할 수 있는 지역 실천 프로그램을 제시해야 한다. 그리고 노동조합 활동가들에게 지역 사회운동 혹은 공동체 만들기라는 새로운 전망을 제시해야 한다.

이렇게 해서 건설될 지역 공동체들은 앞으로 우리가 건설할 사회 국가의 축소판이라 할 수 있다. 스웨덴의 진보 세력은 그들 나름대로 사회 국가를 향해 나아가면서 여기에 '민중의 가정'이란 이름을 붙였다. 지역에서 '민중의 집'으로 출발한 운동이 한 나라의 차원에서 '민중의 가정'으로 성장한 것이다. 마찬가지로, 우리의 지역 공동체는 우리가 만들 세상을 미리 보여 줄 것이다.

사람들은 묻는다. "과연 '경쟁'과는 다른 원리로 작동하는 삶이 가능한가?" 이 물음은 현란한 이론이나 능숙한 언변으로 답할 수 있는 게 아니다. 오직, 피와 살로 드러난 '연대'의 삶을 보여 주는 것만이 답이 될 수 있다.

7. 사회 국가 건설을 위해 진보정당, 이렇게 하자

지금까지의 서술에서 이미 드러나는 바지만, 사회운동은 단수가 아니다. 복수다. 사회운동'들'이다. 노동운동을 비롯해서 참으로 다양한 운동들이 존재한다. 굳이 비유하자면 단풍이 곱게 물든 우리네 가을 산과도 같다. 다 같은 붉은 색인 듯싶어도 가만 들여다보면 나무마다 그 색이 다 다르다.

과연 이렇게 다양한 사회운동들이 '사회 국가 건설 운동'이라는 하나의 대오로 모일 수 있을까? 물론 과거에 자주 그랬던 것처럼 누군가가 구령을 붙이면 열 맞춰 행진하는 식은 아닐 것이다. 이제 '하나의 대오'라 함은 저마다 제 걸음으로 가되 그 방향이 다르지 않은 것을 말한다. 하지만 그렇다 하더라도 그 다양한 운동들이 한 방향으로 나아간다는 게 결코 쉬운 일은 아니다. '각각의 운동이 그대로 발전하다 보면 사회 국가라는 같은 방향으로 나아가겠지' 하는 막연한 생각만으로는 안 된다. 개별 운동은 자신의 좁은 시야에 갇히기 쉽고 그러다 보면 진보 세력 전체의 잠재력을 제대로 발휘하지 못하기 마련이다.

이 대목에서 우리는 다시금 '정당'의 역할에 주목하지 않을 수 없다. 사회 국가 운동에서 진보정당이 맡을 역할에 대해서 말이다. 사실 이것은 이야기하기 편한 주제는 아니다. 과거 좌파 정당 운동(개혁 노선이든 혁명 노선이든)의 수많은 오류와 한계 그리고 뼈아픈 경험들이 존재하기 때문이다. 하지만 그럼에도 불구하고 진보정당은 필요하다. 단순히 필요하기만 한 게 아니라 아주 중요하다.

진보정당운동의 전면적 재구성이 필요하다

이제 진보정당의 역할은 혼자 지도와 나침반을 들고 행렬의 맨 앞에 나서서, 뒷사람들이 따라오도록 목청 높여 구령을 붙이는 게 아니다. 우리가 제시한 '녹색 사회 국가, 평화 공동체'는 그러기에는 너무나 느슨한 방향 정보만을 제시한다. 하지만 출발로서는 그런 느슨한 방향 설정 정도가 옳다. 보다 구체적인 방향을 가늠하는 것은 함께 걷는 길 중간에 잠시 쉬면서 서로 두런두런 이야기하는 가운데 해야 할 일이다. 중간 목적지가 잘 나오지 않거나 갈림길에 맞닥뜨리거나 잠시 쉬어 갈 때 짬을 내서 해야 할 일이다.

바로 이것이 진보정당의 임무다. 저마다 출발지도 다르고 걸음걸이도 차이가 나며 체력도 제 각각인 운동들이 굽이굽이마다 머리를 맞대고 지난 걸음을 돌아보며 이제 어느 방향을 향해 나아갈지 결정하는 자리, 그 역할을 하는 게 진보정당이다. 그렇게 잠정적인 방향이 결정되면 이제 누가 굳이 호각을 불거나 구령을 붙이지 않더라도 다들 그 방향으로 발걸음을 뗀다. 다만 그 방향 결정이 모든 이들에게 전달되고 끊임없이 환기되기만 하면 된다. 이것 또한 진보정당의 할 일이다.

민주화 운동 시기에는 진보정당이 없었다. 그래서 보수 야당(신한민주당 → 통일민주당)이 민주화 운동의 정치적 구심 역할을 했다. 이 당시 보수 야당의 활약은 볼만했다. 특히 1985년 제12대 국회의원 선거부터 1987년 6월 항쟁 사이의 시기에 그랬다. 아마도 이때가 한국 정치사에서 정당정치가 가장 활발히 작동한 때가 아니었나 싶다. 하지만 제2의 민주화 투쟁인 사회 국가 운동에서는 이제 진보정당이 정치적 구심이 되어야 한다. 그 과정에서 '보수 대 진보'의 정당 구도도 등장할 것이고, 그래서 한국의 정당정치도 민주주의 발전의 주축으로서 제 역할을 하기 시작할 것이다.

진보정당이 특히 책임지고 답해야 할 것은 "사회 국가로 나아가는 한국의 길은 무엇인가"라는 물음이다. 우리는 앞에서 사회 국가 건설 과정을 유럽의 길과 중남미의 길이라는 두 유형으로 나눴고, 한국 사회에서는 이 둘 사이의 혼합 형태가 실현될 가능성이 높다고 전망했다. 그리고 그 결정적 변수는 조직 노동운동의 성장 여부라고 지적했다. 진보정당은 한국 사회의 변화 방향과 속도, 그리고 그에 대응하는 사회운동의 성장 방향과 속도를 저울질하여 '사회 국가로 나아가는 한국의 길'의 구체적인 방향에 대해 판단을 내려야 한다.

한편으로는 신생 산별노조 운동이 산별노조답게 발전해 나가도록 끊임없이 자극해야 한다. 하지만 여기에만 기대고 있을 수는 없다. 그러기에는 신자유주의 세계화의 재앙의 파고가 너무 거세고 양극화의 속도도 너무 빠르다. 따라서 조직 노동운동이 전체 노동계급을 대변할 실력을 갖추기 전까지는 다른 한편으로 진보적 민중주의 전략도 일정하게 활용해야 한다. 진보정당의 대중 정치인과 지역 조직이 직접 나서서 미조직 대중과 접촉하고 노동조합과는 또 다른 형태로 그들을 규합해야 한다. 혹시라도 노동운동의 방향 전환이 지체된다면 진보정당은 과감히 한국적 형태의 진보적 민중주의 전략을 사회 국가 건설의 주된 노선으로 채택해야 할 것이다.

물론 이 책에 느슨하게 정리돼 있는 '녹색 사회 국가·평화 공동체'의 비전을 보다 내실 있게 채워 나가는 것도 진보정당의 핵심 과제다. 전 지구적 자본주의의 변동에 따라 머지않은 미래에 이 책에서 제시하는 것보다 훨씬 더 급진적인 변화가 필요하게 될 수도 있다. 사회 국가의 기본 원칙은 그대로이되 그 구체적인 내용은 좀 더 급진적으로 재구성되어야 할지 모른다는 이야기다. 이 꾸준한 업그레이드 작업이 또 진보정당의 임무다.

그런데 여기에서 이런 의문이 들 수 있다. 지금 우리에게 진보정당이라면 그것은 곧 민주노동당이다. 그런데 과연 현재의 민주노동당이 위와 같은 역할과 과제들을 제대로 수행하고 있는가? 민주노동당의 일원인 우리들 스스로 '솔직히 아직은 그렇지 못하다'고 답하지 않을 수 없다. 그래서 요즘은 2007년 대선과 2008년 총선을 앞두고 민주노동당을 향해 준엄한 꾸짖음과 애정 어린 비판, 쇄신의 요구가 쏟아지는 형편이다. 그래서 우리는 주장한다. 민주노동당이 사회 국가 운동의 정치 부대로서 제 역할을 할 수 있으려면 당의 전면적 재구성이 필요하다고 말이다.

본래 진보정당은 성장 과정에서 끊임없이 자신을 재구성해야 한다. 그러지 않으면 앞에 붙은 그 수식어 '진보'의 이름값을 하지 못하게 된다. 왜 그러한가? 진보정당은 사회를 바꾸겠다고 한다. 그런데 사실은 그렇게 사회를 바꾸겠다는 진보정당도 어디 하늘에서 떨어지거나 땅에서 솟아난 것은 아니다. 진보정당 역시도 자신이 바꾸겠다는 바로 그 사회의 산물이다. 따라서 진보정당의 내부에도 과거 사회의 낡은 잔재들은 끈질기게 남는다. 진보정당이 사회를 바꾸자면 당 내부의 그 낡은 잔재부터 극복해야 한다. 그래서 진보정당의 사회 변혁 운동은 동시에 자기 변혁 운동이기도 해야 한다. 또한 그래서 진보정당은, 보수정당과는 달리, 근본적이면서 목적의식적인 자기 혁신 과정을 거듭해야 하는 법이다.

프로그램 중심의 당으로 거듭나야 한다

그럼 지금 민주노동당이 착수해야 할 재구성의 방향과 과제들은 무엇인가?

가장 중요한 것은 강령 중심의 진보정당으로 거듭나야 한다는 점이다. '강령'이 너무 고리타분하게 들리는가? 그렇다면 한자어가 아니라 영어 외래어로 달리 표현해 보자. 프로그램program 중심의 진보정당이라고 말이다.

진보정당에게 '프로그램'이란 무엇인가? 한국 사회를 이러저러하게 바꾸겠다는 프로그램, 즉 사회 변혁 프로그램이다. 프로그램 중심의 당이 되어야 한다는 것은 곧 이러한 구체적 사회 변혁 프로그램이 당의 모든 활동 영역에서 좀 더 중심적인 위치를 차지해야 한다는 이야기다. 그럼 민주노동당이 지금까지는 그렇지 못했다는 말인가? 그렇지 못했다. 진보정당이면서도 프로그램 중심의 정당은 아니었다는 것이다.

이 대목에서 우리의 반성에 참고가 되는 게 영국노동당이다. 영국노동당은 20세기 벽두에 창당했다. 그때는 이미 유럽 대부분의 나라들에 진보정당이 등장한 뒤였다. 게다가 영국에는 이미 100년 이상의 역사를 자랑하는 노동조합운동의 전통이 버티고 있었다. 노동당은 그 노동조합운동이 독자적 정치세력화의 필요성을 뒤늦게 깨닫고서 만든 노조운동의 정치 파견대였다.

그래서 영국노동당이 지금도 채택하고 있는 집단 입당 제도라는 특이한 제도가 등장하게 된다. 영국노동당은 분명 노동조합총연맹(노총)이 아니라 정당이다. 그런데도 노동당 홈페이지에 가보면 '가입 조직' 명단이 게시돼 있다. 거기에는 사회주의학생연합, 사회주의의사협회 등을 비롯해서 수많은 산업별·직업별 노동조합의 이름들이 올라 있다. 이들은 모두 자체 대의원 대회를 통해 노동당 '입당'을 결정한 조직들이다. 이렇게 집단 입당을 결의하면 이들 조직의 모든 성원이 노동당 당원으로 자동 인정된다. 조직의 재정 중 일부를 로비 자금이나 정치 후원금이 아니라 '당비'로서 당에 납부하고, 각 조직은 조직원 숫자만큼 노동당 전당대회의 대의원 수를 할당받아 당대회에서 영향력을 행사한다. 우리에게는 상당히 낯선 제도다.

즉, 노동당은 창당 당시부터 그리고 이후로도 줄곧 노동조합에 크게 의존하며 성장해 왔다. 그러다 보니 당의 성격도 이러한 사정으로부터 큰 영향을 받았다. 그래서 영국노동당 역시 어쨌든 진보정당임에도 불구하고 유럽 대륙의 진보정당들에 비해서는 이념과 노선이 그리 중요한 위치를 차지하지 않게 되었다. 그것보다는 노동조합을 정치적으로 대변한다는 성격이 강했다.

갑자기 영국노동당 이야기를 꺼낸 것은 민주노동당이 어떤 점에서는 영국노동당에 상당히 가깝기 때문이다. 그렇다고 민주노동당이 집단 입당 제도를 채택하고 있는 것은 아니다. 하지만 노동조합운동, 즉 민주노총이 창당의 주인공 역할을 한 점은 비슷하다. 민주노동당은 창당 이후 줄곧 민주노총에 크게 의존해 왔다. 재정 확보 차원에서나, 당원 확보의 통로로서나, 선거 운동의 첫 번째 거점으로서나 민주노총의 역할은 참으로 컸다.

이런 상황은 민주노동당의 경우에도, 영국노동당과 마찬가지로, 당의 성격에 커다란 그림자를 드리웠다. 민주노동당은 사회 변혁 프로그램을 모든 활동의 중심에 놓는 진보정당 본연의 모습에 딱 들어맞지 않는 양태를 보여 왔다. 그러한 프로그램을 중심으로 사람들을 규합하고 정치 행동을 만들어 내는 데 여전히 미숙하다. 이런 성격을 그대로 유지해서는 다수의 중소기업

· 비정규직 노동자들이 노동조합운동에 참여하기 전까지 진보정당이 펼쳐야 할 과도적 전략들을 펼칠 수 없다. 이것은 민주노동당이 사회 국가 운동의 정치적 구심 역할을 하는 데 커다란 한계임이 분명하다.

민주노동당은 노조운동에 의존만 하던 허약 체질에서 하루빨리 벗어나야 한다. 이제라도 프로그램 중심의 정당으로 새 출발을 해야 한다. '녹색 사회 국가·평화 공동체 건설'의 비전은 바로 그 프로그램을 다지는 첫 출발점이라 할 수 있다. 민주노동당은 이러한 비전을 중심으로 당의 지난 10년 역사를 재평가하고 미래의 모든 활동을 새롭게 다시 설계해야 한다.

물론 이 책에서 제시한 내용들은 지금 시점에서 광범한 진보 세력이 합의할 수 있는 '최소' 목표치일 뿐이다. 그보다 더 나아간 미래에 대해서는 사회민주주의자부터 좀 더 급진적인 사회주의자, 혁명적 사회주의자, 아나키스트까지 생각들이 다 다를 것이다. 생태주의자와 여성주의자, 평화주의자 역시도 서로 차이를 느낄 수 있다. 하지만 사회 국가의 비전 자체가 앞으로 계속 진화해 나가야만 하며 그 과정은 전적으로 열려 있다는 점을 잊어선 안 된다. 그리고 그 진화의 주역은 결국 (진보 세력 내의 이러저러한 분파나 지식인, 활동가들이 아니라) 대중들 자신임도 잊지 말자. 이 점에 동의한다면, 지금 당장의 단결은 불가능한 게 아니며 결코 어려운 일도 아니다.

'희망'이 되기 위해 버려야 할 것들, 새로 맞아들여야 할 것들

하지만 함께 해야 할 진보의 다양한 흐름들 중에 철 지난 진보까지 포함되는 것은 아니다. 오직 21세기에 더 나은 세상의 지침이 될 만한 진보의 흐름들만 환영받는다. 20세기에 한때 진보적인 의미를 지녔었으나 지금은 그렇지 못한 과거의 유산들은 여기에서 제외된다. 이를테면 민족주의가 그러하다. 이런 '20세기 진보'는 이제 극복의 대상이다. 진보정당은 우선 당 안에

서부터 20세기의 이 낡은 유산과 단호히 결별해야 한다. 그래야만 진보정당이 한국 사회 아니 더 나아가 동아시아 전체에 뿌리 깊게 펴져 있는 호전적 민족주의와 대결할 가능성도 열린다.

반면, 비록 낯설더라도, '21세기 진보'의 흐름들을 온몸으로 맞아들여야 한다. 생태주의, 평화주의, 여성주의 등이 여기에 해당한다. 특히 생태주의는 우리 세기의 에너지 문제, 기후 문제 등으로 인해 더욱더 긴급하고 절실한 지침이 되고 있다. 따라서 아래 「보론」에서도 강조하고 있지만, 적녹 연대가 이제 진보정당운동의 주된 원칙 중 하나가 되어야 한다. 단순히 생태주의의 일부 문제의식을 받아들이는 수준이 아니라 사회주의의 전통적 가치(=적색)와 생태주의의 가치(=녹색)를 동시에 천명하는 '적·녹당'으로 다시 태어나야만 한다.

낡은 것을 버리고 과감히 새로운 도전에 나서야 할 게 그것만은 아니다. 민주노동당의 조직이나 일상 활동도 문제다. 단적으로 말해 지금은 사회 국가 운동을 촉진하기 위해 노동운동·시민사회운동을 자극할 수 있는 상태가 아니다.

현재 민주노동당의 위계적인 '중앙당-지역 조직' 체계는 전형적인 선거 조직을 연상케 한다. 2년에 한 번씩 돌아오는 각종 선거에 대응하는 과정에서 조직이 진화하다 보니 선거 대응에 가장 적합한 체계로 굳어 버린 것이다. 물론 '민주노동당' 하면 한국 정당사 초유의 여러 가지 조직적 실험들로 유명하다. 당원의 직접 참여로 움직이는 지역 조직을 만든 것도 그 중 하나였다. 하지만 그 참여의 폭이 선거 정치에 그치는 감이 있다.

당의 조직이나 일상 활동의 재구성은 노동운동·시민사회운동의 변화에 진보정당이 중요한 자극이자 촉매가 되어야 한다는 요청에서 출발해야 한다. 우리는 앞 절에서 첫 번째로 의제의 혁신을, 그리고 둘째로 '지역-조직'형 운동으로의 전환을 주장했다. 민주노동당의 조직 체계는 이러한 변화를 재촉하기에 가장 적합한 형태로 바뀌어야 한다.

의제 혁신이라는 첫 번째 측면과 관련해서는 '그림자 대안정부'를 추진해볼 수 있겠다. 내각책임제가 중심인 유럽 여러 나라에서는 정당들이 야당 시절에 '그림자 내각'shadow cabinet을 꾸린다. 야당이면서도 자당 의원들에게 그림자 내각의 장관직을 부여해서 해당 분야의 정책 활동을 책임지게 하는 것이다. 이런 식으로 이후의 집권을 준비하고 대중에게도 자신들의 정책 능력을 펼쳐 보인다. 그렇다고 이게 내각책임제에서만 가능한 것은 아니다. 브라질 노동자당도 야당 시절에 '그림자 정부'를 구성한 적이 있다.

유럽에서 그림자 내각은 주로 국회의원으로 구성된다. 그래서 정당이 지나치게 국회의원 중심으로 운영되는 데 한몫을 하기도 한다. 정당의 성격을 '대중'정당이 아니라 '전문가'정당으로 변질시키는 통로가 되기도 한다는 이야기다. 하지만 직업 정치인이나 소수 전문가만이 아니라 평당원과 풀뿌리 사회운동이 참여할 수 있도록 변형한다면 어떨까? 그때는 전혀 다른 성격을 띠게 되지 않을까? 외국의 그림자 내각 사례들과는 또 다른 결과를 낳지 않을까?

가령 민주노동당의 중앙당을 중심으로 당 조직 골간을 '그림자 대안정부' 형태로 짜는 것이다. 단, 현재의 정부 구조나 국회 상임위원회 구조와 일대일로 대응할 필요는 없다. 그래서도 안 된다. 이 책의 7장에서 제시한 것과 같은 사회 국가의 대안적 정부 구상에 따라 우리 방식대로 짜야 한다.

그럼 당 안에 '평화부'가 생기고 '에너지 환경부'가 생길 것이다. '평화부'라는 틀을 통해서는 평화 문제에 관심 있는 민주노동당 당원들뿐만 아니라 한반도 문제를 평화의 관점에서 바라보는 사회 각 세력이 일상적으로 소통하고 교류한다. '에너지 환경부'는 생태 문제에 관심 있는 당의 각 부분과 광범한 생태·환경 운동에게 그러한 무대가 된다. 이것은 진보 세력과 사회운동 전반에 새로운 의제를 제기하고 확산시키는 유력한 통로가 될 수 있다.

즉, 운동의 의제를 혁신하는 데 진보정당이 기여할 수 있는 한 방식이다. 또한 사회 국가의 대안 정부 형태가 '네트워크 정부'인 것처럼 진보정당 자체도 '네트워크 정당'으로 발전할 중요한 계기가 될 것이다.

지역 사회운동의 개척과 관련해서는 더욱더 과감한 구상과 시도들이 필요하다. 감히 이야기하자면, 민주노동당의 지역 조직들은 이제 자신의 역할을 지역 사회운동의 인큐베이터가 되는 것으로 잡아야 한다. 이것은 단순히 차기 선거에 도움이 될 만한 외곽 조직을 만드는 문제가 아니다. 그것보다 훨씬 더 넓고 멀리 그리고 깊게 바라봐야 한다. 지역에서부터 시민사회를 바꿔 나가는 게 사회 국가 건설의 정도正道임을 되새기자. 그리고 그런 관점에서 지역 공동체 만들기에 나서자.

백 년 전 스웨덴이나 이탈리아에서 민중의 집을 건설할 때도 그 주역 중 하나는 진보정당이었다. 스웨덴 사회민주당은 1901년 아예 당의 독자적인 지역 조직들을 없애 버렸다. 대신 '노동자 코뮌'(민중의 집을 운영하는 회원 조직)을 당 지역 조직이나 마찬가지인 것으로 인정했다. 지역 사회운동이 곧 진보정당의 지역 조직이고 진보정당의 지역 조직은 곧 지역 사회운동이라는 것. 이것은 지금 우리에게도 절실히 필요한 깨달음이다.

지금의 민주노동당을 이런 방향으로 바꿔 나간다는 것은 보통 일이 아니다. 대단한 결단과 용기가 필요하다. 이 대목에서 진보정당이 사회 국가 운동을 위해 수행해야 할 마지막 과제를 짚고 넘어가지 않을 수 없다. 그것은 지도력의 형성이다. 어떠한 운동이든 사회를 바꾸려면 그 과정에서 선두에 나서고 구심력을 형성하며 책임을 질 대중 지도자를 배출해야 한다. 지금 민주노동당 안에도 그리고 노동운동을 비롯한 사회운동 안에도 일군의 지도자들이 존재한다. 하지만 이들은 대개 지난 민주화 운동 시기에 성장한 분들이다. 사회 국가 운동 과정에서는 아직 검증받지 못한 분들이다.

그래서 이렇게 말할 수밖에 없다. 진보 세력의 지도력은 지금부터 새롭게 성장해야 한다고. 사회 국가 운동의 과정에서 새로운 지도자군이 등장해야 한다. 기존의 지도자군도 이 제2의 민주화 투쟁 과정에서 지도력을 다시 검증받아야 한다.

이미 그 첫 시험대가 마련되었다. 시험 문제는 "누가 진보정당운동의 전면적 재구성에 앞장서고 그것을 책임질 것인가"다. 이 문제에 정직하게 대면하지 않고서는 기존의 어떠한 진보 정치인이나 지도자도 더 이상 지도력을 인정받을 수 없다. 새로운 운동의 출발에 초대장조차 발송받지 못할 것이다.

'희망'을 찾는가? 그럼, '희망'이 되자

'고르디아스의 매듭'이라는 그리스 신화가 있다. (지금의 터키에 자리한) 고대 왕국 프리지아에는 고르디아스 왕이 묶어 놓았다는 풀기 힘든 매듭이 전해 왔다. 그리고 거기에 한 예언도 따라붙었다. 이 매듭을 푸는 자가 세상의 지배자가 되리라는 것. 프리지아를 찾은 알렉산더 대왕은 고르디아스의 매듭 앞에서 이 이야기를 듣자마자 곧바로 칼을 빼들었다. 그리고 그 매듭을 댕강 잘라 버렸다. 그는 알았던 것이다. 푼다는 것은 곧 끊는 일이라는 사실을.

지금 한국 사회는 한마디로 난마와 같이 얽혀 있다. 한국 사회 자체가 그야말로 고르디아스의 매듭이다. 하지만 이걸 누가 풀어낼지 그 주역이 눈에 들어오지 않는다. 앞선 자본주의 국가들의 사례를 아무리 뒤져 봐도 그 주역은 결국 노동자와 가난한 민중들이다. 그들이 각성하고 그들이 단결해야 일이 된다. 그런데 이 사회에서는 지금 그 유일한 대안들마저 매듭의 한 고리가 돼 묶여 있는 것만 같다.

수많은 지식인, 전문가, 연구소, 싱크탱크들이 숱한 처방전을 제시해도 다 공허하게 들리는 이유가 여기에 있다. 그걸 누가 실현시킬 것인가? 이 물음에서 모든 게 막혀 버린다. 그래서 혹자는 급한 마음에 대타협을 제안하기도 한다. 누군가 기댈 수 있는 주역이 없다면 서로 최소한의 약속을 맺어서 뭔가를 시작해 볼 수는 있지 않겠는가? 하지만 그것 역시 공상적으로 들리기는 마찬가지다. 아니, 어쩌면 더 공상적이다. 협상하고 타협하는 데는 사실 더 많은 주역들이 필요하기 때문이다.

그럼 어떻게 하자는 말인가? '사회 국가'라는 푯말로 또 다른 대안 담론을 제시하려는 우리에게도 이 곤란한 물음은 예외를 두지 않는다. 도대체 누가 첫 걸음을 내딛는다는 것인가? 우리가 내놓을 수 있는 답변은 이것뿐이다. 먼저 끊는 자가 앞에 나설 것이다.

빈약한 답변이다. 하지만 우리 딴에는 정직한 대답이다. 이 책의 결론 격인 이 8장에서 사회 국가 운동의 실천 방도를 이야기한다면서 노동운동과 시민사회운동의 자기 변화를 말하고 또 그것을 재촉할 진보정당의 전면적 재구성을 말한 이유가 여기에 있다. 누군가 가장 먼저, 그리고 가장 과감하게 한국 사회의 과거, 그러니까 자신의 과거를 끊어야 한다. 그리고 마치 1980년대 초 어느 해엔가 그랬던 것처럼 희미한 희망으로 불안한 첫 발자국을 떼야 한다. 우리는 진보 세력이 바로 그 주인공이 되기를 바란다.

지금 다들 '희망'을 찾고 있다. 모두들 타인에게 그것을 묻고 있다. 하지만 '희망'이 존재함을 발견하는 것은 오직 우리 자신이 '희망'이 될 때만이다. 우리는 이 책이 독자들에게 '희망'을 던져 줄 것이라고 장담하지 않으며 또 그럴 수도 없다. 오히려 우리는 요청한다. 이제 우리 스스로 '희망'이 되자고 말이다.

보론

한국에서 적녹 연대는 가능한가? : 진보정당의 과제를 중심으로

* 이 글은 2007년 한국사회포럼에서 진보정치연구소 주최로 열린 토론회 "'적녹동맹', 한국에서 과연 가능한가?"의 발제문 「민주노동당, 녹색정치실험 가능한가?」를 일부 수정한 것이다.

기후 변화로 대표되는 지구적·지역적 생태-환경 위기에 대해서는 그동안 한국 사회에서도 많은 지적들이 있었다. 또한 이에 대한 정치 사회적 대응이 대단히 취약하다는 데 대한 반성도 제기되었다. 한국 사회가 직면한 민주주의 위기의 핵심은 경제성장 중독증에 있다는 질타도 있었고,[1] 그것을 넘어서는 운동적·제도적·정치적 대안을 모색하려는 노력과 실천도 꾸준히 계속됐다. 최근의 사례로는 박승옥(시민발전 대표)이 『프레시안』의 지면을 통해, 민주화 20년 이후 한국 사회는 오히려 신자유주의적 성장에 매몰되어 정치·사회·경제·문화·생태적으로 "사막화"되었다고 진단하면서, 노동운동과 환경운동이 함께 하는 적녹 연대의 필요성을 강조한 바 있다.[2]

그런데 성장주의를 넘어서기 위한 한 방안으로 '적녹 연대'에 대해 간간히 논의하기는 했지만 본격적인 토론은 그렇게 많지 않았다. 이 글은 이 문제를 짚어 보려 한다. 다만 생태-환경 위기, 성장 문제의 심각성에 대한 논의는 건너뛰겠다. 또 왜 적녹 연대가 필요한가라는 논의도 다른 글의 과제로 돌리도록 하겠다. 그보다는, 진보정당(민주노동당)이 적녹 연대의 한 축이 될 수 있는지, 그리고 그 전략은 어떤 것이어야 하는지에 대해 논의를 집중하겠다.

민주노동당은 녹색인가 아니면 반反녹색인가?

우선 현재 한국 사회의 대표적 진보정당인 민주노동당이 적녹 연대의 한

---

[1] 김종철, 「한미 FTA, 경제성장, 민주주의」, 『녹색평론』 2007년 3-4월호.
[2] 「민주화 20년, 사막화 20년 : 새로운 적녹 연대에 의한 사회전환운동을 꿈꾸며」, 『프레시안』 2007년 6월 27일.

축이 될 가능성이 있는지 살펴보자. 민주노동당은 당 강령에서 생태-환경 위기에 대해 분명히 인식하고 그 원인을 '자본주의적 모순 구조'에서 찾고 있다. 좌파 생태주의 혹은 생태 사회주의적인 입장을 표방하고 있는 것이다. 특히 "인간의 물질적 부를 위해 생태계를 파괴하는 어떠한 시도도 거부하며, 인간이 자연 그대로의 환경을 유지하면서 생태계와 조화롭게 공존하는 세상을 추구한다"는 상당히 급진적 태도를 보여 주고 있다. 이와 함께 당 강령은 '환경적으로 건전하며 지속 가능한 발전'의 원칙을 천명하고 있다. 한편 여러 차례 선거(대선, 총선, 지방선거)를 거치면서, '태양과 바람의 나라, 2035 탈핵' 선언으로 대표되는 환경 공약을 제시한 적도 있고, 매년 당의 중점 사업 계획에 생태-환경 이슈를 포함시키기도 한다.

그러나 이러한 강령, 공약, 그리고 사업계획이 얼마나 진지하게 고려되고 실천되는지에 대해서는 회의적인 평가가 상당수 있다. 예를 들면 민주노동당의 대의체계 구성원 대부분이 노동조합, 농민회 등의 대중조직에서 충원되고 있다. 그래서 생태-환경, 성소수자 인권, 등을 비롯한 당내 "소수 의제"를 반영하기 힘든 구조적 편향성이 존재한다. 또한 환경 분야의 공약을 다른 분야의 공약과 긴밀히 통합하여 검토하지 못하고 있다. 그래서 생태-환경 문제를 다루는 사업계획이 '립 서비스'로 전락하곤 한다. 즉, 생태-환경 의제가 당 전체의 핵심 의제로부터 분리된 채 '게토'화되어 있다고 평가할 수 있다.

뿐만 아니라 중요한 정치적 의사 결정을 할 때 생태-환경 의제들은 우선순위가 밀려나거나 여러 가치들 사이의 경쟁과 충돌 과정에서 부정당하는 경우가 빈번히 발생하기도 한다. 사실 민주노동당 내에서 녹색정치가 가능하겠는가 하는 당 내외의 의구심과 회의는 이런 사건들을 통해 불거진 것이다. 예를 들어 2006년의 북한 핵 사태 때 당의 몇몇 고위 간부들이 보여 준 반핵 강령에 대한 모호한(어느 경우에는 명백히 반하는) 태도가 이에 해당한다.

이것은 반미·반제국주의에 대한 강조가 반핵·반전평화라는 또 다른 가치 및 원칙과 갈등을 일으킨 경우라 할 수 있으며, 일부 간부들이 가진 낡은 현실 인식을 드러낸 사례다.

한편 밖으로 크게 불거지지는 않았지만, 사회적 약자의 생존권 보호라는 명분과 생태-환경 원칙이 충돌하여 갈등을 빚은 사례도 있다. 예를 들어 2004년에 상대적으로 낮은 가격을 유지하고 있던 경유 가격을 인상하는 문제에 대해서, 당시 열악한 상황에 처한 운송교통 분야의 노조들은 이 정책이 생존권을 위협한다며 반대 입장을 취했다. 여기에 당의 일부 지도부가 반대 입장에 동조하기도 했다.

또한 최근에는 어려운 농업 현실을 명분으로 농업용 면세유 공급을 무한정 늘리겠다는 법안에 대해 명확한 입장을 정하지 못하고 당 지도부 내에서 혼란을 겪기도 했다. 현재 쟁점이 되고 있는 '유류세 인하' 문제를 놓고도 간혹 동요하는 목소리가 들리곤 한다. 허나 현재의 에너지 가격 수준과 체계는 화석 에너지의 소비를 부추기거나 유지·고착시키기 때문에 점차 상향 조정해야 한다. 기후변화협약에 대비하기 위해서도 이것은 불가피하다.

결론적으로 말해, 민주노동당은 당 강령 등을 통해서는 좌파 생태주의적인 면모를 천명함으로써 녹색정치의 가능성을 열어 놓고 있으나, 실제 의사 결정과 활동을 통해서는 녹색정치를 적극 추진하지 못하고 있다. 오히려 당의 실제 의사 결정 내용들을 보면 강령이나 공약, 사업계획이 기껏해야 '녹색 분칠'에 불과하다고 평가하지 않을 수 없게 만드는 측면이 있다. 당을 실제 지배하는 중심 이념과 사상 그리고 권력 구조는 생태주의와 거리가 멀거나 오히려 적대적이라고 인식되기까지 하는 실정이다.

적녹 연대 정치의 양대 전략

우리 시대의 녹색정치는 생산력주의에 경도된 사회주의를 넘어서는 것이어야 하며, 동시에 자본주의 체제의 모순을 간과한 채 단순히 인간 종 일반과 생태계를 서로 대립시키는 생태근본주의와도 거리를 두는 것이어야 한다. 달리 말하면, 자본주의 체제의 파괴적 속성을 분명히 인식하면서 경제 사회적 불평등을 주목하고 혁파하려는 사회주의적 전통을 이으면서, 동시에 생태계의 한계를 무시하는 무한정한 경제성장이 불가능하다는 생태주의의 새로운 인식을 수용해야 한다는 것이다. 고전적인 '적색'(사회주의)의 가치와 새로운 '녹색'(생태주의)의 가치가 함께 만나야 한다는 점에서 이것은 '적녹 연대'의 정치라 할 수 있으며, 민주노동당이 지향해야 할 녹색정치의 방향이 바로 이것이다.

이러한 적녹 연대의 정치는 대략 다음의 두 가지 전략을 취할 것이다. 우선 '환경 불평등', 혹은 '환경 정의'에 주목해야 한다. 경제활동의 성과가 불평등하게 분배되는 것과 유사하게, 경제활동을 통해 발생하는 환경오염도 경제·사회·지역·국제적으로 불평등하게 배분되고 있다. 예를 들어 혐오시설로 일컬어지는 쓰레기 소각장이나 매립장, 방사선폐기물처리장은 주로 정치·사회적으로 발언력이 낮고 낙후된 지역에 강요되고 있다. 방폐장 설치 문제를 두고 벌어진 '부안 항쟁'이 그 대표적인 사례다. 또한 환경을 오염시키고 건강에도 악영향을 미치는 화학 물질을 생산·유통·사용·폐기하는 과정에서 해당 산업 노동자들의 건강이 크게 손상되고 있다. 이것 역시 중대한 '환경' 문제인데도 불구하고 충분한 주목을 받지 못하는 형편이다. 오래 전 원진레이온 노동자들의 사례가 있을 뿐만 아니라 최근에는 태국 여성 노동자들에게 비슷한 재해가 반복됐고 한국타이어 공장에서도 화학 물질 접촉 때문으로 의심되는 암 질환이 다수 발생했다.

한편 생태-환경이 일종의 상품으로 취급되면서 경제 사회적 능력에 따라 쾌적한 환경에 접근할 기회가 제한되기도 한다. 예를 들어 생수 시장이 거대하게 성장하는 한편, 최근에는 수도 민영화가 추진된다. 넓은 전망과 쾌적한 환경 입지는 모두 고급 아파트를 위한 부지가 되는 반면, 대기 오염과 소음이 심각한 입지는 비정규직 노동자나 이주 노동자의 거주지가 되고 있다. 적녹 연대의 정치는 환경 위험이 어떻게 사회적 약자들에게 불평등하게 배분되며 이들이 쾌적한 환경으로부터 어떻게 배제되고 있는지 밝히고 이를 개선하는 데 노력을 기울여야 한다.

두 번째로는 생산 영역에서 생태적 전환을 추진해야 한다. 기존의 환경 운동은 소비를 줄이고 소비 방식을 바꿈으로써 자원 소모적이고 환경파괴적인 생산 방식에 변화의 압력을 가하는 방식만을 상대적으로 강조해 왔다. 그래서 '환경 경영'이라는 슬로건 아래 기업과 협력하며 환경친화적인 생산 방식을 도입하고 환경오염 물질을 줄이고 회수하는 데 관심을 집중했다. 그러나 여기에는 커다란 한계가 있었다. 때로는 기업의 이미지를 개선하는 데 이용되었고 때로는 "장기적으로 비용을 절감할 수 있다"는 시장주의 논리에 스스로 빠져들었다(이러한 노력을 아예 부정할 필요까지는 없겠지만). 이에 반해 적녹 연대의 정치는 생산현장에서 직접 활동하는 노동자·농민과 함께 자원 절약적이고 환경친화적인 생산 방식을 모색하는 데 힘써야 한다.

민주노동당의 강령은 생산수단을 사회화하고 민주적으로 통제해야 한다는 점을 밝히고 있다. 그런데 '생산수단의 사회화와 민주적 통제'라고 하면 과거 소련 식의 국유화나 사회민주주의의 재분배의 정치만을 떠올리기 쉽다. 하지만 이제 '생산수단의 사회화와 민주적 통제'는 노동자들이 무엇을 어떻게 생산할 것인지 결정하는 데 직접 참여하는 것으로 보다 풍부하게 해석되어야 한다. 그리고 노동자 참여의 기본 방향은 생태적으로 지속 가능한 발전을 위해 생산 방식을 전환하는 것이어야 한다.

　이 대목에서 참고할 만한 것이 1970년대 영국의 루카스 항공사에서 '사회적으로 유용한 생산'을 천명하며 이루어낸 실험이다. 루카스 항공사는 애초에 군용 항공기를 개발·생산하던 업체였다. 그런데 사측의 일방적 구조조정에 맞서 이 회사의 노동자와 소속 전문가들이 자주관리를 시도했다. 그리고 그 과정에서 군사용 연구 개발과 생산을 지속 가능한 교통과 사회적 약자를 위한 제품 개발·생산으로 전환시켰다. 이것은 사회주의 운동의 역사에서 면면히 이어져 내려오는 자주관리·협동생산의 전통을 되살리는 것이기도 했다.

　노동자와 농민의 적극적인 참여와 협력을 이끌어내지 않고서는 생산 방식의 생태적 전환은 불가능하다. 물론 자본주의적 소비 방식에 길들여져 있고 신자유주의 경쟁 속에 내던져진 노동자·농민이 어쩌면 단기적 이익을 일정하게 희생해야 할지도 모르는 생태적 전환에 이해관계를 일치시키며 자발적으로 협력하기란 쉬운 일이 아니다. 그 장애물 중 하나는 현재의 계급 세력 관계에서는 생산 방식(나아가 산업구조)의 생태적 전환 과정에서 노동자·농민이 떠안게 될 사회적 부담이 자본에 비해 불평등하게 이뤄질 가능성이 높다는 점이다.

　이 장애물을 극복하고 노동자·농민의 녹색 파트너십을 이끌어내자면 '사회적으로 정의로운' 생태적 전환 전략이 수립되어야 한다. 새로운 생산 방식(기술)의 도입, 혹은 에너지 저소비 산업구조로 전환하는 과정에서 노동자·농민의 고용과 사회·경제적 지위가 위협받지 않도록(반대로 유지·향상될 수 있도록) 보장해야 한다. 이와 관련하여 캐나다 노총CLC: Canadian Labor Congress이 추진하는 녹색 고용 창출과 환경 변화 과정의 노동자를 위한 '정의로운 전환'Just Transition 정책을 참고할 수 있다.[3] 이것이야말로 적녹 연대의 정치가 제시해야 할 핵심적인 프로그램일 것이다.

녹색정치의 첫 걸음 : 에너지 독립운동과 먹거리 안심 프로젝트

민주노동당은 2007년도 2차 중앙위원회에서 그해 사업계획 중 하나로 "사회적 소수자 권리 보장 및 환경·생태 가치 실현"을 만장일치로 통과시킨 바 있다. 그리고 이를 실천하기 위한 구체적인 사업 단위로 대선 준비위 산하에 '녹색정치기획사업단'을 설치했다.

녹색정치사업기획단은 민주노동당이 중점적으로 다루어야 할 '녹색 의제'로서 다음의 네 가지 과제에 주목하고 있다. 첫째는 환경정치 의제로서 '기후변화 대응'과 '에너지 독립운동'이고, 둘째는 지역생활정치 의제로서 '먹거리 안심 프로젝트'와 '아토피 스톱 프로젝트'이다. 셋째로는 한국 사회의 소수자·소수 의제들과 연대하기 위한 무지개 정치 의제를 발굴·검토하고 있고, 넷째로는 환경생태 파괴를 저지하기 위한 의제로서 '한미 FTA와 환경' 등을 검토하고 있다. 특히 이 중에서 '에너지 독립운동'과 '먹거리 안심 프로젝트'는 민주노동당의 정책부서에서 상당기간 동안 준비해 온 의제로서 이 지면을 통해 좀 더 자세히 소개하고자 한다.

'에너지 독립운동'은 기후 변화와 화석 에너지 고갈의 전 세계적 위기 그리고 에너지의 거의 대부분을 해외에 의존하면서도 계속적인 에너지 소비 증가율을 보이는 한국 사회의 위기적 양상에 대응하는 실천 과제다. 그 주된 목표는 에너지 소비의 감소와 재생가능에너지 사용량의 증대. 특히 공공영역의 에너지 전환을 적극적으로 추진하여 이를 통해 재생에너지산업의 시장을 안정적으로 창출하고자 한다. 그리고 이와 함께, 농업용 수송연료를 바이오디젤로 전환하는 전략을 추진하고 있다. 이것은 에너지·환경산업 분

---

3 CLC. http://canadianlabour.ca/index.php/Just_Transition.

야에서 새로운 고용을 창출하려는 전략과도 연계되어 있다(이 책의 4장 참고).

'먹거리 안심 프로젝트'는 식품 안전과 건강에 대한 도시민들의 관심사로부터 출발한다. 하지만 이에 머물지 않고 '먹거리 빈곤'의 실태와 '먹거리 복지'의 필요성을 이해함으로써 먹거리 문제에 대한 좌파적 인식을 확보하는 것으로 나아가고자 한다. 또한 WTO와 한미 FTA의 조건 속에서 농업을 회생시키는 과제와도 긴밀히 결합돼 있다. 그래서 안전하고 신선한 먹거리를 제공하기 위한 농업 생산·유통·소비 체제의 전환을 모색한다. '지역 먹거리 체제', '친환경농업 전환', '공공급식' 전략이 다 이와 연관돼 있다. 이것은 식품·환경·보건의료/건강·복지·농업·지역경제정책을 상호 연관시켜서 종합적으로 접근하려는 시도다. 특히 종합적인 정책의 핵심 수단으로 제시하고 있는 '공공급식' 운동은 학교급식조례운동의 업그레이드로 볼 수 있다.

한편 먹거리 의제는 농업 생산의 생태적 전환을 목표로 삼는다는 점에서 농민운동의 녹색 파트너십 구축을 요구한다. 농민운동과 생태-환경 운동이 상당한 수준에서 서로 입장을 공유할 수 있는 기회가 되리라 본다.

이제 막 첫 걸음을 뗀 민주노동당의 녹색정치 실험은 진보정당운동을 개혁하고 녹색화하기 위한 시도라 할 수 있다. 이것은 민주노동당 내부에서 적녹 연대를 구축하려는 시도임과 동시에 민주노동당을 매개로 노동자·농민운동과 좌파운동이 환경운동 등 시민사회진영과 협력·연대할 더 큰 공간을 열려는 시도다. 물론 민주노동당과 시민사회진영 모두 적녹 연대의 정치를 일굴 준비와 역량이 아직 미흡하다는 평가를 받는 실정이다. 그러나 녹색정치의 비전과 역량은 오직 실제로 실천에 나서는 가운데에서만 성숙할 수 있다. 지금은 바로 그 실천에 나서야 할 때다.

● 더 읽어볼 만한 문헌

2장

김정진, 「주택소유제한법의 필요성」, 민주노동당 이영순 의원 홈페이지, 2007.
민주노동당 사회연대전략TF, 「나눔·돌봄·일자리 프로그램」, 진보정치연구소 홈페이지, 2007.
민주노동당 정책위원회, 「비정규직 정규직 전환 특별 법안」, 2007.
범국민교육연대 민중교육개편특별위원회, 「교육평등 2007 : 입시철폐로 인간다운 교육을」, 범국민교육연대 홈페이지(http://eduright.net), 2007.
손낙구, 「통계로 보는 부동산 빈부격차와 생활격차」, 민주노동당 심상정 의원 홈페이지, 2006.
_____, 「통계로 보는 부동산 투기와 한국 경제」, 민주노동당 심상정 의원 홈페이지, 2005.
이철호 외, 『국공립대 통합네트워크 및 대학평준화 방안의 적합성과 실현경로 탐색』(진보정치연구소 2006년 연구과제), 진보정치연구소 홈페이지, 2007.
임 준, 「무상의료 도입의 필요성과 정책대안」, 민주노동당 무상의료 실현을 위한 관련법률 개정안 공청회 자료집, 민주노동당 홈페이지, 2005.
입시폐지 대학평준화 국민운동본부 홈페이지: http://edu4all.kr
장상환, 「해방 후 한국 자본주의 발전과 부동산 투기」, 진보정치연구소 홈페이지, 2004.
정진상, 『국립대 통합네트워크 - 입시 지옥과 학벌 사회를 넘어』, 책세상, 2004.
진보정치연구소 주택정책 TFT, 「1가구 1주택 실현을 위한 패러다임 전환 : 사회공공주택의 확보와 다주택 소유자의 '비거주 주택 처분 방안」, 진보정치연구소 홈페이지, 2007.
진보정치연구소 진보의료연구회, 『미국·캐나다·영국 사례를 통해 본 대안적 공공병원 운영모델 : 지역거점 공공병원을 중심으로』, 진보정치연구소 홈페이지, 2006.
최정민 외, 『부패·부실·비리 사학 국공립화에 대한 연구』(진보정치연구소 2006년 연구과제), 진보정치연구소 홈페이지, 2007.

3장

남기철 외, 『빈곤정책의 전환 모색 : 사회적 배제를 넘어』(진보정치연구소 2005년도 연구과제), 진보정치연구소 홈페이지, 2005.
민주노동당 사회연대전략 TF, 「나눔·돌봄·일자리 프로그램」, 진보정치연구소 홈페이지, 2007.
정원오 외, 『불안정노동자를 위한 사회보장』(진보정치연구소 2005년도 연구과제), 진보정치연구소 홈페이지, 2005.

5장

고영호 외, 『중소기업의 구조적 문제와 지역산업의 실태』(진보정치연구소 2005년도 연구과제), 진보정치연구소 홈페이지, 2005.
백두주 외, 『산업구조조정의 실태와 노동의 대응정책』(진보정치연구소 2006년도 연구과제), 진보정치연구소 홈페이지, 2007.
이상호, 「완성차업체의 협력업체에 대한 사회적 책임 : 현대자동차의 사례를 중심으로」, 『동향과 전망』 2007년 여름호.

6장

김수현 외, 『동북아시아 국제질서와 대미관계 1』(진보정치연구소 2006년도 연구과제), 진보정치연구소 홈페이지, 2007.
장주영 외, 『학교에서 배우지 못한 반핵평화의 지식』(진보정치연구소·민주노동당 정책위원회 공동 발간), 진보정치연구소 홈페이지, 2007.
차문석 외, 『현 시기 북한의 경제운용 실태에 대한 연구』(진보정치연구소 2006년도 연구과제), 진보정치연구소 홈페이지, 2007.

7장

강병익, 「선거 전략인가, 헤게모니 전략인가?: 동의와 참여를 통한 한국사회 진보혁신전략」, 『미래공방』 제2호, 2007.
김철 외, 「대안적 정부조직 개편의 방향」(진보정치연구소 2007년도 연구과제), 진보정치연구소 홈페이지, 2007.
김형철 외, 『정당의 공직후보자 선출 방식 : 비교사례 연구와 민주노동당을 위한 제언』(진보정치연구소 2006년도 연구과제), 진보정치연구소 홈페이지, 2006.
이지현 외, 『진보적 의정활동의 방향과 과제』(진보정치연구소 2006년도 연구과제), 진보정치연구소 홈페이지, 2006.
진보정치연구소 엮음, 『지역에서 거대한 소수를 꿈꾸다』, 진보정치연구소, 2006.
진보정치연구소 엮음, 『데모하는 사람들이 설마 사기를 치겠나』, 진보정치연구소, 2007.
한상진 외, 『진보적 지방자치, 무엇을 했고 무엇을 해야 하는가』(진보정치연구소 2005년도 연구과제), 진보정치연구소 홈페이지, 2006.

8장

장석준, 「체제 전환'과 '신뢰 형성'의 이중 변주: 이행의 정치를 위하여」, 『미래공방』 제2호, 2007.

새 세상을 여는 진보정치연구소의 책들

1. 빈곤정책의 전환 모색 : 사회적 배제를 넘어
2. 중소기업의 구조적 문제와 지역산업의 실태
3. 불안정노동자를 위한 사회보장
4. 진보적 지방자치, 무엇을 했고 무엇을 해야 하는가
5. 민주노동당 지지층의 투표행태와 정치의식
6. 미국·캐나다·영국 사례를 통해 본 대안적 공공병원 운영모델
    : 지역거점 공공병원을 중심으로
7. 진보적 의정활동의 방향과 과제 : 민주노동당 원내진출 2년의 의정활동 평가
8. 정당의 공직후보자 선출 방식 비교사례 연구와 민주노동당을 위한 제언
9. 산업구조조정의 실태와 노동의 대응정책
10. 현 시기 북한의 경제운용 실태에 대한 연구
11. 동북아시아 국제질서와 대미관계1
12. 진보적 교육개혁 실현 방안(가제)
13. 한국정치의 현재와 대안정치의 미래(가제)
14. 진보적 복지정치의 청사진(가제)
15. 일·가정 양립 지원 정책의 모색(가제)
16. 미래산업으로서의 에너지 환경 산업(가제)
17. 세계화 시대 고용 중심 경제 모델(가제)
18. 대안적 정부조직 개편의 방향(가제)

* 이 책들은 진보정치연구소 홈페이지(http://ppi.re.kr)에서 다운로드 받을 수 있습니다.